Karen Gershon

Das Unterkind

Eine Autobiographie

Aus dem Englischen
von Sigrid Daub

Rowohlt

1. Auflage September 1992

Printed in Germany
ISBN 3 498 02465 5

... im großen Unglück unserer Geburt
können wir glücklich sein und unser
verhängnisvolles Los vergessen.

George Santayana

Für meine Familie,
die vergangene, die jetzige,
die kommende

EINS

ALS Kleinkind war Käthe niemals allein. Lise war gut ein Jahr älter als sie, und Anne war ein Jahr älter als Lise. In Käthes ersten Erinnerungen sind die drei Schwestern immer gleich gekleidet, und sie selbst hetzt sich ab, physisch, aber auch im übertragenen Sinn, um ihre Schwestern einzuholen. Die Tatsache, daß es ihr nie gelang, hat sie wohl zu der Überzeugung gebracht, ein Unterkind zu sein, und das schon vor ihrem zehnten Lebensjahr, in dem die Nazis an die Macht kamen.

Nichts an Annes Konstitution deutete darauf hin, daß ihr ein früher Tod bestimmt war. Man sah ihr an, daß sie kerngesund geboren und herangewachsen war, sie war kräftig und sah aus wie eine Märchenprinzessin: Ihr Haar war so schwarz wie Ebenholz, ihre Haut so weiß wie Schnee, ihre Augen hatten das Blau von Kornblumen. Sie war egoistisch, ließ sich von niemandem etwas sagen, brauchte keine anderen Menschen, am allerwenigsten Käthe.

Lise, die sonst in jeder Hinsicht als zweite hinter Anne zurücktrat, hatte von der Mutter große Musikalität und vom Vater die orientalisch braunen Augen geerbt. Das Privileg, Annes Adjutantin zu sein, gab sie auf, um für Käthe sorgen zu können; das tat sie mit Hingabe und Opferbereitschaft. Käthe ohne Lise war wie Land ohne Wasser. Die Umstände haben Käthe gezwungen, den größten Teil ihres Lebens ohne Lise und Anne auskommen zu müssen.

Über weite Strecken des Tages, ja eigentlich fast den ganzen Tag lang, wurden sie von Kindermädchen betreut, Bauernmädchen, die direkt von der Schule kamen und bereit waren, im Rahmen ihrer Ausbildung etwa ein Jahr lang für ein Taschengeld zu arbeiten. Schlagen durften sie die Kinder nicht, statt dessen jagten sie ihnen Angst ein. «Die Zigeuner werden dich holen», behaupteten sie. Sie drohten den drei kleinen Jüdinnen mit dem Höllenfeuer des Christentums. Während eines Gewitters, das ihnen gerade gelegen kam, sagte eine von ihnen zu Anne: «Du hast Gott zornig gemacht.» Daß Anne mit Gott auf persönlichem Fuß stand, beeindruckte Käthe sehr, aber es wunderte sie nicht. Anne konnte Käthe erpressen, indem sie zum Beispiel sagte: «Wenn du meine Spielsachen wegräumst, kommt Papa», und ihre Prophezeiungen trafen immer ein.

In jenen Tagen war Käthe zufrieden, sie selbst zu sein. Anne wollte sie nicht sein, nachdem sie begriffen hatte, daß sie Anne ja dann nicht haben würde. In den von ihr so geliebten Märchen der Gebrüder Grimm waren es oftmals die dritten und letzten Kinder, für die sich am Ende alles zum Besten wendete, und so dachte sie sich Epiloge aus, in denen sie für Anne auf ihr Glück verzichtete. Und als es dann wirklich soweit war, wäre sie liebend gern an ihrer Stelle gestorben.

Um Anne zu gefallen, bedurfte es ständiger Anstrengung. Lise nahm sie für selbstverständlich. Sie war der Liebling aller Kindermädchen, nicht nur weil sie weniger Ärger machte, sondern auch weil sie sich so aufmerksam um ihre kleine Schwester kümmerte. Allerdings führte sie die Kindermädchen auch hinters Licht, indem sie zum Beispiel behauptete, sie sei schuld an dem nassen Fleck auf dem Teppich, damit nicht Käthe in der Ecke stehen mußte. Sie konnte es einfach nicht ertragen, daß jemand Käthe unglücklich machte.

Die Wohnung war klein. Das Kindermädchen, das bei ihnen wohnte, mußte sich das Zimmer mit der vollbusigen Köchin teilen, die Käthe immer zu sich ins Bett nahm, wenn das Kind Trost brauchte und die Mutter ausgegangen war, ins Theater, mit dem Vater vermutlich. Paul und Selma waren ein auffallendes Paar: er über ein Meter achtzig groß, sie sehr zart. Vor ihrer Heirat waren sie beide sehr umschwärmt gewesen. Obwohl er erst in den Zwanzigern war, hatte er schon graues Haar, eine Folge der vier Jahre, die er in den deutschen Schützengräben an der Westfront hatte verbringen müssen. Was diese Zeit aus ihm gemacht hatte, konnte man ihm ansonsten nicht anmerken. Seine dunklen Augen waren lustig, er hatte einen unbändigen Lebenshunger. Er war in der Nähe von Berlin geboren und hatte im Sommer kurz vor Ausbruch des Krieges sein Abschlußexamen als Architekt gemacht.

Selmas Urgroßvater war als Junge aus Galizien gekommen, hatte eine Familie gegründet, die sich weit verzweigte und deren Mitglieder es fast alle zu Reichtum brachten, ihr Geld dann aber in der Inflation verloren. Und während der Inflationszeit wurden die drei Schwestern geboren. Selmas Vater, der Großvater der Mädchen, beachtete noch viele der traditionellen jüdischen Bräuche, darunter den, am Freitagabend durchreisende Fremde aufzunehmen. So hatte er an einem Freitagabend im letzten Frühjahr des Krieges den gutaussehenden Gardisten mitgebracht, der in ihrer Stadt eine Oberschenkelverletzung kurierte und wild entschlossen war, so viele schöne Mädchen wie möglich zu küssen, ehe er wieder in die reine Männerwelt des Blutvergießens zurückkehren mußte.

Er war von Selma entzückt. Als Tochter des Vorsitzenden der örtlichen jüdischen Gemeinde war sie deren Prinzessin, mit allen körperlichen und geistigen Attributen, die diese Position erforderte. Paul war davon überzeugt, sie sei unerreichbar für ihn. Und sie, die seine Zurückhaltung für Gleichgültigkeit hielt, nahm sich vor, ihn der Reihe ihrer Eroberungen anzufügen. Er verließ das Haus mit der Einladung, gleich am nächsten Tag wiederzukommen, um mit der Familie das Ende des Sabbats zu begehen und Selma dann Klavier spielen und singen zu hören.

Sie spielte so gut wie manch ein professioneller Musiker. Ihre Stimme war warm und dunkel. Paul bemühte sich, zu verbergen, daß er Tonhöhen nicht voneinander unterscheiden konnte, und zwang sich, nicht ständig auf ihre Brüste zu starren. Selma hatte ihre Eltern gebeten, sie allein zu lassen. Für sie war es ein Spiel, in dem jungen Mann den Wunsch zu wecken, sie zu küssen. Mehr wollte sie nicht: nur dieses Kompliment, diesen Tribut an ihren Stolz. Aber Paul weigerte sich nach allem, was er durchgemacht hatte, die Regeln ihres gesellschaftlichen Milieus zu beachten. Nach ihrer kleinen Ermunterung wurde er kühn und war nicht mehr zu bremsen. Nicht nur, daß er sie küßte, er preßte sie in einer Weise an sich, daß sie spüren mußte, er wollte mehr.

Niemand hatte sie je so umarmt. Obwohl sie Mitte Zwanzig war, wußte sie noch nicht sehr viel über das Leben, nicht ihr Körper reagierte, sondern ihre Gefühle. «Gehen Sie, Sie müssen gehen», flüsterte sie. Aber als sie ihn zur Tür brachte, bat sie ihn wiederzukommen, bald wiederzukommen. Während er unter dem Wohnzimmerfenster vorbeihumpelte, konnte er sie wieder Klavier spielen hören, jetzt mit großer Leidenschaft, die er für einen Teil der Musik hielt.

Ihre Eltern ermutigten den Soldaten, teils aus Patriotismus, aber hauptsächlich, weil sie immer alles taten, was in ihrer Macht stand, damit ihr einziges Kind bekam, was es sich wünschte. Wohl auch, weil sie bisher jeden in Frage kommenden jungen Mann abgewiesen hatte. Sie konnten nicht wissen (und auch Paul und Selma selbst waren sich nicht darüber im klaren), daß Selma nicht Paul liebte, sondern die Empfindungen, die er in ihr wachrief. Nicht mit Paul, sondern mit dem Mann, den ihre Phantasie aus ihm gemacht hatte, verlobte sie sich, bevor er an die Front zurückkehrte.

«Zeig uns doch seine Briefe!» forderten ihre Freundinnen, aber sie weigerte sich, denn seine Briefe waren unromantisch. Und er schrieb nicht oft; ihr Stolz trieb sie dazu, Briefe und deren Inhalt zu erfinden. Sein Foto allerdings zeigte sie allen, die sie besuchen kamen; es ließ die Damen vor Neid erblassen und die jungen Männer, die ihr den Hof gemacht hatten, allen Mut verlieren.

Den ganzen August wartete sie auf einen Brief von ihm; in dem, der dann endlich kam, erwähnte Paul mit keinem Wort, daß er beim Einsturz eines Unterstandes verschüttet und erst nach fünf Tagen gerettet worden war.

Zwei Monate später, als der Krieg vorbei war, kam er zurück und ließ sich in Bielefeld nieder, weil er die Auflage ihrer Eltern akzeptiert hatte, Selma nicht von ihnen zu trennen. Viele seiner Kameraden aus den Schützengräben, die auch in dieser kleinen Industriestadt am Teutoburger Wald im Lazarett gelegen hatten, kehrten dorthin zurück, um zu heiraten; sie blieben seine Freunde, selbst nachdem sie NSDAP-Funktionäre geworden waren.

Als Selma und Paul Arm in Arm unter dem Hochzeitsbaldachin hervorgetreten waren und den Synagogengang entlanggingen, hörte sie die Leute flüstern: «Da kommt der Gardist mit seiner zauberhaften Puppe.» Schon als Kind wunderte sich Käthe darüber, daß ihre Mutter dies offensichtlich als Kompliment aufgefaßt hatte. Möglicherweise hing sie an dieser Erinnerung, weil sie zu beweisen schien, daß sie wirklich einmal das hübscheste jüdische Mädchen der Stadt gewesen war, wie sie so gerne glaubte.

Die Wohnung in der Rolandstraße, in der ihre drei Töchter auf dem Küchentisch geboren wurden – Hausentbindungen waren damals sicherer als Klinikgeburten –, war ihr zweites Zuhause. Zu Beginn ihrer Ehe hatten sie in zwei möblierten Zimmern in einem vornehmeren Stadtteil gewohnt, wo die Straßen breit und von Bäumen gesäumt waren und von wo aus man in nur wenigen Minuten den Wald erreichen konnte. Sie sollten sich Zeit nehmen können für die Suche nach einem Haus, das Selmas Vater ihnen dann kaufen wollte. Aber ehe sie sich entschließen konnten, begannen die Preise zu steigen, die Inflation setzte ein. Selmas Vater und ihr Ehemann – beiden fehlte der den Juden zugeschriebene Sinn fürs Geld – zögerten mit dem Kauf, bis es zu spät war.

Selma hatte während ihrer Verlobungszeit um Pauls willen gelogen: Schokolade und Blumen gekauft, um etwas in der Hand zu haben, wenn ihre Freundinnen sie fragten: «Was für Geschenke hat er dir denn mitgebracht?» Er war nicht kleinlich, eben nur arm, und er wußte, daß ihre Eltern sie mit weitaus mehr als nur dem Nötigen versorgen würden. Schlimmer war es, als sie ihre Freundinnen einlud, um ihren Ehemann vorzuführen: Er bemühte sich auf seine Weise, sich bei den Damen beliebt zu machen, sie interpretierte es als Flirten.

Er mietete ein Büro in der Nähe des Stadtzentrums, das er bescheiden nannte. Sie aber fand, daß es schäbig aussah; wenn sie ihn dort besuchte, konnte sie keinen Stolz empfinden. Wenn ihr Vater ihn fragte, wie die Geschäfte liefen, erhielt er statt einer Antwort einen Kommentar zur Lage der deutschen Wirtschaft, und ihr kam es so vor, als wolle er sich auf diese Art nur herausreden. Er war den ganzen Tag unterwegs. Weil er sie abends nicht auch noch allein lassen wollte, brachte er seine Kriegskameraden mit, die sie laut und vulgär fand, und durch ihre Gesellschaft wurde auch Paul laut und vulgär. Und hinterher rochen ihre Räume nach Bier und Rauch. Aber das Schlimmste war, mit ihm schlafen zu müssen, wenn sie Streit miteinander hatten.

Die Wirtin hatte nicht erlaubt, daß sie ihr Klavier mitbrachte. Sehr bald schon war sie froh darüber, einen guten Grund zu haben, oft in ihr Elternhaus zu entfliehen. Ihre Eltern waren inzwischen nach Brackwede gezogen, ein Dorf in der Nähe von Bielefeld, das damals noch nicht eingemeindet war. «Ich bin zu Hause!» rief sie, wenn sie die Haustür aufgeschlossen hatte. Ihre Mutter rügte sie sanft dafür. Ihre Mutter war noch kleiner als sie, hatte das gleiche runde, weiche Gesicht, gepflegte Augenbrauen über sanften blauen Augen und einen sensiblen Mund, der, je älter sie wurde, desto mehr ihren Hang zur Melancholie verriet.

Da sie noch näher an der Generation von Einwanderern aus Polen war, die es zu etwas gebracht hatten, konnte die Mutter Jiddisch, während ihre Tochter Französisch gelernt hatte, sie kochte polnisch und hielt nichts von Cordon bleu. Sie trug noch mit der gleichen Selbstverständlichkeit einen *Scheitl*, die Perücke, die orthodoxe verheiratete Jüdinnen tragen, und auch ihr Mann legte täglich die *Tefillin*, die Gebetsriemen, an. Aus ihrer Sicht würde Selma Paul möglicherweise nicht genügen – Gott behüte! –, vielleicht würde er sich sogar von ihr scheiden lassen; wenn er es aber nicht tat oder jedenfalls bis zu dem Zeitpunkt, wo er es tat, gehörte Selma ihm mit Leib und Seele, wie Sarah Abraham gehört hatte. Daß er sich nicht für Musik oder Literatur interessierte – was spielte das schon für eine Rolle angesichts der Tatsache, daß er nicht an Gott glaubte? Und hatten sie sich seinerzeit nicht entschlossen, auch darüber hinwegzusehen, weil er ein guter Mann war und weil er der Mann war, den Selma liebte?

«Ich habe nicht gewußt, daß es so sein würde!» jammerte Selma, und ihre Mutter gebot ihr zu schweigen: Man dürfe das eigene Schicksal nicht in Frage stellen.

Fast zehn Jahre wohnten sie in der Rolandstraße. Ihre Wohnung war das Erdgeschoß eines Sechsfamilienhauses, in einer Gegend, wo die Kinder auf der Straße spielten, die meisten Leute aber mehr als nur einen Hausangestellten hatten. Die Fenster waren, damit niemand hineinsehen konnte, mit schweren Gardinen verhangen, und die Zimmer wirkten klein, weil sie mit großen, massiven Möbeln vollgestopft waren, die ursprünglich im Hinblick auf ein weiträumigeres Haus angeschafft worden waren.

In unmittelbarer Nähe lag der schönste der vielen Parks der Stadt; er war allerdings nicht gerade auf Kinder zugeschnitten, auf deren Bedürfnisse man damals weniger Rücksicht nahm. Kaum, daß das Wetter es zuließ, gingen die drei Schwestern mit ihrem Kindermädchen dorthin, auf dem Hin- und dem Rückweg wurden zwei an der Hand gehalten, eine am Laufgurt. Lise war meistens diejenige, die am Zügel ging, denn Anne hielt das für unter ihrer Würde, und Käthe, die Anne stets imitieren mußte, pflegte so lange zu argumentieren, bis Lise sich freiwillig bereit erklärte, am Laufgurt zu gehen, nur um ihr Schwierigkeiten zu ersparen.

Es gab dort – und es gibt ihn noch immer – einen See, der kleinen Kindern gar nicht klein vorkam, auf einer Insel stand eine hölzerne Hütte, die den Enten Schutz bot, für die Schwäne aber zu klein war.

Wenn das Gras trocken war, ließen sie sich die Rasenabhänge hinunterrollen; sie spielten Verstecken und Fangen zwischen blühenden Büschen.

Damals hieß der Park Bürgerpark, später wurde er in Adolf-Hitler-Park umbenannt, und jüdische Bürger durften ihn nicht mehr betreten.

In dem Sommer, in dem Käthe ihren dritten Geburtstag feierte, und im Jahr danach machte die Familie vierzehn Tage lang Ferien in Scharbeutz, in der Nähe von Swinemünde an der Ostsee. In ihrer Pension gab es kein Kinderbett; Käthe fiel aus dem Bett auf einen Schaffellvorleger, das weiche Fell fühlte sich so schön an, daß sie bis zum Morgen dort liegenblieb. In der nächsten Nacht ließ sie sich absichtlich aus dem Bett fallen, allen Vorkehrungen der Erwachsenen zum Trotz, die als Ersatz für die fehlende Kinderbettseite ein Kissen unter die Matratze geklemmt und einen Stuhl gegen das Bett gestellt hatten. Selma, die sich so gut in sie hineinversetzen konnte, daß sie fast immer die Wahrheit aus ihr herausbekam, versprach, wenn sie in Zukunft nicht mehr aus dem Bett fiele, werde sie ihr für zu Hause auch einen Schaffellvorleger kaufen.

Aber sie tat es nicht. Statt dessen bekam Käthe ein braun-weißes Ziegenfell mit kratzigen Haaren. Keine von Käthes Schwestern besaß einen Bettvorleger, und so hielt sie das Fell als etwas, das nur ihr gehörte, hoch in Ehren; aber es erinnerte sie auch ständig an die Tatsache, daß man sich nicht einmal auf die eigene Mutter verlassen konnte.

Diese zweimal vierzehn Tage Ferien waren für die Kinder eine besonders schöne Zeit, denn hier wurden sie den ganzen Tag von ihrer Mutter betreut. Sie war viel geduldiger und ließ ihnen mehr Freiheiten als die Mädchen. Möglicherweise wäre sie glücklicher gewesen, wenn sie sich immer um sie hätte kümmern können – aber das schickte sich einfach nicht. Die Ehejahre hatten sie matronenhaft werden lassen. Vom Hals bis zu den Knien in die Strandbekleidung jener Tage gehüllt, mit einem Tuch um den Kopf, lag sie in ihren Mußestunden unter einem Sonnenschirm in einem Liegestuhl und las klassische Romane. Vom Spielen hatte sie keine Ahnung. Paul, der auch schon anfing, so auszusehen, als sei er nie jung gewesen, war für seine Töchter nach wie vor fast ein Fremder. Wenn er sich mit ihnen beschäftigte, nahm er wohl Rücksicht auf ihr jeweiliges Alter, nicht jedoch auf die Unterschiede zwischen ihren Persönlichkeiten.

Er schaute anderen, jüngeren Frauen nach – noch schaute er ihnen nur nach –, und Selma sammelte daraufhin ihre Töchter wie einen Schild um sich.

Paul fotografierte für sein Leben gern; unentwegt knipste er die drei Mädchen. Eine Aufnahme von ihren drei Hinterteilen – er hatte seine Töchter dabei fotografiert, wie sie in einer Reihe im Sand saßen, um zu pinkeln – trug er jahrelang in der Brieftasche bei sich, um sie unter Männern herumzuzeigen. «Möchten Sie ein Foto von meinen Töchtern sehen?» pflegte er zu sagen, während er das Foto hervorholte; das war so seine Vorstellung von Humor.

Es war ein breiter, kilometerlanger goldener Sandstrand, und das Wasser war bis weit hinaus sehr flach. Nachdem sie sich tagelang mit den in ihren Augen lächerlich kleinen Schwestern hatte abgeben müssen, rebellierte Anne. Eines Abends hatte man ihr gesagt, es sei Zeit, in die Pension zurückzugehen, denn Käthe sei müde. Als sie fertig angezogen war, lief sie hinaus ins Meer, der untergehenden Sonne entgegen, immer dem goldenen Strahl nach, der auf dem ruhigen Wasserspiegel funkelte. Selma kehrte ihr den Rücken zu, weil sie damit beschäftigt war, Käthe anzuziehen. Paul drehte ihr den Rücken zu, weil er anderen Frauen nachschaute. Als sie sich umsahen, war Anne fast bis zu den Schultern im Wasser verschwunden. Käthe hatte sie entdeckt.

Ein Fremder sprang in voller Kleidung ins Wasser und holte sie zurück.

Die Mädchen wurden von ihren Eltern selten bestraft, und wenn, dann meistens wegen Kleinigkeiten, damit sie nötigenfalls begriffen, daß sie etwas Unrechtes getan hatten. In diesem Fall bekam Anne nicht einmal Schelte. Sie bereute ohnehin nie etwas, was sie getan hatte – oder sie wußte ihre Reue gut zu verbergen.

Käthe war nicht nur kleiner als Lise, sondern auch weniger begabt als sie: Lise konnte singen. Wenn ihre Mutter ihnen bekannte deutsche Lieder vorsang, ermutigte sie sie, mitzusingen, obwohl Lise kaum den Text kannte. Käthe kannte ihn, weil aber ihre Stimme nicht so schön war und sie meistens falsch sang, mußte sie den Mund halten.

Wenn Anne sie zurechtwies, war sie der älteren Schwester dankbar, daß sie überhaupt Notiz von ihr nahm. Sie konnte es aber nicht ertragen, nicht mit Lise mithalten zu können. Nachdem man sie zum Zuhören verdonnert hatte, wuchs in ihr das Bedürfnis, einmal diejenige zu sein, der die anderen zuhören müßten. Und so dachte sie sich eine zusätzliche Strophe zu einem ihrer Lieblingslieder aus, die außer ihr niemand singen konnte, weil nur sie den Text kannte. Sie muß damals zwischen vier und fünf Jahren alt gewesen sein. Daß man ihr gratulierte, war ihr nicht so wichtig, sie wollte vor allem, daß man ihre Worte ernst nahm, deshalb behauptete sie, sie habe die Strophe irgendwo einmal gehört. Sie glaubten ihr; ihre Mutter suchte die Verse in ihrer Ausgabe von Heines Gedichten.

Es war ein Trost für Käthe: das Wissen, daß mehr in ihr steckte, als die Leute annahmen, sollte ihr in späteren Jahren ein ganz wesentlicher Schutz sein.

Weil Käthe erst am Ende der großen Schulferien Geburtstag hatte, ließ man sie noch ein Jahr länger warten, ehe sie mit ihren Schwestern in die Schule gehen durfte. Schon lange vorher fing sie an, Anne nachzuahmen, wenn sie Schularbeiten machte. Anne war Perfektionistin: Wenn sie einen Fehler gemacht hatte, riß sie die Seite aus dem Heft. Wenn zu viele Seiten in dem Heft fehlten – die entsprechenden Blätter hinten im Heft mußten auch entfernt werden, damit es nicht entdeckt wurde –, nahm sie ein neues Heft und warf das alte in den Papierkorb. Käthe rettete es. Alles, was Anne weggeworfen hatte, war für sie ein Schatz.

Sie mußte die leeren Seiten unbedingt für sich haben. Der Drang, Geschichten zu erfinden, war so stark, daß sie sie schon zu Papier brachte, ehe sie überhaupt schreiben konnte, indem sie malte. Die Hauptfigur ihres ersten Buches war ein Schmetterling, der von einem Jungen mit einem Netz gefangen, gequält, getötet und unter einem Kreuz begraben wurde. Selbstverständlich konnte sie auch einen Davidsstern zeichnen, und sie wußte auch, daß er in der Umgebung ihrer Kindheit ein Fremdkörper war.

Als die Mädchen Teenager waren, pflegte ihre Mutter zu sagen, daß sie mit Anne ihre Probleme besprechen könne, daß Lise ihr Trost und Käthe zum Knuddeln da sei – eine Rolle, die Käthe gar nicht gefiel, weil sie sich in ihr so klein vorkam. In einer ihrer frühesten Erinnerungen stiehlt sie sich mit den Stiefeln in der Hand aus dem Bett ihrer schlafenden Mutter und schleicht hinüber zu ihren Schwestern, die alt genug waren, um keinen Mittagschlaf mehr halten zu müssen.

Lise war diejenige, die es einfach nicht ertragen konnte, von ihrer Mutter getrennt zu werden. Nur zu oft, wenn Selma gerade mit Paul fortgehen wollte, ins Theater oder zu Freunden, und ihren Töchtern gute Nacht und auf Wiedersehen sagte, bekam Lise Nasenbluten, das erst aufhörte, wenn Selma ihr Abendkleid und ihren Schmuck abgelegt hatte und im Morgenmantel und in Hausschuhen wieder erschien. Als Selma einmal wegen einer Schwellung in der Achselhöhle, die sich als Symptom einer Blutvergiftung herausstellte, im Krankenhaus liegen mußte und ihre Töchter nach einem Besuch bei ihr wieder aufbrechen sollten, fing Lises Nase so stark an zu bluten, daß sie bleiben durfte; es wurde ihr direkt neben Selmas Bett ein Kinderbett aufgestellt.

Lise wählte für sich selbst die Rolle des Aschenputtels; das war, als sie noch klein war, ganz anders gewesen. «Frag du lieber», pflegten Anne und Käthe zu sagen, wenn sie alle drei gemeinsam etwas erreichen wollten; wenn sie, die immer so brav war, eine Bitte äußerte, hatte sie bessere Chancen, daß ihr stattgegeben wurde. Ihr abendlicher Singsang, wenn sie alle im Bett lagen und ihre Mutter ihnen gute Nacht sagte, wurde geradezu zum Ritual: «Mach das Licht im Korridor an, laß die Wohnzimmertür offen, stell das Radio an!»

Käthes Drang, ihre Schwestern einzuholen, prägte ihr ganzes Leben: Voller Ungeduld nahm sie immer neue Aufgaben in Angriff, nicht so sehr aus Interesse an den Aufgaben, sondern um sich zu beweisen, daß sie sie bewältigen konnte. Sie bettelte morgens darum, auch das Haus verlassen zu dürfen, wenn ihre Schwestern zur Schule gingen. Es war das noch nicht das bewußte Bedürfnis, sich von der Mutter zu trennen, es war vielmehr die Vorstellung, so vielleicht an einem Leben teilhaben zu können, das nicht durch Lise für sie vorbereitet worden war. Und so wurde sie im Alter von fünf Jahren in einen Kindergarten geschickt, in den progressivsten der Stadt; ihre kleinen Beine brauchten fünfundzwanzig Minuten für den Weg dorthin.

Weder Anne noch Lise waren in einen Kindergarten gegangen. Endlich einmal konnte Käthe für sich in Anspruch nehmen, bei etwas die erste zu sein. Noch stand sie selbst im Zentrum ihres eigenen Universums, und die Erkenntnis, nur eines von dreißig oder mehr Kindern zu sein und weder für die anderen Kinder noch für die Kindergärtnerinnen etwas Besonderes zu sein, traf sie wie ein Schock. So hatte sie sich das nicht vorgestellt. Sie fing an, den Kindergarten zu hassen, und wollte lieber zu Hause bleiben.

Ihre Mutter redete ihr gut zu. Käthe hätte zwar nie zugegeben, daß ihre Mutter in allem, was sie betraf, recht hatte und recht behielt, aber tatsächlich gewöhnte sie sich an den Kindergarten, es machte ihr dort allmählich sogar Spaß. Sie gehörte langsam richtig dazu. Sie sicherte sich einen Ersatz für Lise, eine beste Freundin. Zu einer der Kindergärtnerinnen, einer mopsgesichtigen, schlaksigen jungen Frau, entwickelte sie eine kindliche Zuneigung und war – ob nun zu Recht oder zu Unrecht – der Überzeugung, ihr Liebling zu sein.

Käthe wurde natürlich immer als erste ins Bett gesteckt.

Sie sollte eigentlich, wenn Lise zu Bett ging, schon schlafen; und sie sollten beide schlafen, wenn Anne käme. Obwohl Käthe nun zum Kindergarten ging, war sie abends aber keineswegs müder, sie war noch länger wach, weil sie nun über so vieles nachdenken mußte.

Eines Abends, als Anne entdeckte, daß Käthe noch wach war, erkundigte sie sich, wie es denn im Kindergarten so sei. Käthe überlegte: Damit Anne weiter zuhörte, sollte sie die Ereignisse vielleicht etwas interessanter machen, als sie in Wirklichkeit waren. An dem Morgen hatte es eine kleine Meinungsverschiedenheit zwischen Bärbel, der Kindergärtnerin, die sie so sehr liebte, und einer ihrer Kolleginnen namens Hilde gegeben. Käthe dramatisierte den Streit und machte einen riesigen Krach daraus, der darin gipfelte, daß Bärbel Hilde fürchterlich zusammenstauchte. Plötzlich aber tat es Käthe, die sich ganz mit Bärbel identifizierte, leid, daß sie sie in eine Rolle manövriert hatte, die der von Anne sehr ähnlich war. «Nein, nein», unterbrach sie sich, «ich muß noch mal von vorne anfangen, andersrum ist es besser.»

Als sie nun etwas nachdachte, fragte Anne: «Heißt das, du hast dir das alles nur ausgedacht?» Im Ton ihrer Stimme lag ein solches Erstaunen, so viel Anerkennung, daß Käthe von diesem Augenblick an ihr ganzes Leben lang vom Geschichtenerzählen nicht mehr loskam.

ZWEI

DIE Mädchen kannten nur ihre Großeltern mütterlicherseits. Pauls Mutter war vor Annes Geburt gestorben; Anne ist nach ihr benannt worden. Als die Familie zum erstenmal in Scharbeutz Ferien machte, muß auch Pauls Vater schon tot gewesen sein, sonst hätten sie ihn sicher auf seinem Gut nordöstlich von Berlin besucht, wo er Pferde züchtete. Urahnen der Loewenthals hatte es in Eberswalde schon zur Zeit der Pest gegeben; sie müssen schon damals so weit assimiliert gewesen sein, daß sie nicht vertrieben wurden.

Adolf Schönfeld war ein kleiner, schlanker Mann; er trug ein goldenes Pincenez und hatte, als er Großvater wurde, bereits eine Vollglatze. Er sprach eindringlich, aber ohne Anmaßung und verfügte über so viel Wissen und Autorität, daß er zum Vorsitzenden der jüdischen Gemeinde gewählt wurde, obwohl er nicht aus Bielefeld stammte; seine Familie war, als Selma zwei Jahre alt war, aus Aschaffenburg zugezogen.

Gemessen an den ortsüblichen Vorstellungen, war der Großvater orthodoxer Jude. Er setzte sich nicht an den Eßtisch seiner Tochter, seit Paul, der Atheist war, seine Frau von der koscheren Küche abgebracht hatte. Aber solange der Großvater noch lebte, zündete Selma an jedem Freitagabend die Kerzen an. Er sorgte dafür, daß seine Enkelinnen alle Regeln eines traditionsbewußten jüdischen Hauses kannten und das Hebräische ihren Ohren vertraut klang. Er nahm sie mit in die Synagoge, als erste Anne, kaum daß sie groß genug war, um allein bei den anderen Mädchen zu bleiben. Die Gemeinde war zwar so liberal, daß sie eine Orgel angeschafft hatte, aber Männer und Frauen, Jungen und Mädchen saßen getrennt. Lise, von der man wußte, daß sie artig sein würde, durfte mitkommen, als sie noch jünger war, und Käthe war sogar noch ein bißchen kleiner, denn die beiden Schwestern konnten ja auf sie aufpassen.

Der Großvater unterwies seine Enkelinnen, indem er ihnen Geschichten erzählte, hauptsächlich von den Helden aus alter Zeit. Von Judas Makkabäus und Bar Kochba sprach er zum Beispiel, als ob er sie selbst gekannt hätte und als ob es keinen Unterschied gäbe zwischen ihnen und dem sagenumwobenen Siegfried oder Kaiser Friedrich, die den Kindern aus ihrem Alltag, und sei es nur durch Straßennamen, vertraut waren. Der Judaismus, den er lehrte, war eine Festung, und innerhalb ihrer Mauern zu leben war ein Privileg. Daß es eine Zeit gab, in der Käthe das anders sah, muß man ihrer Natur zuschreiben: alles, was innerhalb ihrer Reichweite lag, hielt sie zunächst für nicht begehrenswert.

Die Inflation hatte ihn, wenn man in Betracht zog, wie reich er vorher gewesen war, nur relativ arm gemacht, das sah er genauso wie seine Familie. Er blieb Verkaufsdirektor des Zementwerkes, das ihm vorher selbst gehört hatte; er fuhr noch immer in einer Limousine mit Chauffeur herum, und das zu einer Zeit, als die Leute noch stehenblieben, wenn ein Auto vorbeikam. Sein Haus hatte er verkaufen müssen. Das Haus, das er in Brackwede gemietet hatte, lag oberhalb des Dorfes und stand an einer Privatstraße inmitten einer Reihe von Doppelhäusern mit großen Gärten. Es hatte Zentralheizung und Doppelfenster und große Schiebetüren zwischen Empfangsräumen, die so groß waren, daß sie allen jüdischen Honoratioren der Stadt Platz boten, als er sie eingeladen hatte, mit ihm zusammen Gott für seine glücklich überstandene Magenkrebsoperation zu danken.

Die Großmutter starb zuerst, damals war Käthe sieben Jahre alt, und zwar unter mysteriösen Umständen. Vielleicht war die Klinik, in die sie eingeliefert worden war, ein Nervensanatorium. Vielleicht stimmte es, was Käthe viele Jahre später erzählt bekam, daß sie nämlich aus dem Fenster gesprungen und so zu Tode gekommen sei.

Der Großvater kam spät am Nachmittag mit der Nachricht in die Rolandstraße. Alle waren zu Hause. Sogar Anne mußte ihn in Ruhe lassen und ins Kinderzimmer gehen. Aber sie war sein Liebling, und so machte er sich schon bald auf die Suche nach ihr. Der Anblick der drei Kleinen ließ ihn vor Kummer aufschluchzen. Er setzte sich auf einen der niedrigen Kinderzimmerstühle, bedeckte sein Gesicht mit den Händen und konnte nicht aufhören, Laute von sich zu geben, die sich anhörten, als würde er lachen. Seine Enkelinnen standen vor ihm in einer Reihe, und ihre Reaktionen waren nicht allein auf ihr Alter zurückzuführen: Käthe zog sich ratlos in sich zurück; Lise empfand ein bedrückendes Mitleid, Anne dachte, wenn das Leben so grausam ist, wird es auch zu mir grausam sein.

Um Großvaters willen zogen sie nach Brackwede, in ein Haus zwei Häuser neben dem seinen, das zufällig gerade frei wurde. Das war im Sommer 1930, als Bielefeld seine erste antisemitische Zeitung herausbrachte.

Anne bekam ein eigenes Zimmer, womit ihre Unabhängigkeit von den anderen beiden noch unterstrichen wurde.

Ohne ausdrückliche Erlaubnis durften sie keinen Fuß in diesen Raum setzen. Lise und Käthe teilten sich weiterhin ein Zimmer und hätten es gar nicht anders gewollt: Am liebsten betrachteten sie sich als unzertrennliche Zwillinge. Gelegentlich fragten sie Anne, ob sie nicht mit ihnen spielen wolle. So auch an jenem ersten Morgen in dem neuen Haus; bei Tagesanbruch standen sie auf, um auf Entdeckungstour zu gehen, denn sie waren am Abend zuvor im Dunkeln angekommen. Unternehmungen mit Anne zusammen waren königliche Sondervergnügen.

Der Garten lag vor dem Haus. Er war länger, als er schmal war, und leicht abschüssig; es hatte ihn schon so lange niemand mehr gepflegt, daß der Rasen eher einer völlig verunkrauteten Wiese glich. Ein Dickicht von Sträuchern begrenzte ihn an den Seiten. Hinter dem Haus lag ein von einer Backsteinmauer umsäumter Hof. Jenseits der Mauer, etwas weiter oben, sah man noch einige Häuser und Gärten; dahinter erstreckte sich ein richtiger Wald. Die drei Stadtkinder glaubten sich ins Märchenland versetzt.

Immer wenn Anne mitmachte, war es selbstverständlich, daß sie das Kommando übernahm. Nach dem, was an diesem Morgen geschah, mußten sich von da an die Schwestern einer Musterung unterziehen, ehe Anne zustimmte, etwas mit den beiden gemeinsam zu unternehmen. Sie war damals neun Jahre alt und hatte sich fix und fertig angezogen – anders hätte sie sich überhaupt nicht sehen lassen. Lise und Käthe konnten ihre Zöpfe noch nicht selber flechten; sie hatten sich auch keine Mühe gegeben, das Haar wenigstens zu kämmen oder alle Knöpfe zuzumachen. Als ihre Mutter sie im Garten herumtollen hörte, rief sie die Mädchen zurück ins Haus, es war eine der wenigen Gelegenheiten, bei denen das Verständnis für ihre Töchter aufhörte.

«Was sollen denn die Nachbarn von uns denken!» schalt sie.

«Das kommt davon, wenn man sich mit euch einläßt», sagte Anne. Lise war auf ihre beiden Schwestern stolz. Käthe war nur auf Anne stolz. Anne war meistens auf keine von beiden stolz.

Sie gingen alle drei in die Dorfschule. Käthe war in der ersten Klasse, aber da sie gehört hatte, wie Anne und Lise aus der gleichen Fibel lesen gelernt hatten, konnte sie, als sie eingeschult wurde, schon alles auswendig; das nahm ihr jeden Ansporn, dem Unterricht zu folgen. Eines Tages wurde sie aufgerufen, als sie wieder einmal träumte, und wußte nicht, wo sie anfangen sollte, obwohl ihre Nachbarin ihr die Seite zeigte, denn sie konnte den Text nicht mit den Bildern in ihrem Kopf in Einklang bringen. An diesem Tag wartete Anne nach der Schule auf sie. Gewöhnlich wartete Anne nicht auf ihre Schwestern, und wenn sie sie zufällig traf, nahm sie sie nicht zur Kenntnis – es konnte ja sein, daß andere, mit denen sie gerne zusammen gehen wollte, etwas gegen die beiden hätten, wenn auch nur, weil sie jünger waren.

Sie sagte zu Käthe: «Dein Lehrer hat gesagt, du bist eine Niete. Was glaubst du, wie mir zumute war!»

Daraufhin legte Käthe sich ins Zeug, nur um Anne nicht zu blamieren, bis sie, genauso wie Anne, Klassenbeste war. Im darauffolgenden Jahr stellte sie nach einer Mathematikarbeit fest, daß sie nicht die einzige war, die alle Aufgaben richtig gelöst hatte: Auch ein schäbig gekleideter, dunkelhäutiger Junge, der viel zu verlottert herumlief, als daß sie sich bis dahin um ihn gekümmert hätte, hatte null Fehler. Er hatte braunes, krauses Haar und schelmische braune Augen. Er hieß Günther. Nach der Stunde rempelte er sie in der Klassentür an und grinste ihr zu. Nach Schulschluß stand er draußen und wartete auf sie. «Ich habe eine Elster, der ich das Sprechen beigebracht habe», sagte er, «wenn du willst, zeige ich sie dir.»

In ihrer Begeisterung dachte sie überhaupt nicht mehr an Lise, die die Aufgabe übernommen hatte, sie heil über die Hauptstraße zu bringen.

Günther lebte auf einem Bauernhof, der wahrscheinlich gar nicht so heruntergekommen war, wie Käthe zunächst meinte, doch sie sah ihn mit den Augen ihrer Mutter und hatte den Eindruck, als müßte auch der Hof einmal gründlichst geschrubbt und geputzt werden. Die Elster konnte nicht wirklich sprechen und saß in einem behelfsmäßigen Käfig. Aber Günther hatte auch Kaninchen – jedenfalls behauptete er, es seien seine, und Käthe wollte nicht in Zweifel ziehen, was er sagte, dazu mochte sie ihn zu gern. Er gefiel ihr weit besser, als er ihrer Mutter gefallen hätte, wobei es eigentlich nicht um ihn ging, sondern um sie selbst: Er war der Beweis für ihre Autonomie. Sie mochte ihn so gern, daß sie bei ihm bleiben wollte.

Die Kaninchen waren weiß und hatten rosa Augen. Sie durfte sie streicheln; er hob eins hoch und legte es ihr in die Arme. Sie hatte noch nie das Fell eines lebenden Tieres berührt, hatte gedacht, es säße fest wie bei Spielzeugtieren; als sie fühlte, wie es sich lose über den Knochen hin und her bewegte, war sie völlig fassungslos, nicht weil sie sich ihrer eigenen Unwissenheit schämte, sondern aus Erstaunen über dieses Wunder der Natur.

Nur weil sie Pipi machen mußte – und man ihr diesbezüglich Hemmungen anerzogen hatte –, lief sie schließlich nach Hause, wo es großen Ärger gab, denn Lise war, weil sie sie nach der Schule nicht hatte finden können, bleich und vor Angst zitternd heimgekommen.

Käthe hatte keine Geheimnisse vor Lise, und Lise hatte keine Geheimnisse vor ihrer Mutter. Käthe hatte sowieso immer angenommen, ihre Mutter sei allwissend. So etwas wie eine emotionale Nabelschnur verband sie mit Lise, bis zu dem Augenblick, wo sie als Teenager voneinander getrennt wurden. Käthe mußte ihr einfach weiter alles erzählen; von da an zwang sie Lise oft, zu versprechen, dieses oder jenes vor ihrer Mutter geheimzuhalten. Sie bedachte nicht, in was für ein Dilemma sie Lise damit brachte. Es schien, als habe sie begriffen – was eigentlich nicht stimmte –, daß Lise sich nie dagegen wehren würde, um ihretwillen leiden zu müssen, im Gegenteil: Lise genoß dieses Leiden, weil sie sich immer wieder beweisen mußte, daß sie ihre kleine Schwester mehr liebte als sich selbst.

Selma verbot ihr, sich mit Günther anzufreunden. Sie dürfe nicht allein mit kleinen Jungen weggehen, besonders nicht mit «so einem Jungen». Diese Bezeichnung für Günther war das einzige, was sie von alledem verstand.

Trotz oder gerade wegen dieser Erfahrung suchte sie sich ein schäbig gekleidetes dunkelhäutiges Mädchen aus und lud es zu sich nach Hause ein, als Selma ausgegangen war. Sie überhäufte ihre neue Freundin mit Spielsachen und gab ihr auch für ihre Brüder und Schwestern etwas mit. Die Mutter des Mädchens erkundigte sich daraufhin, ob ihre Tochter das alles wirklich behalten dürfte. Käthe hatte ihre Großzügigkeit inzwischen bereut: Einige der Sachen hatte sich das Mädchen selbst ausgesucht, und Käthe hatte nicht gewußt, wie sie sie davon abbringen sollte, was sie nun zu erklären versuchte. Um ihr einen Denkzettel zu erteilen, sagte die Mutter: «Du kannst die Spielsachen nicht zurückfordern.»

Noch zerlumpter und dunkelhäutiger waren die Zigeunerkinder, die jeden Sommer zum Jahrmarkt kamen. Sie blieben so lange, daß sie in die Schule gehen mußten. Für gewöhnlich wurden sie in die tieferen Klassen geschickt, Käthe war sich aber darüber im klaren, daß das nicht unbedingt hieß, daß sie dümmer waren. Sie hatten nur zu wenig Unterricht genossen, wußten aber dennoch mehr als Käthe. Sie fand die Zigeuner romantisch und wünschte sich, so leben zu können wie sie; sie erzählte sich selbst Geschichten, in denen sie mit den Zigeunern fortlief. Ein Zigeunerjunge überreichte ihr bei einem Schulausflug durch die Felder eine Kornblume und sagte dazu: «So blau wie deine Augen.» Sie selbst hatte sich immer eingebildet, ihre Augen seien so grün wie die einer Katze. In Wirklichkeit waren sie grau.

Ein ganzes Jahr lang wartete sie voller Spannung darauf, daß er zurückkam. Bei seiner Rückkehr würde sie ihn gar nicht wiedererkennen, und doch schlich sie immer um die grellbunten Wohnwagen herum, denn das geheimnisvolle Leben der Roma beschäftigte sie mehr als alles andere auf dem Jahrmarkt.

An einem Sonntagnachmittag saßen alle drei Mädchen im Wohnzimmer. Ihre Eltern schliefen, die Mutter in der oberen Etage und der Vater nebenan, weshalb sie besonders still sein sollten. Die beiden Dienstboten hatten Ausgang und besuchten Verwandte oder Freunde.

Es muß Winter gewesen sein, denn es wurde schon dunkel und ihr Vater schlief noch immer. Ihre Mutter war aufgestanden und nahm ein Bad, sie konnten das Wasser laufen hören. Sie konnten es lange laufen hören, es lief immer weiter und weiter.

Lise und Käthe schnitten Kleider für ihre Ankleidepuppen aus. Plötzlich hielten sie inne und machten Anne auf das Geräusch aufmerksam. Wenn Anne las, hätte das Haus über ihrem Kopf abbrennen können. Ohne aufzusehen, sagte sie: «Vielleicht regnet es.» Käthe ging zum Fenster und überzeugte sich, daß das nicht der Fall war. «Es kann gar nicht so lange laufen, wie ihr meint», sagte Anne. «Wenn die Badewanne überliefe, würde das Wasser durch die Decke kommen.» Sie guckten alle nach oben; nichts war zu sehen. «Macht das Licht an», befahl sie ihnen, und sie rannten beide zum Schalter. Wenn Anne sie um einen Gefallen bat, fühlten sie sich geehrt.

Anne schaute wieder in ihr Buch, aber sie horchte und las nicht. Nach einer gewissen Zeit, die wahrscheinlich gar nicht so lang war, wie sie ihnen vorkam, sagte sie: «Einer von uns muß hinaufgehen und nachgucken.» Alles, was jeder von ihnen tun konnte, aber keiner tun mochte, wurde von Lise erledigt. Blaß und zitternd ging sie die Treppe hinauf.

«Mutti hört nicht», berichtete sie. Ob sie denn wirklich ordentlich angeklopft hätte, fragte Anne. Ob das Wasser unter der Tür hervorkäme – ob sie auch nachgeguckt hätte? Ja, hatte sie, und es war nichts zu sehen.

Sie hatten gehofft, ihr Vater würde aufwachen oder vom Geräusch des Wassers geweckt werden. Sie warteten weiter, bis das Warten schlimmer war als die Aussicht, ihn wecken zu müssen. Käthe erklärte sich freiwillig bereit, das zu übernehmen. Auch sie befürchtete, daß er sie nicht ernst nehmen würde. Anne befand, es sei am besten, wenn *sie* zu ihm ginge – wahrscheinlich würde er aber annehmen, sie wecke ihn nur, weil sie selbst etwas von ihm wollte, und wütend werden (Paul wurde schnell zornig und war dann nur schwer zu beruhigen). Nur wenn Lise ihn weckte, würde er sofort wissen, daß kein Scherz und kein egoistischer Grund dahintersteckten. «Sag ihm, daß ich gesagt habe, du solltest ihn wecken», gab Anne ihr mit auf den Weg.

Als sie zurückkam, hörten sie ihn die Treppe hinaufspringen. Selma hatte sich eingeschlossen; sie hörten, wie er mit der Faust gegen die Tür hämmerte, hörten sein Rufen und Bitten. Später wurde ihnen gesagt, er habe die Tür aufgebrochen; erst im nachhinein konnte Käthe das mit dem Lärm, den sie gehört hatte, in Einklang bringen. Man hatte sie so erzogen, daß sie gar nicht auf die Idee kamen, hinaufzugehen und zu gucken. Sie blieben, wo sie waren, machten vermutlich mit dem weiter, was sie gerade getan hatten, als das Wassergeräusch sie unterbrochen hatte.

Nach einer Weile rief der Vater sie nach oben. «Mutti ist ohnmächtig geworden, sie lag auf dem Fußboden, als ich sie gefunden habe», sagte er. Sie wollte ihre Töchter sehen, sie sollten sich aber anständig benehmen. Benahmen sie sich in seiner Gegenwart etwa je anders als anständig? Er hatte nichts Einschüchterndes, aber damals war er für sie noch fast ein Fremder, und sie hatten Respekt vor ihm.

Ihre Mutter lag flach auf dem Rücken, ohne ein Kissen unter dem Kopf, sogar ihre Lippen waren weiß. Sie streckte ihnen den Arm entgegen, die Hand hing kraftlos herab. Sie sah eine nach der anderen an, als ob sie sie zählte, und dann schloß sie die Augen. Sie waren voller Tränen, die die Lider nun herauspreßten.

Nicht einmal Anne durfte allein in den Wald gehen, was sie im übrigen ohnehin nicht gewollt hätte, da sie sich mehr für Beschäftigungen interessierte, denen man im Sitzen nachgehen konnte: vor allem Lesen und Schachspielen mit dem Großvater.

Im ersten Jahr in Brackwede hatten sie noch ein Kindermädchen, Liesbeth, die schon in der Rolandstraße bei ihnen gewesen war. Sie war noch keine Zwanzig und hatte eher etwas von einer älteren Cousine als von einer Hausangestellten; an allem, was das Dasein der Mädchen betraf, nahm sie Anteil, wobei umgekehrt die Mädchen über ihr Leben kaum etwas wußten. An ihren freien Abenden löste sie ihr dunkelblondes Haar und ging zu irgendwelchen Aktivitäten, die mit Jesus zu tun hatten. Liesbeth war Lutheranerin, und was ihren Glauben betraf, war sie sehr viel zurückhaltender als das katholische Hausmädchen, das bei der Rückkehr von der Sonntagsschule farbenprächtige Bildkärtchen herumzeigte, die aufgrund der Goldverzierung etwas Überirdisches hatten, aber wahre Geschichten illustrierten. Jedenfalls behauptete sie das, und Lise und Käthe waren in einem Entwicklungsstadium, in dem sie alles glaubten, was Erwachsene sagten. Sie sahen sich die Bilder des gekreuzigten Mannes an und waren überzeugt, daß das Leid, das ihm zugefügt worden war, schrecklicher und schwerwiegender war als alles Leid der Welt und daß auch sie in irgendeiner Weise dafür verantwortlich seien.

Der Gott ihres Großvaters war zu ehrfurchtgebietend, als daß man ihn um triviale Dinge bitten konnte, und nach dem, was der Großvater aus der jüdischen Geschichte erzählt hatte, war alles, worum sie möglicherweise hätten bitten wollen, trivial. Sie beteten tatsächlich nur, wenn sie in die Synagoge gingen, und dann bedienten sie sich der festgelegten hebräischen Gebete, ohne zu verstehen, was sie im einzelnen besagten, nur das Hauptanliegen war ihnen klar: Sie priesen Gott für die Erschaffung der Welt und stimmten ihm zu, daß sie so, wie sie sei, gut sei.

«Ich bin da anderer Meinung», sagte Anne und fragte, womit sie ihre Kritik auf die Verständnisebene ihrer

Schwestern brachte: «Ist es denn zum Beispiel gut, daß Mutti Krampfadern hat?» Lise, die einmal ihrer besten Puppe bei dem Versuch, ihre Hände zum Beten zusammenzubringen, die Arme ausgerenkt hatte, versuchte, mit ihrer Schwester zu diskutieren. Aber Anne war rhetorisch selbst den Erwachsenen überlegen. Wenn Gott sich nicht um jedes Detail kümmerte, bedeutete das, daß er nicht überall sein und alles wissen konnte. Und wenn Leute, die das trotzdem behaupteten, also nicht recht hatten, dann wollte sie wissen, in welchen Punkten sie sonst noch irrten, ehe sie irgend etwas von dem, was sie sagten, glauben würde.

Käthe konnte von nichts genug kriegen, vielleicht wollte sie damit ihre Körpergröße kompensieren. Wenn es gut war, an Gott zu glauben, so dachte sie, konnte es doch nur noch besser sein, auch an seinen Sohn zu glauben. Es schien ihr einleuchtend: Die, die das taten, kamen, anstatt für immer tot zu sein, in den Himmel, und bis dahin hatten sie den sanftmütigen Jesus zum Freund, hatten teil am Christkind, und wenn sie nur ein klein wenig weitergingen, konnten sie sogar die Jungfrau Maria anrufen und die Vergebung all ihrer Sünden erlangen. Sie konnten in der Schule bei den Kirchenliedern mitsingen und am Religionsunterricht teilnehmen – beides Dinge, die für sie den Reiz des Verbotenen hatten.

Schon bevor Hitler an die Macht kam, sehnte sie sich danach, zur privilegierten Mehrheit zu gehören.

Der Unterricht fing um acht Uhr an und ging bis ein Uhr. Am Mittwochnachmittag fand im Dorf eine Bibelstunde statt. Sie wurde von Schwestern eines protestantischen Ordens abgehalten, die eine ähnliche Tracht trugen wie die Nonnen. Da Käthe sich mit einem Mädchen angefreundet hatte, das an diesen Bibelstunden teilnahm, begleitete sie sie dorthin und fragte auf der Türschwelle, ob sie mit hereinkommen dürfte. Der Raum wurde morgens für eine Kindergartengruppe genutzt; die Tische und Stühle waren niedrig, die frommen Bilder an den Wänden waren für Kleinkinder gedacht. Käthe fand das wunderbar, genauso wie sie für ihr Leben gern Babybrei aß, wenn sie krank war.

Man behandelte sie, als sei sie hoher Besuch, sie durfte sich aussuchen, wo sie sitzen wollte, und es wurde ihr freigestellt, ob sie mitmachen wollte oder nicht. Das Kinderbuch *Heidi* wurde abschnittsweise vorgelesen. Ob sie es kenne, fragten sie sie, und als sie verneinte, wetteiferten die Kinder miteinander, ihr zu erzählen, was bis dahin in der Geschichte passiert war – als ob Käthe jemand wäre, der jeden von ihnen etwas anginge. Noch nie hatten Menschen ihr das Gefühl vermittelt, so begehrt zu sein, noch nie war sie auf eine Gruppe gestoßen, zu der sie so gerne gehört hätte. Nach dem Vorlesen wurde sie aufgefordert, ein Kirchenlied vorzuschlagen. Sie nannte eines, dessen Melodie ihr aus der Schule vertraut war, erhielt eine Karte mit dem Text und man ermutigte sie mitzusingen.

«Hat es dir Spaß gemacht?» fragten sie, als die Stunde vorüber war, und das nicht aus Höflichkeit, sie wollten es wirklich wissen. «Komm wieder», sagten sie. «Wir hoffen, daß du wiederkommst. Jesus hofft das.»

Die ganze Woche über dachte sie daran, daß Jesus auf sie wartete. Außerdem wurden dort Bilder verschenkt, auf denen die Heiligen goldene Glorienscheine hatten: sie hatten ihr versprochen, sie würde beim nächsten Mal auch eines bekommen.

Auch wenn sie diese Bilder nicht mit nach Hause gebracht hätte, wäre bald herausgekommen, wo sie gewesen war. «Wissen allein schadet nicht», sagte ihr Großvater, als ihre Mutter ihn um Rat fragte. Er ergriff die nächstbeste Gelegenheit, Käthe zu sagen: «Jesus war Jude, Maria und Josef waren Juden.»

Sie wußte, er würde ihr gegenüber nicht lügen, aber sie glaubte ihm nicht.

Das Jahr 1931 muß für Paul beruflich ein gutes Jahr gewesen sein. Er verlegte sein Büro in ein größeres, zentraler gelegenes Gebäude, stellte einen zweiten Lehrling und eine Sekretärin ein, die für Selmas Seelenfrieden eine Spur zu hübsch war. Sie hatten genug Geld, um ihren Töchtern zu Chanukkah alles zu schenken, was sie sich gewünscht hatten, sogar Fahrräder. Anne wollte ihre Besitztümer am liebsten immer völlig einwandfrei erhalten; außerdem war sie unsportlich: «Anne führt ihr Fahrrad spazieren», dieser Familienwitz kam nicht von ungefähr.

Liesbeth bekam auch ein Fahrrad geschenkt, obwohl sie die Familie verließ, um einem lutherischen Schwesternorden beizutreten. Selma stellte keine Nachfolgerin für sie ein, sondern ließ am frühen Nachmittag eine junge Frau kommen, die, wenn das Wetter es zuließ, mit den Mädchen spazierenging. Als dieses Arrangement beendet war, begannen Lise und Käthe unbeaufsichtigt herumzulaufen.

Sie hatten ihre festen Rituale. Im Frühling zum Beispiel, wenn ihr Sandkasten frisch gefüllt war, dekorierten sie ihn mit Blumen und Blättern, jedes Jahr wurde die Zeremonie prunkvoller. Die Krönung des Ganzen war es, wenn Anne kam, ihr Werk begutachtete und es ihr gefiel. Im Herbst ließen sie wie die anderen Kinder auf den Hügeln ihre Drachen steigen und rannten über die abschüssigen Stoppelfelder. Meistens gingen sie auf Entdeckungstour an geheimnisvollen Orten, die ihre Phantasie anregte, besonders, wenn sie nicht begreifen konnten, was bestimmte Erscheinungen für einen Sinn hatten, wie zum Beispiel eine lange hohe Mauer tief im Wald, hinter der sich nichts verbarg als weitere Bäume. Sie versuchten, sich in alles, was da wild lebt, hineinzuversetzen, am liebsten waren ihnen dabei Tiere, die etwas Geheimnisvolles hatten, wie die Zugvögel, oder Kaulquappen und Raupen, die die Fähigkeit hatten, sich zu verwandeln. Erst als sie diesen Garten Eden verließen, war Käthe für die Bücher zu groß, in denen Tiere und Dinge dargestellt wurden, als seien sie menschliche Wesen.

Selma hatte als Mädchen einen Windhund gehabt; sie hatte ihn als Welpen bekommen, und als er zwölf Jahre alt war, mußte er eingeschläfert werden. Sein Tod hatte ihr einen solchen Kummer bereitet, daß sie beschlossen hatte, sich nie wieder ein Haustier anzuschaffen – möglicherweise hat sie das ihren Töchtern aber auch nur erzählt, weil sie kein Tier im Haus haben wollte. Das war ihnen klar, aber im großen und ganzen konnten sie von Glück reden, eine solche Mutter zu haben. Sieglinde, das Nachbarmädchen, durfte nur sonntags mit ihrer besten Puppe spielen, und dann durfte sie sie nicht einmal mit hinausnehmen. Sie durfte den Ball nicht gegen die Hauswand werfen (was Anne freiwillig nicht tat, um den Ball zu schonen; ihre Mutter machte ihnen, was ihre eigenen Spielsachen betraf, keine Vorschriften). Aber sogar Sieglinde, oder vielmehr ihre Mutter, hatte Kaninchen, die in Ställen auf dem Hofe lebten.

Ihr Großvater hatte eine Zeitlang einen Hund gehabt, einen Boxer; damals lebte ihre Großmutter noch. Als Käthe sie einmal von der Rolandstraße aus besuchte, war sie, ungeduldig wie immer und ohne sich umzusehen, dem Hausmädchen, das ihr die Tür geöffnet hatte, gefolgt und in das Zimmer gelaufen, wo, wie sie wußte, ihre Großeltern saßen; während sie noch auf sie zuging, war der neue

Hund an ihr hochgesprungen und hatte ihr seine Pfoten auf die Schultern gelegt, so daß sie plötzlich den Hundekopf in Augenhöhe vor sich hatte. Auf diesen Schreck hin hatte sie Gelbsucht bekommen. Sie wünschte sich so sehr, irgendeinem Wesen gegenüber Lises Rolle spielen zu können, daß sie sich, als sie neun Jahre alt war, trotzdem mit einem grauen drahthaarigen Hund, der etwas von einem Terrier hatte, anfreundete. Der Hund wartete mittags vor einem Haus an ihrem Schulweg auf sein Herrchen.

Beim zweiten Mal stand er auf, als sie mit ihm gesprochen und ihn gestreichelt hatte, und folgte ihr ein kleines Stück; jedesmal folgte er ihr ein wenig weiter, bis er schließlich den ganzen Weg mit ihr nach Hause ging. «Er will, daß ich für ihn sorge», sagte sie. «Er muß entlaufen oder ausgesetzt worden sein», behauptete sie und glaubte selber, was sie sich so sehr wünschte. Sie konnte immer nur lieben, was in irgendeiner Weise ein Opfer war. Sie nannte ihn Tasso.

Vermutlich überließ Selma es Paul, die Polizei zu benachrichtigen, und der vergaß es in seiner Achtlosigkeit. Wenige Tage später kam der Besitzer des Hundes und beschimpfte sie als Diebe. Käthe mußte erklären, wie alles gekommen war, und sich entschuldigen. Nachher sagte ihre Mutter zu ihr: «Als Juden können wir es uns nicht leisten, etwas zu tun, was Anlaß zu Kritik oder gar Anschuldigungen bietet.»

Hitler war noch nicht an der Macht, aber die Nazis und ihre Ideen gewannen mehr und mehr an Boden.

DREI

DREI Jahre nach dem Tode seiner Frau heiratete Adolf Schönfeld im Alter von sechsundsechzig Jahren zum zweitenmal. Seine neue Frau war jung – nicht viel älter als Selma – und hatte zwei Kinder, die noch Teenager waren und nur französisch sprachen. Sie war die Witwe eines Franzosen und hatte bis dahin in Paris gelebt.

Selma weinte bei dieser Nachricht; seit dem Tod ihrer Mutter vergoß sie ebensoleicht Tränen, wie Bäume ihre Blätter abwerfen – vielleicht nahm Käthe das aber auch besonders aufmerksam wahr, inzwischen war sie alt genug, um so etwas überhaupt zu registrieren. Es sei eine rein körperliche Reaktion, genauso reflexartig wie das Niesen, erklärte Anne, und das konnte Käthe verstehen: Auch sie fand, daß Weinen ihr einfach guttat, weswegen die anderen behaupteten, sie hätte viel zu nah am Wasser gebaut. Als sie klein war, pflegte sie eigene Balladen nach den Melodien bekannter Lieder in völlig falschen Tönen zu singen, wobei ihr die Tränen aus den großen grauen Augen über ihre dicken Wangen liefen. Wenn sie gefragt wurde, weshalb sie denn weine, erklärte sie immer: «Die Geschichte ist so traurig.»

Selma fuhr nach Wiesbaden, um ihre Stiefmutter kennenzulernen. Sie war bis dahin nur in der Zeit ihres kurzen Krankenhausaufenthaltes nachts von ihren Töchtern getrennt gewesen. Käthe bekam Pusteln auf ihrer linken Gesäßhälfte und schämte sich, jemandem davon zu erzählen.

Als Selma nach fünf Tagen zurückkam, waren aus den Pusteln Furunkel geworden. Selma fuhr mit ihr zum Hausarzt nach Bielefeld, der die Furunkel aufschneiden mußte. Dann fuhren sie im Taxi nach Brackwede zurück, Käthe auf dem Bauch über Selmas Knien. Sie beide weinten. Selma sagte: «Ich verspreche dir, Putzi, daß ich dich nie wieder allein lasse.» Putzi war ihr Lieblingskosename für das Baby der Familie.

Die neue Frau des Großvaters hieß Emma, wie ihre Großmutter. Selma konnte sich nicht überwinden, diese fremde Frau Mutter zu nennen. Die Mädchen mußten sie Tante Emma nennen.

Sie war einen halben Kopf größer als der Großvater, eine imponierende Erscheinung. Als sie sich herabbeugte, um Käthe zu begrüßen, ergriff sie beide Hände des Kindes, damit Käthe sie nicht berühren konnte. Es war ihr unmöglich, jemanden zu küssen oder sich küssen zu lassen, denn ihr Mund und ihr ganzes Gesicht waren mit Make-up bedeckt. Sie roch wie Potpourri, als hätte der Großvater sie vom Speicher geholt. Bei jeder ihrer Bewegungen glitzerten ihre Juwelen. Ihre Körperhaltung war so starr, als müsse sie ihren Kopf und die Haarkrone, die blau schimmerte wie das Gefieder eines Raben, regelrecht balancieren.

Ihr Einzug verwandelte Großvaters Haus in eine Mischung aus Museum – nichts durfte man anfassen – und irgendwelchen Gemächern aus Tausendundeiner Nacht. Jedes freie Fleckchen wurde mit Nippes bestückt und alles in gedämpftes Licht getaucht, so daß es wirkte, als käme es aus einer anderen Welt. Ihre Teppiche und Brücken waren so dick, daß die Türen neu aufgehängt werden mußten, und ihre goldgerahmten Spiegel so hoch, daß die Beine gekürzt werden mußten. Und ihre Kronleuchter erst!

Was sie kochte, war ebenso exotisch und fand bei der genießerischen Käthe großen Anklang. Als die Großmutter noch lebte, hatten die Mädchen, wenn sie zu Besuch kamen, Kuchen bekommen, und Käthe hatte sich immer so vollgestopft, daß sie am Ende nicht mehr laufen konnte. Niemandem wäre es in den Sinn gekommen, ihren Appetit zu bändigen, weil sie solche Freude am Essen hatte. In der Zeit, als er keine Frau hatte, fuhr der Großvater jeden Sonntagnachmittag die Familie in seiner Limousine in die Stadt, ins beste Café am Platze. Eine Kuchenauswahl wurde auf einer dreistöckigen silbernen Etagere an den Tisch gebracht, und wenn man seinen Teller leer gegessen hatte, konnte man sich ein neues Stück aussuchen. Hier gewöhnte sich Käthe für den Rest ihres Lebens an, schnell zu essen. Solange noch Kuchen da war, den sie mochte, aß sie weiter, auch wenn sie schon satt war. Und daß sie sich am Ende übergeben mußte, gehörte regelrecht dazu.

Tante Emma hätte niemals spezielle Kindergerichte aufgetischt. Bei ihr entdeckte Käthe, daß auch so manche Erwachsenenspeise ihr durchaus schmeckte: eingelegte Gurken zum Beispiel und Heringsrogen (es mag auch Kaviar gewesen sein). Sämtliche Mahlzeiten bei Tante Emma waren festliche Zeremonien, die an Pessach erinnerten, weil sie zu so später Stunde begannen, weil eine fremde Sprache gesprochen wurde und vor allem, weil so viele Menschen um den Tisch versammelt waren.

Roger und Marguerite waren für die Mädchen eher wie Vetter und Cousine als wie Onkel und Tante. Roger beeindruckte sie mit seinen Zaubertricks. Marguerite, die älter war als er, mit ihren fast erwachsenen Pariser Manieren. Die beiden waren wie Vorboten der anderen Verwandten, die, obwohl sie deutsch sprachen, nicht zu verstehen waren – zum Beispiel die Frau, die die Taschen in den Kleidern ihrer Tochter zunähte, damit sie sie nicht ausbeulen konnte. Es gab auch eine Invasion von Fremden, die zu Großvaters Verwandten gehörten und die ganze Zeit über in Hameln gewohnt hatten. Käthe wollte es zwar nicht wahrhaben, mußte nun aber erkennen, daß es außer dem ihr bekannten Teil noch einen anderen, größeren Bereich im Leben ihres Großvaters gab und daß sie und, was noch schlimmer war, vor allem Anne ihm oft über lange Zeit gar nicht so wichtig waren.

Er nahm sie einmal mit nach Hameln, um die dortigen Verwandten zu besuchen. Eine der Damen des Hauses war blind. Vermutlich war sie gar nicht so alt, wie sie Käthe vorkam. Käthe saß neben ihr auf der Couch und hielt ihre Hand, und keiner von beiden wollte loslassen. Über die phänomenale Tatsache, daß das ruhige Wesen der blinden Frau die eigentlich vor Temperament überschäumende Käthe gebändigt hatte, wurde in der Familie noch lange gesprochen.

«Weshalb warst du bei ihr plötzlich so ruhig?» fragte Anne. Käthe wußte es nicht. Vielleicht, weil die Blinde Käthe nicht nach ihrem Aussehen beurteilen konnte, wohl aus anderen Gründen ihre Nähe genossen und ihre Hand gehalten hatte.

Das war in dem Jahr, in dem alle drei Mädchen zu Chanukkah Schlittschuhe bekamen, weil Lise sie sich gewünscht hatte. Weil Käthe es nicht ertragen konnte, von einer von Lises Aktivitäten ausgeschlossen zu sein, lernte sie Schlittschuh laufen, obwohl es ihr eigentlich gar keinen Spaß machte. Anne versuchte es gar nicht erst. Sie bekamen Norwegerpullover – Annes war rot, Lises grün, Käthes blau, weil man überzeugt war, das seien ihre Farben –, alle mit dem gleichen Muster und mit passenden Mützen und

Handschuhen dazu. Ihr Vater schenkte ihnen einen Filmprojektor und Charlie-Chaplin- sowie zwei Mickey-Maus-Filme. Er versprach ihnen: «Wenn ihr sie satt habt, kaufe ich euch neue.» Er hat dieses Versprechen nie einlösen können, denn wenige Wochen später kam Hitler an die Macht.

Nach jenen Weihnachtsferien brachten die älteren Kinder Packen von kleinen Aufklebern mit in die Schule, auf denen Wahlslogans standen, die Käthe nichts sagten. Sie erklärte sich bereit, im Dorf herumzugehen und die roten anzukleben, denn Rot war Annes Lieblingsfarbe. Als Anne das hörte, lachte sie ihre kleine Schwester aus: Käthe hatte Wahlhilfe für die Kommunisten geleistet. Wie gut, daß sie sich nicht die Farben der NSDAP ausgesucht hatte!

Als ob die zweite Heirat ihres Großvaters nur eine Theatervorstellung gewesen wäre, verschwand Tante Emma von einem Tag auf den anderen wieder aus ihrem Leben, mit allem, was sie mitgebracht hatte.

Ihr Großvater ging auch nach Frankreich, kam jedoch zurück. Er hatte Schulden hinterlassen, die er begleichen wollte, indem er den Rest seiner Vermögenswerte veräußerte. Aber die Nazis ließen ihm keine Chance dazu und verhafteten ihn als säumigen Schuldner. Es sollte der jüdischen Gemeinde wohl als Warnung dienen: Wenn sie ihrem Vorsitzenden das antun konnten, waren sie zu allem fähig.

Er muß gewußt haben, daß seine Verhaftung unmittelbar bevorstand; oder er war zur Polizei bestellt worden und wußte, was ihn erwartete. Er besuchte seine Tochter, um mit ihr zu reden. Als er wieder fortging, blieb er auf der Türschwelle der Veranda vor den letzten Stufen nach unten stehen und sagte: «Nichts ist je zu gut für sie gewesen» und brach in Tränen aus. Er meinte seine Enkelinnen, die hilflos dastanden, verwirrt, weil er sie offenbar übersehen hatte, bemüht, seine Aufmerksamkeit zu erwecken. Käthe, die weiter unten stand, griff nach seiner Hand. Sie mußten ihre Finger mit Gewalt von seiner Hand lösen, denn Käthe wollte nicht, daß er fortging, solange er noch weinte.

An jenem Abend kamen noch einmal Gäste ins Haus, es war spät, selbst Anne war schon nach oben ins Bett geschickt worden. Aber die Mädchen waren noch wach. In Lises und Käthes Zimmer gab es eine Schornsteinnische mit einer Sitzbank aus gesprenkelten braunen Fliesen. Durch einen Gitterrost in der Wand kam warme Luft vom Wohnzimmerofen herauf. Wenn man sein Ohr nah an diesen Rost hielt, konnte man hören, was unten gesprochen wurde.

Wahrscheinlich hatte es Anne schon früher einmal ausprobiert. Plötzlich stand sie im Nachthemd im Zimmer, woraufhin natürlich auch Lise und Käthe wieder aus ihren Betten krochen, Lise, um ebenfalls zu lauschen, Käthe, um ihnen Gesellschaft zu leisten. Der Gitterrost war für drei Köpfe nicht groß genug, und sie hätte sowieso nicht begriffen, wovon die Rede war. Während es unten einen Augenblick still war, berichtete Anne, ihre Mutter habe sich am Telefon darüber beklagt, ihm nicht einmal ein Kissen bringen zu dürfen. Daraus schlösse sie, daß Großvater im Gefängnis sei. Käthe war überzeugt, daß Anne recht hatte. «Was hat er Schlimmes getan?» fragte sie, denn damals hatte sie noch keinen Zweifel daran, daß es in der Welt gerecht zuging.

Anne machte ihr Zeichen, sie solle still sein: Die Erwachsenen unten hatten angefangen, über Emigration zu sprechen. «Gebt mir eine Jacke», bat sie und legte sich eine von Käthes Jacken über die Schultern. Kein Wort sollte ihr entgehen.

Die Nazis steckten den alten Mann ins Gefängnis, und das genügte, um ihn zu vernichten. Aber sterben sollte er in ihrem Gewahrsam nicht – seine Menschenliebe hatte sich nicht auf Juden beschränkt –, sie schickten ihn zurück zu seiner Familie.

Selma brachte ihn in Annes Zimmer und legte ihn ins Bett. Die Mitglieder des Gemeindevorstands kamen und gingen, aber nur der Arzt wurde zu ihm gelassen. Im Haus herrschte absolute Ruhe. Selbst Käthe machte keinen Lärm, auch sie vergaß keine Sekunde lang, in welch großer Gefahr der Großvater schwebte. Selma, die sonst so empfindlich war, ließ sich nicht eine einzige der Aufgaben aus der Hand nehmen, die ihm seinen Zustand erträglicher machten. So unentschlossen und halbherzig sie sonst wirkte, sie schaffte es, ihn noch drei Tage lang am Leben zu erhalten.

Als er sein Ende kommen spürte, ließ er seine Enkelinnen nacheinander zu sich kommen. Natürlich ging Anne als erste. Erhobenen Hauptes kam sie wieder heraus, ihr Gesicht glühte vor Stolz über den Segen, den sie empfangen hatte. Lise mußte man drängen, damit sie überhaupt hineinging; sie fürchtete, der Situation nicht gewachsen zu sein, und zitterte am ganzen Leibe. Käthe war, sehr zu ihrem Ärger, auch in dieser Situation als letzte an der Reihe. Während sie noch wartete, erinnerte sie sich, daß der Patriarch Isaak seinen Segen bereits erteilt hatte, bevor Esau eintreten konnte.

Der Kopf ihres Großvaters lag tief. Er sah kleiner aus, als es der wichtigen Rolle, die er in ihrem Leben gespielt hatte, gebührt hätte. Seine Lippen bewegten sich, aber kein Laut drang aus ihnen hervor. Ihre Mutter stand hinter ihr und sagte: «Er möchte dich küssen.» Wie? Wohin? Nie hatte sie ihren Großvater so initiativelos gesehen. Sie war es nicht gewohnt, Dinge als erste zu tun, ohne wenigstens Lises Beispiel folgen zu können. Deshalb mogelte sie, beugte sich zwar herab, täuschte aber nur vor, ihre Wange gegen seine Lippen zu drücken. Er schien ihr zu krank, als daß er es bemerken könnte, und wenn er es bemerken sollte, würde es ihm gleichgültig sein. Er sah an ihr vorbei auf ihre Mutter, die das Täuschungsmanöver von ihrem Standpunkt aus nicht sehen konnte. Dann hob er seine Hand und legte sie Käthe auf den Kopf.

«Baruch...», flüsterte er und verstummte jäh. Selma war körperlich und seelisch stärker, als Käthe damals ahnte. Sie legte Käthes Hand auf die ihres Vaters und ließ sie so lange dort, wie es nötig war, damit sie glaubte, ebenfalls gesegnet worden zu sein.

Aber Käthe war überzeugt davon, daß dieser Segen wertlos sei, weil sie ihn nicht verdient hätte.

Selma bat Anne, mit ihren Schwestern spazierenzugehen, denn die Mädchen sollten nicht sehen, wie der Leichnam aus dem Haus getragen wurde.

Die drei Mädchen gingen an den Häusern und Gärten vorbei bis zu einem Gebüsch kurz vor dem Wald, das Lise und Käthe als ihr heiligstes Terrain betrachteten, denn dort hatten sie ohne Aufsicht spielen dürfen, selbst als der Düsseldorfer Kindermörder sein Unwesen trieb. Sie hatten dort sogar eine Höhle gebaut, die sie Anne schon immer zeigen wollten. «Es wäre nicht recht von mir, sie jetzt anzusehen», meinte Anne. «Wir dürfen uns jetzt nicht amüsieren.»

Aber für Käthe war schon ihre Gesellschaft eine Freude.

Sie blieben am Rande des Gehölzes stehen und sahen hinab auf die Häuser. Man sah nur die Dächer, und Käthe konnte ihr Haus nicht ausmachen. Aber sie wußte, worauf

Lise wartete: Sie wollte den Todesengel herabsteigen oder mit der Seele ihres Großvaters wieder emporsteigen sehen.

Anne sagte: «Der Krankenwagen ist gekommen, ich kann sehen, wie sie Großvater auf der Bahre heraustragen.»

«Ich kann gar nichts sehen», beklagte sich Käthe. Anne erwiderte, sie sei eben noch zu klein. Käthe vertraute ihr so sehr, daß ihr erst nach dreißig Jahren, als sie alleine wieder an derselben Stelle stand, klar wurde, daß auch Anne unmöglich etwas hatte sehen können.

Weil Anne ihre Gefühle nicht zeigte, glaubte Käthe, sie trauere nicht, und trauerte deshalb selber auch nicht. Sie war überzeugt, es sei besser für die Seele des Großvaters, daß sie seinen Körper abgeschüttelt habe. Sie zweifelte nicht daran, daß er weiterleben würde, wenn sie sich auch nicht vorstellen konnte, wie das funktionieren sollte. Aber alle in ihrer Umgebung glaubten daran, zumindest waren die Zweifel nicht so stark, daß jemand sich offen zu ihnen bekannt hätte.

Selma trug so lange Schwarz, bis man sie zwang, ihre Kleidung gegen die Häftlingskleidung des Konzentrationslagers einzutauschen. Sie trauere um die Juden Deutschlands, sagte sie immer.

Als Großvater in Haft gewesen war, war sein Haus versiegelt worden. Nach seinem Tode wurde alles konfisziert. Der Möbelwagen war so groß, daß er nicht bis vor die Haustür fahren konnte: Alles mußte über den Gartenweg zum Gittertor getragen werden. Selma und ihre Töchter sahen zu und durften nichts anfassen; Selma bekam allerdings ohne viel Aufhebens die wenigen Dinge ausgehändigt, die sie als ihr Eigentum bezeichnete, einen Werkzeugkasten und eine Vase. Käthe staunte, daß sie nicht mehr forderte, als ihr zustand – da doch Juden grundsätzlich als Kriminelle galten.

Das Nachbarhaus hatte eine Zeitlang leergestanden, nun hatte es ein hochrangiger Nazi gemietet, der an der Veranda Umbauarbeiten durchführen lassen wollte. Aus Gründen der Symmetrie – es handelte sich um das mittlere Haus der Reihe – beschlossen die Besitzer, rechts und links dieselben Veränderungen vorzunehmen, und schlugen den Loewenthals vor, in das Haus des Großvaters zu ziehen, damit ihnen die Handwerker im Haus erspart blieben. Sie zogen also um. Jetzt hatten sie zum erstenmal eine Garage, sie wurde zum Abstellraum und Spielzimmer für Lise und Käthe.

Vom ersten Tag in Brackwede an war ein Nachbarssohn namens Klaus einer ihrer Spielkameraden gewesen. Nun hatte er einen Bruder bekommen: die Schwangerschaft seiner Mutter hatte sie sehr fasziniert. Nach wie vor mußten sie auf der durchgehenden Backsteinmauer an der Rückseite der Höfe entlanggehen, um die Wehmeyers zu besuchen. Auf ihrer Seite war die Mauer mannshoch (sie mußten auf einen Stuhl steigen, um hinaufklettern zu können), auf der anderen Seite ging es allerdings nicht so tief hinunter. Sie dachten sich nichts dabei, weiter diesen Weg zu nehmen, auch nachdem die neuen Leute eingezogen waren.

Eines Tages, als sie auf der Mauer entlanggingen, sahen sie sie durch das Fenster beim Essen sitzen. Um ihnen zuwinken zu können, setzten sie sich hin. Noch ehe sie wieder aufgestanden waren, kam ein junger Mann, der Sohn des Hauses, mit einem Glas in der Hand heraus: Er schleuderte ihnen das Wasser entgegen. Es war das erste Mal, daß Fremde ihnen gegenüber Feindseligkeit an den Tag legten. Bis dahin waren sie als Kinder aus gutem Hause behandelt worden.

Ein oder zwei Tage später, als sie im Garten spielten, rief

der junge Mann von nebenan ihnen über die Buchsbaumhecke zu: «Hier, seht mal, mein Hund!» Es war ein Deutscher Schäferhund. «Wenn ihr Juden euch nicht anständig benehmt, setze ich ihn auf euch an, er ist auf Menschen abgerichtet.»

Die Angst hatte in ihren Alltag Einzug gehalten.

Die Bibelstunden zu besuchen war so ziemlich das einzige, was Käthe ohne Lise tat. Selbst zur Toilette ging sie am liebsten mit ihrer Schwester. Nur ein einziges Mal ging Lise mit ihr zur Bibelstunde, wahrscheinlich, weil ihre Mutter wissen wollte, was sich dort abspielte. Aber Käthe wollte sie nicht dabeihaben: Der Reiz des Ganzen bestand gerade darin, daß sie alleine dorthin ging. Wenn es Lise gefiele, würde sie dann nicht immer mitkommen wollen? Und alles, was Lise nicht auf Anhieb gefiel, war auch für Käthe nicht mehr interessant.

Auf dem Weg versuchte Käthe, ihr klarzumachen: «Dies ist meine Angelegenheit, ich habe das entdeckt, ich bin Mitglied des Bibelkreises, und du bist da nur zu Besuch. Kein Mensch will, daß du auch nur ein Wort sagst.» Gelegentlich konnte nämlich das, was Lise von sich gab, sehr peinlich sein. Sie hatte manchmal sonderbare Ideen und war so schüchtern und verschreckt, sobald die Aufmerksamkeit auf sie gerichtet war, daß sie sich nicht artikulieren, ihre Gedanken nicht erklären und verteidigen konnte und sich so, wie Käthe meinte, lächerlich machte.

Käthe blieb stehen und sagte: «Ich nehme dich nicht mit» – sie hätte Lise gar nicht vom Mitkommen abbringen können –, «wenn du mir nicht versprichst, daß du mir auf keinen Fall den Spaß verdirbst.» Nie hätte Lise ihr mit Absicht irgendeine Freude verdorben. Was Käthe da sagte, war wahrscheinlich für Lise völlig neu. Vielleicht fürchtete Käthe, Jesus könnte die stille, sanftmütige Lise ihr vorziehen.

Käthe ging nicht zuletzt auch deshalb gern zu den Bibelstunden, weil sie dort Schuldgefühle bekam, die sie genoß, weil sie sie als Zeichen ihrer Tapferkeit ansah. Daß sie als Jüdin zu den Mördern Jesu gehören sollte, akzeptierte sie nicht: Im Gegenteil, sie war überzeugt, wenn sie dabeigewesen wäre, sie hätte alles Erdenkliche getan, um ihn zu verteidigen. Nicht das machte ihr also Schuldgefühle, sondern daß sie den Wunsch hatte, eines der Kinder zu sein, die zu Jesus kamen. Und sie fühlte sich schuldig, weil die Kinder des Bibelkreises etwas taten, was ihre Mutter, hätte sie davon gewußt, ihr auf keinen Fall erlaubt hätte. Daß selbst Lise nichts davon wußte, steigerte diese Gefühle noch.

Sie besuchten die Alten und Kranken in ihren Wohnungen und sangen ihnen Kirchenlieder vor, und niemand verbot ihr mitzusingen, weil sie etwa die Melodie nicht halten konnte oder keine schöne Stimme hatte. Je lauter sie sang, desto freundlicher lächelten die protestantischen Schwestern ihr zu. «Du lobst Jesus gern, nicht wahr?» war ihr einziger Kommentar.

Eines Tages, im selben Frühjahr, kamen sie etwas zu spät von einem außerhalb gelegenen Bauernhof zurück. Auf dem Heimweg sah Käthe schon ganz oben am Berg, daß ihre Mutter ihnen entgegenkam. Als Selma ihre Tochter erblickte, blieb sie stehen und rief: «Wo bist du denn gewesen? Ist dir denn nicht klar, daß du Jüdin bist?»

Nicht nur, daß ihre Mutter auf offener Straße laut schrie, ausgerechnet ihre Mutter, die, als sie nach Brackwede gezogen waren, extra einen Gong gekauft hatte, um ihre

Töchter vom Spielen hereinholen zu können, ohne in der Öffentlichkeit laut rufen zu müssen (nicht einmal zu Hause erhob sie ihre Stimme). Sie hatte eine Frage gestellt, deren Antwort sie kannte. Sie hatte ihr vorgeworfen, etwas ohne ihre Erlaubnis getan zu haben. Aber vor allem, daß sie auf offener Straße, wo es alle hören konnten, diesen Fluch ausgesprochen hatte, traf Käthes Seele wie der Einschlag einer Granate.

VIER

IN jenem Sommer bekam die Katze eines Nachbarn Junge. Käthe entdeckte die Katzenmutter mit ihren Kleinen zufällig hinter der Hecke, als sie das erste Mal in ihrem Korb in den Garten hinausgebracht worden waren. Sie ging immer wieder und wieder dorthin und suchte nach ihnen, um sie sich noch einmal ansehen zu können. Einerseits hoffte sie, daß sie unentdeckt bliebe, damit sie niemand fortschickte. Auf der anderen Seite hoffte sie, daß man sie hereinbitten würde. Und genau das geschah.

Die Mutter war eine Tigerkatze, vier der Kätzchen waren ebenfalls getigert, eines war schwarz. Bis dahin hatte Käthe nicht gewußt, daß Katzenjunge mit blauen Augen zur Welt kommen. Das schwarze Kätzchen fand sie am niedlichsten, weil es ein Außenseiter war.

«Darf ich denn mal wiederkommen und sie noch einmal streicheln?» fragte sie, als sie das Gefühl hatte, die Frau wurde ungeduldig; sie bekam keine Antwort und fügte hinzu: «Nur einmal, irgendwann, wenn es Ihnen paßt?» Sieben Monate des Hitler-Regimes hatten sie gelehrt, im Umgang mit Ariern vorsichtig zu sein.

Die Frau aber fragte sie: «Möchtest du gern eines haben, wenn sie alt genug sind, um von der Mutter getrennt zu werden?»

Käthe war überzeugt, daß die Besitzerin ihr das Kätzchen nur anbot, weil sie nicht wollte, daß noch einmal eine Jüdin in ihren Garten käme.

Sie zögerte, zu Hause davon zu erzählen, weil sie glaubte, ein Kätzchen müsse sehr teuer sein, schließlich hatte es für sie einen so hohen Wert. Sie wartete auf eine Gelegenheit, die Nachbarin fragen zu können, was es kosten würde. Als sie hörte, sie könne es umsonst haben, blitzte in ihr der Verdacht auf, auch dieses Angebot sei vielleicht darauf zurückzuführen, daß sie Jüdin war.

Ihr Vater hatte sein Büro geschlossen. Er hatte seinen Beruf als Architekt aufgegeben und einen Schweinefutterhandel gegründet. Das Schweinefutter wurde nach seinen Rezepten in großen Bottichen im Keller angemischt und in Tüten aus dickem braunem Papier abgepackt, auf denen der Name des Produktes stand, neben dem von ihm entworfenen Firmensignet, das zufriedene wohlgenährte Schweine darstellte. Der Staub, der beim Mischen und Abfüllen aufgewirbelt wurde, verteilte sich auf den ganzen Keller. Der stechende Geruch durchdrang das ganze Haus. Der Nazifunktionär nebenan beschwerte sich beim Hauswirt, und man kündigte ihnen.

Sie waren ohnehin nicht mehr in der Lage, die Miete aufzubringen. Als Käthe fragte, ob sie das Kätzchen haben dürfte, sagte ihre Mutter: «Du weißt, daß wir bald umziehen müssen. In der neuen Wohnung werden wir keine Katze halten können.» Zu diesem Zeitpunkt hatten sie noch gar keine Wohnung in Aussicht, aber Selma wußte, nach was sie Ausschau hielt.

«Vielleicht bekommen wir wenigstens einen winzig kleinen Garten?» bettelte Käthe weiter.

Als sie noch klein war, hatte sie zu Chanukkah Bauklötze bekommen, aus denen sie einen Turm gebaut hatte. Zu Anne hatte sie gesagt: «Sieh mal, das schenke ich dir!» Als Anne sie ungläubig fragte, ob sie denn wirklich ihre neuen Bauklötze weiterverschenken wolle, antwortete sie: «Das

Sehen ist dein Geschenk.» Der Ausdruck Chanukkah-Sehe wurde zu einem stehenden Begriff im Familienvokabular.

Selma erklärte sich damit einverstanden, daß Käthe als eine Art Chanukka-Sehe ein Kätzchen bekäme, unter der Bedingung, daß sie es beim Umzug ohne Murren wieder abgeben würde. Als die Nachbarin sie fragte, welches sie haben wolle, konnte sie sich nicht entscheiden. Das schwarze Kätzchen mochte sie am liebsten, doch die getigerten waren in der Mehrzahl und deshalb vielleicht besser? Sie muß gehofft haben, die Wahl würde ihr abgenommen. Als sie erfuhr, daß nur zwei Kätzchen noch nicht vergeben waren und eines davon das schwarze war, überkam sie plötzlich ein heftiges Verlangen, das schwarze Kätzchen zu beschützen. Sie bestand darauf, es sofort mitzunehmen, obwohl die Besitzerin sagte, es sei eigentlich noch nicht alt genug.

Eines der Gedichte in Käthes Schulfibel, die sie alle auswendig konnte, handelte von einem Jungen, dessen Eltern ihm befehlen, sein Katzenjunges zu ertränken; er gehorcht, bereut es aber sofort und springt dem Kätzchen hinterher. Als er wieder zu sich kommt, liegt er in seinem Bett, und das Kätzchen sitzt in der Fensterbank. Wenn Käthe das Gedicht für sich allein aufsagte oder auch nur an seinen Inhalt dachte, kamen ihr die Tränen. Sie nahm sich vor, ihre Mutter mit Hilfe dieses Gedichtes umzustimmen, wenn es soweit sein würde.

Wenn es nach Paul gegangen wäre, hätten Selma und er noch mehr Kinder bekommen, und sei es nur, weil er so gern einen Sohn gehabt hätte. Aber nach Käthes Geburt wollte Selma keine Kinder mehr. Vielleicht bemutterte Selma Käthe so stark, weil sie ihr letztes Kind war, vielleicht brauchte sie, weil Käthe sich gegen ihre übertriebene Aufmerksamkeit wehrte, eine Entschuldigung vor sich selbst; jedenfalls war sie der Ansicht, ihre Jüngste sei ganz besonders fragil, was gar nicht unbedingt der Fall war.

Weil Käthe immer so blaß war, ging Selma mehrmals mit ihr zum Hausarzt, der, nachdem er sie sorgfältig untersucht hatte, immer wieder sagte: «Sie ist dickhäutig.» Käthe wußte immer schon, daß dieser Satz fallen würde, sie nahm ihn wörtlich und er kränkte sie: Sie hätte es lieber gehabt, wenn ihr Körper ihrer eigenen Einschätzung ihres Charakters entsprochen hätte.

Mit der Zeit lernte sie, die Tatsache, daß ihre Mutter ständig besorgt um sie war, auszunutzen. Sie konnte sich vor Dingen, zu denen sie keine Lust hatte, drücken, zum Beispiel vor Spaziergängen in der Winterkälte, indem sie Magenschmerzen vorschützte, oder besser Kopfschmerzen, weil sie ja so gerne aß. Wer würde ihr schon nachweisen können, daß sie log? Aber vielleicht war sie zu aufgekratzt, oder Selma konnte die Signale besser deuten, als Käthe ihr zutraute. Gegen Ende jenes Sommers mußte Käthe jedenfalls die Erfahrung machen, daß man ihr ausgerechnet dann nicht glaubte, als sie wirklich einmal die Wahrheit sagte.

Sie hatte schreckliche Schmerzen in der Stirngegend.

Die Schule hatte gerade wieder angefangen, und Selma nahm wohl an, daß sie aus irgendeinem Grund keine Lust hatte hinzugehen. Es war typisch für Selma, daß sie Käthe erlaubte, zu Hause zu bleiben, obwohl sie ihr nicht glaubte. Sie schlug ihr sogar vor, sich im Elternschlafzimmer hinzulegen, in Mutters Bett, das so viel weicher sei als ihr eigenes und viel, viel gemütlicher, und sie könne von dort aus ein bißchen in die Sonne gucken. Durch das helle Licht verschlimmerten sich Käthes Kopfschmerzen.

Am dritten Tag weckte ihre Mutter sie zum Frühstück und fragte: «Was ist denn nun los mit dir? Wo tut's denn weh?» Wenn Käthe simuliert hätte, hätte sie einen neuen Schmerz erfunden, aber der, den sie tatsächlich empfand, genügte ihr, um dort bleiben zu wollen, wo sie war. «Vielleicht solltest du ein bißchen frische Luft schnappen», sagte ihre Mutter und schlug vor, sie solle den Berg hinunter zum Kaufmann gehen. Es war das erste Mal in ihrem Leben, daß man ihr eine so verantwortungsvolle Aufgabe übertrug.

Sie stand auf, zog an, was ihre Mutter ihr reichte, wobei sie sich bemühte, möglichst viele Kleidungsstücke im Sitzen überzustreifen. Normalerweise entzündeten sich immer große Debatten darüber, was sie anziehen sollte. Einmal hatte Selma ihnen aus Wiesbaden Postkarten geschrieben, auf Käthes Karte war eine Katze in einem rosa Kleid zu sehen, die vor einem Spiegel stand, der Schrank war fast leer, auf dem Fußboden waren Kleidungsstücke verstreut. Unten auf der Karte stand: «Rosa steht mir glänzend.» Auch dieser Satz war in der Familie zu einer festen Redewendung geworden, die vorzugsweise gegen Käthe ins Feld geführt wurde, wenn sie wieder einmal ihrer Eitelkeit frönte. Selma und Anne fanden, daß Käthe hübsch war, und sagten es auch. (Lise war es von Käthe verboten, sich über ihr Aussehen zu äußern.) Anne sagte einmal zu Käthe: «Selbst in einem Sack sähest du doch noch gut aus.»

An jenem Tag zog sie ihr Popeline-Dirndl an, es war hellblau und mit dunkelblauen und weißen Herzen gemustert, und die Knöpfe waren herzförmig. Sie liebte es sehr, denn den Stoff hatte sie selbst ausgesucht, und zwar nicht mit ihrer Mutter, sondern mit ihrem Vater, der ihn zusammen mit einem Anzugstoff von einem Geschäftsmann bekommen hatte, der ihm Geld schuldete. Die Juden waren inzwischen auf Tauschhandel angewiesen, wobei sie vorwiegend untereinander Geschäfte machten.

Es war merkwürdig, durch das Dorf zu gehen, während alle anderen Kinder in der Schule waren. Sie fühlte sich überaus wichtig. Es war das letzte Mal, daß sie sich in einem positiven Sinn als etwas Besonderes fühlen konnte. Sie glaubte, jedermann würde sofort erkennen, daß sie krank war und eigentlich ins Bett gehörte. Es machte ihr Spaß, sich vorzustellen, man würde denken, sie habe eine Rabenmutter. Es war eine Gelegenheit, ihnen innerlich zu widersprechen und so ihr eigenes Selbstbewußtsein zu festigen.

Damit Käthe sich tatsächlich auf den Weg machen würde, hatte Selma ihr aufgetragen, eine Dose Van-Houten-Trinkschokolade zu kaufen, die sehr viel besser schmeckte als der Kakao, den sie in letzter Zeit getrunken hatten. Seit sie Kopfschmerzen hatte, hatte sie immer wieder um diese Sorte gebeten. Auf ihrer Einkaufsliste standen aber auch noch andere Dinge. Als die vielen Waren auf dem Ladentisch aufgetürmt wurden, erkannte Käthe, daß sie nicht die Kraft haben würde, das alles zu tragen. Sie bat, man möge die Sachen schicken. Als sie diese Bitte aussprach, kam sie sich vor, als benähme sie sich wie Anne. Das bedrückte sie. Weder Anne noch Lise hätte sie solche Kopfschmerzen gewünscht.

Nur mit der Dose Trinkschokolade, die in einem Netz an ihrem Handgelenk baumelte, machte sie sich auf den Heimweg, den Berg hinauf. Auf halber Strecke waren ihre Beine so matt und schwer geworden, daß sie sie mit dem bißchen Kraft, das sie noch in den Armen hatte, unterstützen mußte. Mit schweren Schritten hangelte sie sich an den Gartenzäunen fremder Leute entlang und hoffte, daß man sie bloß nicht sehen oder gar als Jüdin erkennen würde. Als sie gerade der Versuchung erliegen wollte, sich wie ein Stadtstreicher aufs Straßenpflaster zu setzen, erschien ihre Mutter. Sie suchte Käthe, weil sie noch immer nicht nach Hause gekommen war.

Ihre Mutter trug sie nach Hause, obwohl sie recht groß und immerhin zehn Jahre alt war.

Auch nachdem die Familie nach Brackwede gezogen war, blieb Dr. Griesbach in Bielefeld ihr Hausarzt. Noch am Anfang des Jahres hätte Selma nicht so lange gezögert, ihn kommen zu lassen. Inzwischen war ein Hausbesuch für sie zu teuer, also fuhr sie nach dem Mittagessen mit Käthe in der Straßenbahn zu ihm in die Praxis.

Zwei Jahre lang hatten sie diese Fahrt im Winter einmal die Woche unternommen, weil Käthes eiternde Mandeln ausgedrückt werden mußten. Es hatte sich so eingebürgert, daß sie hinterher immer in irgendein Geschäft gingen und sie als Trost für das, was sie hatte aushalten müssen, eine Kleinigkeit geschenkt bekam. Meistens suchte sie sich ein Buch aus. Damals war sie noch so klein, daß sie sich Märchen wünschte.

An jenem Tage fragte sie unterwegs, ob sie dieses Mal wieder ein Geschenk bekommen würde. Ihre Kopfschmerzen waren zweifellos ein Leid, für das sie eine Entschädigung verdiente. Ihre Mutter antwortete: «Wenn es dir dann besser geht.». Daß es ihr je wieder bessergehen würde, hielt Käthe für ausgeschlossen.

Dr. Griesbach warf nur einen kurzen Blick auf Käthe und sagte zu Selma: «Sie hätten sie auf keinen Fall aus dem Haus lassen dürfen.» Er maß ihre Temperatur, sie hatte über vierzig Grad Fieber. «Nehmen Sie für den Rückweg ein Taxi, anders geht es nicht», sagte er und versuchte, Selma das Geld dafür zu geben, aber sie wollte es partout nicht annehmen. Schließlich bestellte er ein Taxi und bezahlte die Fahrt im voraus. Käthe hatte Paratyphus.

Möglicherweise hatte sie sich über das Kätzchen infiziert. Als sie später auszogen, fanden sie im Keller, wo es zu schlafen pflegte, Reste von Durchfall. Käthe und Lise hatten die ganze Zeit über gewußt, daß die Ausscheidungen des Kätzchens flüssig und hellgelb waren. Eines Tages, als Marie gerade den Fußboden gewischt hatte, machte es in die Küche. Marie weigerte sich, den Katzenkot zu beseitigen. Weil Käthe sich leicht übergeben mußte und sie gerade gegessen hatten und ihre Mutter oben ihren Mittagsschlaf hielt, erklärte Lise sich freiwillig bereit, alles wegzuputzen. Käthe fing derweil das Kätzchen ein und setzte sich mit ihm unter den Birnbaum. Sie nahm Lise das Versprechen ab, der Mutter nichts zu erzählen.

Käthes Krankheit war meldepflichtig. Der zuständige Amtsarzt erschien mit einem Angestellten der Gesundheitsbehörde, um Käthes Einweisung in die Quarantänestation des Krankenhauses in die Wege zu leiten. Selma weigerte sich, das auch nur in Erwägung zu ziehen. «Ihre anderen Töchter werden sich anstecken», warnten sie. Aber Selma versicherte, sie werde das schon verhindern. «Sie selbst werden sich etwas holen.» Nicht während ihr Kind sie brauchte.

«Wenn Sie sie von mir trennen, stirbt sie», hörte Käthe sie sagen.

Entweder waren sie beeindruckt von dieser Jüdin oder aber Juden waren ihnen einfach egal, jedenfalls gaben sie nach.

Die ziegelrote Tapete war mit etwas dunkleren Blättern und goldenen Tupfen gemustert. Alle Holzteile und die Zimmerdecke waren taubengrau gestrichen. Käthes Bett stand in der Ecke schräg gegenüber der Tür, das eine Fenster war links neben ihrem Kopf, das andere rechts neben dem Fußende. Da Lises Bett herausgetragen worden war, wirkte der Raum fast kahl.

Ihr großes, quadratisches rotes Kopfkissen steckte in einem weißgestärkten Bezug. Ihre Daunendecke war ebenfalls mit einem weißgestärkten Überschlaglaken aus Damast bezogen. Die Daunendecke selbst hatte einen Bezug aus gechintzter Baumwolle mit einem großflächigen Blumenmuster auf blauem Untergrund. Ihre Schwestern hatten die gleichen Decken, jede in ihrer eigenen Farbe.

Anne kaute noch als Teenager ihre Fingernägel bis zur Kuppe ab. Lise hatte Schwielen am Daumen, weil sie, selbst noch als sie längst nach England übergesiedelt war, heimlich im Bett nuckelte. Käthes Laster war verborgener: Sie masturbierte. Wenn die anderen es auch taten, so kam es nie heraus, Käthe jedenfalls wurde schon in der Rolandstraße entdeckt, wie sie auf dem Bauch lag und mit überkreuzten Oberschenkeln hin und her schaukelte. Daraufhin wurde ihr jeden Abend ein Ledergurt angeschnallt, der ihre Beine parallel halten sollte. Es passierte wieder, als sie alt genug war, um selbst die Schnallen öffnen zu können.

Mit noch größerer Leidenschaft erzählte sie sich selbst Geschichten. Doch über vierzehn Tage lang tat sie jetzt selbst das nicht. Sie lag still da, die Augen Tag und Nacht geschlossen, sie schlief ein, als ob sie sterben müßte, und war erstaunt, wenn sie morgens wieder aufwachte. Ihr Kopfweh quälte sie ununterbrochen. Sie ließ sich durch nichts zum Essen oder Trinken oder Sprechen bewegen. Sie wünschte sich nicht einmal, daß es ihr bessergehen möge. Wenn dieser Zustand Leben hieß, wollte sie lieber sterben. Als es ihr irgendwann doch ein wenig besserging, äußerte sie diesen Gedanken gegenüber ihrer Mutter, die entgegnete: «Nun mach aber mal einen Punkt, Putzi!» Aus Langeweile und irgendeinem teuflischen Impuls heraus hatte Käthe an einer Stelle, die hinter ihrem Bettzeug versteckt war, die Tapete bis auf den Putz durchbohrt. Jetzt enthüllte sie das Loch von der Größe ihrer Fingerspitze und sagte: «Das ist der Punkt.» Selma nahm diesen kleinen Witz als Anzeichen dafür, daß Käthe am Leben bleiben würde.

Manchmal, wenn Selma das Krankenzimmer betrat oder herausging, stand Anne, sehr viel öfter jedoch Lise, an der Türschwelle, die sie nicht überqueren durfte, und spähte hinein. Das hatten sie vierzehn Tage lang getan, ehe es Käthe endlich bemerkte. Sie fühlte sich ihnen so fremd, daß sie gar nicht neugierig war, zu erfahren, was sie in der Zwischenzeit erlebt hatten. Und sie war noch so matt, daß es ihr nichts ausmachte, daß die Schwestern nicht hereinkommen durften. Ausnahmsweise war sie einmal nicht voller Ungeduld, auf ihrem Lebensweg weiterzukommen. Vielleicht spürte sie unbewußt, daß die Welt, zu der sie langsam zurückkehrte, nicht mehr dieselbe war.

Anne und Lise durften nicht zur Schule gehen. Selma durfte das Haus nicht verlassen. Paul durfte nicht in Käthes Nähe. Selma und Paul durften ganz normal miteinander umgehen. Das machte zwar keinen Sinn, aber die Familie hielt sich an die Anordnungen.

Eines Tages fragte Käthe nach ihrem Vater. «Ich

möchte ihn nur einmal ansehen», bettelte sie und wagte nicht, zuzugeben, daß sie vergessen hatte, wie er aussah.

Man sagte ihr, er sei unterwegs; immer war er entweder unterwegs oder sie selbst schlief. Selma gestand ihr nicht, daß ‹unterwegs› soviel wie ‹verreist› bedeutete, denn sie hätte nicht darüber sprechen können, ohne zu weinen, und die egozentrische Käthe hätte ihre Tränen möglicherweise mißverstanden. Er reiste herum bis nach Köln und Hannover, besuchte auf der Suche nach Arbeit alte Kameraden und alle möglichen anderen Leute. Aber er hatte kein Glück, und das Geld für die Reisen wurde dringend im Haushalt gebraucht.

Eines Morgens, als Käthe schon aufrecht sitzen konnte, aber noch sehr schnell müde wurde, fragte ihre Mutter, ob sie etwas haben wolle, Marie werde gleich einkaufen gehen. «Einen Pfirsich», sagte Käthe, «ein Notizbuch und...» Aus Freude über die wieder erwachten Lebensgeister schlug Selma ihr vor, sie solle eine Liste aufstellen.

Käthe fielen plötzlich wieder eine Menge Dinge ein, die sie unbedingt brauchte: zum Beispiel Wollgarn, so viele Farben wie möglich, sie wollte auf dem Strickrahmen, den sie zum Geburtstag bekommen und noch kaum benutzt hatte, Puppenkleider stricken.

Ihre Mutter nahm die Liste, sah, wie lang sie war, und sagte: «Ich habe nicht das Geld, dir all das zu kaufen.»

Warum hatte sie Käthe dann aufgefordert, alles aufzuschreiben? Es waren doch alles kleine Sachen, um die sie gebeten hatte. Sie war erstaunt, daß ihre Mutter plötzlich nachrechnete, was es kostete, ihr eine Freude zu machen, wo sie doch so krank gewesen war. Wohl wissend, daß es Unsinn war, sagte sie: «Wenn ich tot wäre, würde ich euch keinen Pfennig kosten, du findest es wohl schade, daß ich nicht gestorben bin!» Sie wollte ihre Mutter provozieren, schämte sich aber gleichzeitig und versteckte ihren Kopf unter der Bettdecke.

Mit der für sie typischen Engelsgeduld lockte Selma sie wieder hervor und fing an, ihr viel mehr Erklärungen zu liefern, als sie überhaupt begreifen konnte und wollte. Anfangs wollte sie nicht einmal zuhören. Von dem, was ihre Mutter sagte, drang nur eines bis zu ihr hindurch: «Wir können uns auch keine Kleider mehr kaufen, deine Puppen müssen ebenfalls versuchen, darauf zu verzichten.»

Aber dann sei ja der Strickrahmen hinausgeworfenes Geld, protestierte Käthe, wobei sie nicht an sich selbst, sondern an ihre Puppen dachte. Vermutlich war ihr Gehirn durch ihre Krankheit noch etwas angeschlagen, sonst wäre sie darauf gekommen, daß ihre Puppen, im Gegensatz zu ihr selbst, nicht aus ihrem Zeug herauswachsen konnten.

Etwas Wolle könne sie bekommen, versicherte Selma. Wenn sie nun drei Knäuel mit mehrfarbiger Wolle bekäme, hätte sie doch alle möglichen Farbkombinationen auf einmal. Und dann gingen sie gemeinsam die Einkaufsliste durch und einigten sich auf einen Kompromiß.

Als ihr Vater sich endlich an ihr Bett setzen durfte, brachte er ihr eine Puppe aus dunkelrotem Zelluloid mit. Sie wußte nicht recht, ob sie ihm glauben sollte, daß diese Puppe ein Einzelexemplar war (vielleicht war es ein Werbegeschenk?). Allerdings ist ihr später nie wieder eine solche Puppe begegnet. Was für ein Glück, daß sie Wolle für ihren Strickrahmen hatte, denn sie bekam die Puppe nackt. Jedes Geschenk von ihrem Vater war etwas Besonderes, nur weil es von ihm war, aber die rote Puppe mochte sie nicht. Sie mußte an die Indianer denken, daran, was mit Minderheiten geschehen konnte.

Ihr Vater redete von einem anderen Geschenk, das er ihr mitbringen wollte. Er sagte, er hätte im Schaufenster eines Spielzeugladens eine große, flauschige Katze gesehen, die laufen und miauen konnte, da hätte er sich gefragt, ob sie die wohl gerne haben möchte. Sie überlegte, daß außer ihrem Vater niemand in der Familie es für nötig befunden hätte, ihr diese Frage zu stellen. «O ja!» rief sie mit einer Begeisterung aus, wie sie sie seit ihrer Erkrankung bisher noch nicht wieder an den Tag gelegt hatte. Er versprach ihr, die Katze gleich am nächsten Tag zu holen. Selma, die genauer über die Preise von Spielsachen Bescheid wußte als er und außerdem realistischer war, mag ihm einen kleinen Rippenstoß versetzt haben, denn er fügte hinzu: «Wenn sie nicht schon verkauft ist.»

Den ganzen nächsten Nachmittag und Abend wartete Käthe nicht so sehr auf ihren Vater als auf sein Geschenk. Sie protestierte, als das Licht ausgemacht wurde, und bemühte sich, nicht einzuschlafen, bevor das Geschenk nicht da wäre. Selma hatte einen Stuhl neben ihr Bett gestellt, auf dem die Katze sitzen sollte, und den Vorhang ein wenig offengelassen, damit der Mond hineinscheinen und Käthe sie sofort sehen könnte, wenn sie endlich eintraf. In der Nacht bemühte sie sich, immer wieder aufzuwachen, aber der Stuhl blieb leer – zumindest schien es ihr so.

Eine große weiße Katze hatte ihr Vater ihr versprochen, viel größer als das verschwundene Kätzchen, an das sie gar nicht mehr denken mochte. Nur Paul konnte so gedankenlos sein, sie überhaupt an das Kätzchen zu erinnern. Als seine Töchter älter waren, wurde seine Taktlosigkeit bei ihnen geradezu sprichwörtlich. Aber jetzt tröstete Käthe sich mit dem Gedanken, daß eine Spielzeugkatze sogar besser wäre, denn die könnte sie mit ins Bett nehmen und die ganze Nacht mit ihr schmusen, und im Gegensatz zu einer lebenden Katze würde diese sie niemals verlassen. Aber sie bekam sie erst gar nicht.

Als es hell wurde, sah Käthe, daß der Stuhl nicht so leer war, wie sie geglaubt hatte. Ein Hund saß da, ungefähr so groß wie ihre Hand, mit einem hellbraun gefleckten Fell, ein Terrier, der dem Hund ähnelte, den sie seinerzeit zu adoptieren versucht hatte. Aber den hatte sie sich nicht gewünscht. Die Erwartungen, die in ihr geweckt worden waren, wurden enttäuscht. Sie wollte ihn gar nicht haben.

Der Stoffhund konnte nur sitzen. Er quietschte, wenn man auf seine Flanken drückte, und wenn man seinen Schwanz herumdrehte, bewegte sich sein Kopf. Ihre Mutter führte ihr das vor und bemühte sich, sie mit dem Hund auszusöhnen, bevor der Vater aufstehen und sich bei Käthe erkundigen würde, wie ihr das Geschenk gefiel. Die Katze wäre zu teuer gewesen. «Selbst diesen Hund hat er sich eigentlich nicht leisten können», erzählte die Mutter. «Er hat ihn aber trotzdem gekauft, um dir eine Freude zu machen.»

Im Laufe des Morgens schlug Selma dann vor, dem Hund einen Namen zu geben, in der Hoffnung, daß Käthe ihn dann annehmen würde. Sie war es wohl, die vorschlug, ihn erst Lümmel und dann verniedlichend Lümmi zu nennen. Sie half Käthe, ein Lied über ihn zu verfassen. Käthe lieferte den Text, ihre Mutter die Melodie.

Alle Katzen seien schon verkauft gewesen, erzählte ihr der Vater; von allem, was in dem Geschäft übrig war, sei dieser Hund der versprochenen Katze am nächsten gekommen. Er konnte ihr das glatt ins Gesicht sagen. Käthe machte ihrer Mutter insgeheim Vorwürfe, weil sie ihr die Wahrheit gesagt hatte, denn sonst hätte sie nie gemerkt, daß er log. So weit sie zurückdenken konnte, war dies das erste Geschenk, das er für eine seiner Töchter selbst ausgesucht und nicht nur bezahlt hatte. Mit diesem Gedanken versuchte sie sich zu trösten.

Aber genau wie das Ziegenfell vor ihrem Bett erinnerte dieser Hund sie ständig daran, daß man sich auf seine Eltern nicht vollkommen verlassen kann.

FÜNF

DIE Theesener Straße lag weit draußen am Stadtrand. Rechts von ihr erstreckten sich weite Felder. Links, nach der Kreuzung Küglerstraße, hörte die Pflasterung auf, und sie verlief als Fahrspur über das Gelände einer stillgelegten Ziegelei. Das letzte Wohnhaus war ein L-förmiges Mietshaus mit einem Kaufmannsladen an der Ecke. An der gegenüberliegenden Ecke stand ein Sechsfamilienhaus, die Küglerstraße Nummer 16. Als Selma zum erstenmal dorthin ging, standen beide Erdgeschoßwohnungen leer.

Sie wollte wegen ihrer Krampfadern unbedingt in eine Erdgeschoßwohnung ziehen und nahm ihre Familie mit, die ihr bei der Entscheidung helfen oder, besser gesagt, ihrer im Grunde längst getroffenen Entscheidung zustimmen sollte. Die Wohnung rechts bestand aus zwei Zimmern, die auf die offenen Felder hinausblickten, und einem Raum, der zum Garten ging. Der Balkon lag ebenfalls zum Garten und nicht zur Straße hin. (Der Garten bestand zum größten Teil aus einer Wiese, die es nicht wert war, Rasen genannt zu werden, auf der die Pfähle für die Wäscheleine standen. Außerdem gab es noch ein Metallgestell zum Teppichklopfen, das einem Fußballtor ähnelte. Zur anderen Wohnung gehörte ein kleiner eigener Garten, während die Mieter dieser Wohnung sich mit einem Blumenbeet in dem allgemein zugänglichen Hof zufriedengeben mußten.)

Die Wohnung hatte einen großen Flur, den man allerdings kaum nutzen konnte, weil er nur durch die bernsteinfarbenen und blauen Scheiben der Haustür beleuchtet wurde. Das Badezimmer war eng, und hier stand auch die Toilette. Die Küche war geräumig, hatte ein großes Fenster und eine Glastür, die auf den Balkon führte. Die Küche konnte also auch als Wohnzimmer dienen. Die andere Wohnung hatte vier Räume, diese nur drei, von denen Paul auch noch einen als Büro einrichten mußte.

«Und wo soll ich schlafen?» fragte Anne. Lise und Käthe betrachteten den bevorstehenden Umzug als Abenteuer. Anne war alt genug, um zu begreifen, was er für die Familie bedeutete.

«Und wenn wir die andere Wohnung nähmen, wärst du dann zufrieden?» fragte Selma.

Anne war egoistisch, aber sie war auch realistisch: Ein eigenes Zimmer zu haben würde an den anderen Problemen, die die Familie hätte, nichts ändern. Sie muß das Gefühl genossen haben, daß es in diesem Augenblick in ihrer Macht stand, ihrer Mutter eine Freude zu machen.

Wegen Käthes Krankheit über den September hinaus in Brackwede zu bleiben hätte bedeutet, noch einen weiteren Monat Miete zu zahlen. Es war billiger, sie mit einem Krankenwagen zur Küglerstraße transportieren zu lassen.

Die Mädchen hatten alle drei die gleichen weißen Metallbetten. Eines davon schickte Selma voraus und ließ es in der leeren Wohnung aufstellen. Sie fuhr mit Käthe im Krankenwagen. Die Überwachung des Umzugs überließ sie Paul und Marie und bat Lise, sie solle sie vertreten. Lise nahm diesen Auftrag so ernst, daß sie später glaubte, mit ihren elf Jahren sei sie allein für alles verantwortlich gewesen.

Anne ging am Umzugstag wie immer zur Schule und betrat die Wohnung erst, als sie fast fertig eingerichtet war.

Käthes Bett war in einer Ecke des elterlichen Schlafzimmers aufgestellt worden. Die Tapete war grasgrün. Selma gefiel sie, Grün sei eine beruhigende Farbe, meinte sie. Sie hängte Gardinen in einer etwas dunkleren Schattierung auf. Hier bekam Käthe in den ersten Tagen ihren ersten Besuch: Tante Hete, eine entfernte Verwandte. In Bielefeld hatte die Familie keine nahen Verwandten.

Tante Hete widersprach Selma: Rot sei die Farbe, die beruhigend sei; sie rege die Gefühle an und habe eine ausgleichende Wirkung, die Natur strebe ständig nach Gleichgewicht. Sie sagte auch, Käthes schwere Krankheit sei ein wahrer Segen gewesen: Zwar habe Gott zugelassen, daß sich die Lage der Familie zunehmend verschlimmere, aber mit Käthes Gesundung habe er ihnen etwas geschenkt, wofür sie ihn preisen müßten.

Hete und Max Sieger kamen nach Theresienstadt. Dort starb der Onkel. Die Tante wurde von dort nach Auschwitz deportiert und hat nicht überlebt.

Tante Hete brachte Käthe *Pinocchio* mit. Käthe liebte diese Geschichte. Immer wieder bat sie ihre Mutter, ihre Arbeit liegenzulassen und sich zu ihr zu setzen und zuzuhören. Selma pflegte später zu sagen, dieses Buch habe Käthe wieder Lust am Leben gegeben.

Als Käthe nicht mehr das Bett hüten mußte, saß sie in ihres Vaters Ledersessel, der jetzt am Küchenfenster stand, und Lise veranlaßte die Kinder aus der Nachbarschaft, nacheinander auf das Geländer der Kellertreppe zu klettern. Sie nannte Käthe dann ihre Namen, die ihr durch Lises Erzählungen schon vertraut waren. Die wenigsten ließen sich die Chance entgehen, das blasse, zarte Mädchen anzusehen, das mit einem Krankenwagen angekommen war und wie eine Märchenprinzessin gefangengehalten wurde. In diesem Arbeiterviertel hatte noch nie ein Jude gewohnt. Dort bedeutete der Begriff noch nichts. Das Dritte Reich war noch kein Jahr alt.

Das Geländer war an der Seitenwand des Balkons befestigt, und man konnte darüber auf den Balkon klettern. Anfangs waren Käthe und Lise noch so klein, daß das ihr Lieblingszugang zur Wohnung war. Wenn die Küchentür geschlossen war, kletterten sie durch das Badezimmerfenster. Unter dem Balkon richteten sie sich eine Höhle ein, einen Ersatz für ihre Höhle im Wald. Dorthin verkrochen sie sich mit ihren Freunden, Lise sang, und Käthe erzählte Geschichten.

Als Käthe an einem sonnigen Sonntagnachmittag im Oktober zum erstenmal mit ihren Eltern, die sie rechts und links unterhakte, spazierenging, sahen fast alle Nachbarskinder zu. Lise hatte sie zusammengetrommelt. Ein kleines Mädchen trat vor und überreichte Käthe einen Strauß wildwachsender Herbstblumen. Aus Verlegenheit machte sie sogar einen Knicks, und alle Umstehenden klatschten. Applaudierten sie Käthe?

Sie war wütend auf Lise, denn sie würde sich dieses Empfangs niemals würdig erweisen können.

Lise hatte für sie beide die neue Umgebung erforscht und sogar den Weg zurück zur Rolandstraße ausgekundschaftet. Käthe muß schon damals Sehnsucht nach der Vergangenheit gehabt haben. Als sie das erste Mal mit Lise nach draußen gehen durfte, bestand sie darauf, gleich zur Rolandstraße zu gehen. Alles andere interessierte sie nicht. Lise gab, wie immer, nach. Für sie war der Weg nicht sehr weit.

Sie wollten erst in ihr Geburtshaus und dann über den altvertrauten Weg in ihren geliebten Park gehen. In der

Nähe des alten Hauses lag der Siegfried-Platz, ein großer, offener dreieckiger Platz, auf dem einmal in der Woche Markt war. In der Mitte der einen Seite lag das Polizeipräsidium. Auf der breiten hohen Treppe mit den flachen Stufen, die zum Haupteingang führte, hatten sie früher oft gespielt. Als sie bei dieser ersten Pilgerfahrt dort ankamen, war Käthe erschöpft, und sie machten dort Rast.

Sie war außerstande, weiterzugehen. Lise trug sie huckepack ganz bis nach Hause.

Damit Anne eine Rückzugsmöglichkeit hatte, unterteilte Selma das Zimmer der Mädchen mit einem Vorhang, der an einer Schiene unter der Decke hing. Er war aus beigefarbenem, transparentem Gewebe und hatte ein Muster aus Ähren und Kornblumen. Anne wollte nicht, daß ihr Teil des Zimmers als Korridor für die anderen diente, und bekam deshalb die Fensterseite. Lise und Käthe waren damit einverstanden, nicht nur, weil sie so problemlos ihren Teil betreten oder verlassen konnten, sondern weil der Fensterteil der bessere war und deshalb Anne zukam.

«Na gut, ihr habt den Ofen», stellte sie fest. Immer gelang es ihr, die Dinge so aussehen zu lassen, als sei sie diejenige, die den anderen einen Gefallen tat.

Der Vorhang gehörte ihr, er unterlag ihrer Entscheidungsgewalt. Sie bestimmte, wann er offen und wann er geschlossen zu sein hatte. Er war fast immer zugezogen, wenn Anne in ihrem Teil war, den die anderen nur mit ihrer ausdrücklichen Erlaubnis betreten durften. Und diese Erlaubnis wurde so selten erteilt, daß sie sich schließlich damit abfanden, auf eine Einladung warten zu müssen, so zum Beispiel, wenn Anne mit Käthe Schach spielen wollte. Sie durften den Vorhang nicht einmal berühren, wenn Anne es nicht gestattete. Es dauerte sehr lange, bis sie ihn wenigstens, wenn sie nicht zu Hause war, aufziehen durften.

Lises und Käthes Zeug war im Schrank ihrer Mutter untergebracht. Anne hatte ihren eigenen kleinen Schrank. Alle drei hatten sie Nachtschränkchen neben ihren Betten stehen, Anne zusätzlich einen Tisch, der unter dem Fenster stand, und natürlich den dazugehörigen Stuhl. Ihr Waschtisch hatte einen eigenen Spiegel. Viele der Möbel aus Brackwede hatten sie vor dem Umzug verkaufen müssen, weit unter ihrem wirklichen Wert: ein paar Deutsche mehr, die Hitler dankbar waren. Für das Schlafzimmer der Mädchen waren billige, weiß gestrichene Möbel angeschafft worden.

Vielleicht bestand Anne deswegen darauf, daß der Vorhang geschlossen blieb, weil niemand sehen sollte, wie sie die Möbelecken berührte, eine geradezu zwanghafte Angewohnheit. Bevor sie ihr Zimmer verließ, faßte sie sie in einer festgelegten Reihenfolge mit beiden Händen an, dann mit der rechten Hand eine ihrer Stirnlocken. Niemand wagte es, offen darüber zu reden.

Die meisten Teppiche waren verkauft worden. Lise und Käthe hatten keinen, Käthe nur ihr Ziegenfell, Anne aber bekam den rot-beigefarbenen Teppich, der in Brackwede im Zimmer der Hausmädchen gelegen hatte. (Für kurze Zeit war Marie auch in der Küglerstraße noch bei ihnen geblieben. Jetzt kam sie nur noch stundenweise.) Irgendwann im Laufe der folgenden zwei Jahre machte Anne einmal ihre Schulaufgaben auf dem Fußboden und warf dabei ihr Tintenfaß um. Einen Teppich mit Tintenfleck wollte sie nicht haben; sie bot ihn Lise und Käthe an. In Käthes Augen verstieß es gegen die Grundregeln des Universums, daß sie einen Teppich haben sollten und Anne keinen – an einen neuen war damals aus finanziellen Gründen gar nicht zu denken. Käthe löste das Problem, indem sie Anne ihr Ziegenfell überließ, damit sie es über den Fleck legen konnte.

Käthe fragte Lise oft: «Wenn ich nicht deine Schwester wäre, würdest du dann auch meine Freundin sein?» Lise antwortete dann: «Selbstverständlich, du bist meine beste Freundin, du bist die einzige wirkliche Freundin, die ich habe.» Diese Worte mußte sie unbedingt von Zeit zu Zeit wieder einmal hören.

Käthe fiel es schwer, Freundschaften zu schließen: Sie glaubte, kein Kind, das bereit war, sich mit jemandem wie ihr einzulassen, könne als Freund oder Freundin besonders viel wert sein. Wenn sie aber doch eine Freundin gewann, wollte sie sie um keinen Preis mit Lise teilen. Weil sie von Geburt an davon überzeugt war, daß Lise mehr wert sei als sie selbst, war sie überzeugt, jeder müsse so denken. Sie wollte keine Freunde haben, die Lise vorzogen.

Über weite Strecken hatte Käthe nur Lises Freunde und Freundinnen: Lise teilte sie mit ihr wie alles andere auch. Lise konnte sich mit jedem Kind anfreunden, zumal sie der Meinung war, daß diejenigen, die keiner mochte, ihre Freundschaft am nötigsten hatten. Lise hatte in jener Zeit einen Wachstumsschub und verlor dabei stark an Gewicht. Eingezwängt zwischen den stärkeren Persönlichkeiten ihrer Schwestern, versuchte sie, sich durch Marotten zu definieren. So war sie überzeugt davon, Gott habe sie für eine Mission auserwählt, auch wenn sie noch nicht wußte, um was für eine Mission es sich handelte.

Ihr Großvater wäre entsetzt gewesen, hätte er sehen müssen, wie seine jüngeren Enkelinnen in diesen Straßen spielten. Warum ließ Selma das zu? Vielleicht hatte sie das

Gefühl, ihr Leben gerate ohnehin außer Kontrolle, vielleicht wollte sie den Einschränkungen, die ihnen jetzt ohnehin vom Staat auferlegt wurden, nicht noch weitere hinzufügen. Oder sie war überzeugt davon, daß ihre Töchter gegen mögliche schlechte Einflüsse gewappnet waren. Schließlich waren sie aus gutem Hause und besuchten eine gute Schule. Tatsächlich waren Klingelstreiche an kalten, dunklen Winterabenden und ihr Gejohle, wenn die Jungen die Straßenlaternen mit Steinen zerdepperten, das einzig Verbotene, was sie taten. Meistens sprangen sie Springseil oder spielten Ball. Lise war in all diesen Spielen sehr geschickt und großzügig genug, auch andere einmal gewinnen zu lassen. Sie spielte nie mit, wenn Käthe nicht auch mitmachen durfte, und Käthe war wegen Lise und weil sie so hübsch war, meistens willkommen. Allerdings nahmen sie keinen ihrer Freunde von der Straße mit nach Hause, die Höhle unter dem Balkon war das Äußerste. Sie wußten, ihre Mutter würde sie nicht mögen. Sie waren oft schmutzig und hatten dreckige Kleider an – bis sie der Hitlerjugend beitraten, alle Nichtnazis verachteten und so ihr Selbstbewußtsein stärkten.

Im Frühling wollten einige Kinder plötzlich nicht mehr mit Lise und Käthe spielen, oder sie wurden von ihren Eltern oder älteren Geschwistern weggeholt, wenn sie mit ihnen spielten – weil sie Juden waren. Es dauerte noch etwa ein Jahr, da wurden sie sogar mit Steinen beworfen. Von da an durften sie den Hof des Mietshauses gegenüber nicht mehr betreten. Als sie das letzte Mal auf dem Hof spielten, goß ihnen eine Frau vom Balkon aus einen Eimer Wasser über den Kopf. Es kam auch vor, daß Erwachsene ihnen im Vorbeigehen Flüche zuriefen.

Zu diesem Zeitpunkt waren sie sowieso schon zu alt, um noch auf der Straße zu spielen.

Anne und Lise gingen in die Sarepta-Schule, ein Mädchengymnasium im Ortsteil Bethel, in den Bergen zwischen Brackwede und Bielefeld. Die Schule war damals noch nicht an die berühmten Krankenanstalten angeschlossen. Paul und Selma hatten sie ausgewählt, weil sie in der Nähe von Brackwede war. Nach dem Umzug in die Küglerstraße gingen die Mädchen, obwohl ihr Schulweg jetzt länger war, weiter dorthin, denn der Schulleiter war ein Kriegskamerad von Paul. Sie waren die einzigen jüdischen Schülerinnen an dem Gymnasium. Käthe sollte erst nach Ostern dort anfangen, nach ihrer Krankheit ging sie zunächst in die Volksschule in ihrem neuen Viertel.

Da es sich um ein Arbeiterviertel handelte, waren die Schüler hier ruppiger als die Dorfschulkinder. Niemand kam barfuß, aber viele hatten Läuse im Haar. Ihren Klassenlehrer schloß Käthe sogleich ins Herz. Er erinnerte sie, obwohl er noch recht jung war, an ihren Großvater. Wenn die Schüler herumtobten, nahm Herr Lehmann seine Geige und spielte und spielte, ohne sich um das Durcheinander zu kümmern. Auch die Kinder achteten nicht auf ihn, bis ihre Anführer bereit waren, sich wieder ruhig hinzusetzen. Diese Selbstbeherrschung war in Käthes Augen geradezu heroisch. Eines Tages wartete sie, bis die meisten Schüler das Klassenzimmer verlassen hatten, und sagte dann, vor Unsicherheit zitternd, wie es auch Lise in vergleichbaren Situationen tat, zu ihm: «Sie sollen wissen, daß wenigstens eine von uns zuhört, wenn Sie spielen.» Sie sagte das nicht, um sich bei ihm einzuschmeicheln, sondern um ihm eine Freude zu machen. Er antwortete, er spiele nicht für die Schüler, sondern für sich selber. Sollte er daraufhin über Käthe nachgedacht haben, hat er es jedenfalls nie gezeigt.

In Brackwede hatte man Käthe gesagt, sie solle klein

schreiben; jetzt wurde sie aufgefordert, ihre Buchstaben zu vergrößern. Es fiel ihr schwer, gleichzeitig groß und ebenmäßig zu schreiben. In ihrem Schönschreibheft riß sie, wie Anne früher, eine Seite nach der anderen heraus, die dazugehörigen Seiten im hinteren Teil des Heftes ebenfalls. Dann fing sie noch einmal von vorn an. Und das so lange, bis nicht mehr zu übersehen war, daß Seiten fehlten. Dann nahm sie ein neues Heft und schrieb alle vorangegangenen Aufgaben des Schulhalbjahres so schön wie irgend möglich noch einmal ab. Bald hatte sie sich diese Technik auch in allen anderen Fächern angewöhnt. Sie gab ihre paar Pfennige lieber für neue Schulhefte als für Süßigkeiten aus und entwickelte ein richtiges Verlangen danach, leere Seiten zu füllen, das Schreiben verschaffte ihr geradezu körperliche Befriedigung.

Da sie immer Anne nachahmte, wurde auch sie zur Perfektionistin. In Brackwede hatte sie im Handarbeitsunterricht zuerst Häkeln gelernt, in der neuen Schule begannen sie mit Stricken. Als sie entdeckte, daß sie als einzige noch nicht stricken konnte, nahm sie sich vor, besser stricken zu lernen als alle anderen. Sie strickten kleine Pompadourbeutel. Weil ihre Arbeit so unregelmäßig war, ribbelte sie sie immer wieder auf und fing wieder von vorne an, wobei es mit jedem Mal schwieriger wurde, aus der verkringelten Wolle ein glattes Stück zu stricken. Als der Beutel endlich fertig war, schenkte sie ihn ihrer Mutter als Dank dafür, daß sie sie während ihrer Krankheit gepflegt hatte. Selma bewahrte ihr Haushaltsgeld darin auf.

Die Klasse hatte schon mit den Proben für das Weihnachtsspiel begonnen. Damit das schüchterne neue Mädchen ein wenig auftaute, sollte sie die extra für sie eingerichtete Rolle eines zusätzlichen Engels übernehmen.

«Ich finde es nicht richtig, daß sie da mitmacht», sagte

ihre Mutter, als die Familie bei Tisch saß. «Sie scheinen nicht zu wissen, daß sie Jüdin ist.» Käthe wollte, daß das auf jeden Fall so blieb. Aber was würde geschehen, wenn sie es – was früher oder später geschehen mußte – irgendwann nach ihrem Auftritt herausbekommen würden? Sie könne getrost mitspielen, argumentierte Anne, da Jesus selber ja Jude gewesen sei. Das hatte Käthe nicht gewußt oder es vergessen.

Die Engel sollten Weihnachtslieder singen. Käthe kannte die Texte nicht, sagte aber nichts, weil sie Angst hatte, die anderen Kinder würden sie auslachen. Die Lehrerin, die die Proben leitete, war das ganze Gegenteil von Herrn Lehmann, und Käthes größte Angst war es, man würde sie vielleicht doch nicht mitspielen lassen. Mit allen Fasern ihres Herzens wünschte sie sich, ein Engel zu sein, wegen der goldenen Verzierungen an ihrem Gewand und den Flügeln, aber auch weil sie sich immer, wenn sie von etwas ausgeschlossen wurde, als Unterkind fühlte. Am Abend der Aufführung täuschte sie nur vor mitzusingen, aus Furcht, die Worte könnten falsch herauskommen. Selma, die natürlich auch im Publikum saß, sagte ihr nachher, das sei nicht zu merken gewesen, was Käthe nicht im geringsten beruhigte: Wenn man es hätte merken können, hätten die Mutter und Lise es ihr sowieso nicht gesagt. Nur Anne und ihr Vater hätten ihr die Wahrheit nicht erspart.

Bevor Käthe zur Sarepta-Schule kam, sagte Anne zu ihr: «Ich verlasse mich darauf, daß du mich nicht wieder blamierst wie nach deiner Einschulung in Brackwede. Was immer ich von den Lehrern über dich zu hören bekomme, sollte positiv sein. Erwarte bloß nicht, daß ich dir helfe, wenn du Schwierigkeiten bekommst. Ich mache dir ein Kompliment, wenn ich sage, du mußt sehen, daß du alleine fertig wirst, denn ich glaube, du kannst es. Und komm ja nicht auf dem Schulhof zu mir, das wäre mir peinlich vor meinen Freundinnen. Ich habe mir meine Stellung hart erkämpfen müssen, und du sollst sie nicht gefährden. Es ist schon schlimm genug für mich, daß Lise in der Klasse unter mir ist.»

Anne ging zu der Zeit in die Untertertia und war Klassenbeste. Lise reagierte auf die zunehmende Diskriminierung mit immer schlechteren schulischen Leistungen. Käthe ahmte Anne wie immer mit solcher Entschlossenheit nach, daß sie sogar bessere Noten als sie nach Hause brachte.

Lise glaubte nicht, daß Käthe sich alleine durchschlagen könnte. Sie nahm sie fest an die Hand und brachte sie zu ihrem Klassenzimmer, obwohl Käthe sie gebeten hatte, das nicht zu tun. Sie wäre lieber allein gegangen, in der Hoffnung, ihre Klassenkameradinnen würden sich erst einmal ein Bild von ihr machen, ohne zu wissen, daß sie Jüdin sei, in der Hoffnung, daß dieser erste Eindruck ihre Vorurteile entkräften würde, sollten sie es später entdecken.

Alle anderen Mädchen in der Klasse kannten wenigstens eine der Klassenkameradinnen. Sie kannte niemanden. «Von welcher Schule kommst du?» wurde Käthe gefragt, und weil die anderen noch nie etwas von ihrer Volksschule gehört hatten, wendeten sie sich ab. Mädchen aus ihrer Nachbarschaft, wenn sie überhaupt auf eine höhere Schule kamen, gingen nicht in eine Schule wie das Sarepta-Gymnasium.

Ein Mädchen fiel ihr besonders auf: Es hatte kurze blonde Haare, lebhafte blaue Augen und war überhaupt sehr hübsch anzusehen. Auch andere schienen sich für sie zu interessieren, denn sie war umringt von Mädchen. Käthe mußte sich den Hals verrenken, um sie überhaupt sehen zu können. Sie konnte nicht nah genug herankommen, um in dem allgemeinen Stimmengewirr hören zu können, was sie sagte. Den Gesichtern ihrer Zuhörer nach zu urteilen, schien sie jedoch einiges zu sagen zu haben.

Es war Ingrid Modersohn. Käthe mit ihrer verhängnisvollen Neigung, ausgerechnet die zu lieben, die für sie unerreichbar waren (wie zum Beispiel Anne), beschloß, dieses Mädchen so weit zu bringen, daß es Käthe zu seiner besten Freundin auserkor. Es dauerte ein ganzes Jahr, bis sie es geschafft hatte.

Daß ihre Namen in der Klassenliste direkt aufeinanderfolgten, betrachtete sie als gutes Omen. Anfangs mußten sie sich in alphabetischer Reihenfolge hinsetzen. Später kamen die schlechteren Schüler nach vorne, und die Klassenbesten saßen hinten. «Bitte, Gott...», betete Käthe, als die Lehrerin ihre Namen vorlas. Ihr Nachname kam nach Lores, aber Lore tauschte mit Käthe, weil sie und Ingrid bereits gute Freundinnen waren.

Ingrid brauchte bis zu ihrem ersten Streit niemand anderes als Lore.

Käthe war der festen Überzeugung, daß Anne nur deshalb nicht mit ihren Schwestern gesehen werden wollte, weil Lise jüdisch aussah. Aber auch mit Käthe allein wollte sie sich nicht zeigen, es sei denn zu besonderen, von ihr selbst festgelegten Anlässen. Und dann gab es wieder Gelegenheiten, zu denen sie allein Lise mitnahm.

Lise und Käthe dagegen legten selbstverständlich alle Schulwege gemeinsam zurück. Durch Zufall kamen sie auf die Idee, häufiger zu Fuß zu gehen und das Straßenbahngeld zu sparen. Sie bekamen kein Taschengeld. Selma schaffte es immer noch, ihnen genug zu essen zu geben. Das Geld, das sie ihnen gab, reichte aber auf keinen Fall für solchen Luxus wie Bonbons und Schokolade. An der Straßenbahnhaltestelle, wo sie nach der Schule einsteigen mußten, befand sich ein Schokoladengeschäft. Jeden Tag schauten sie sich die Auslagen an. Als Käthe einmal entweder besonders hungrig war (die Schule war um ein Uhr zu Ende) oder ganz einfach Appetit auf Süßes hatte, kam ihr der Gedanke, daß sie doch, um ein paar Pfennige übrigzubehalten, zu Fuß bis zum Jahnplatz gehen könnten.

Bis ganz nach Hause würden sie eine Stunde laufen müssen, und wenn sie das Geld eine Weile aufsparten, würden sie sich Reclamhefte oder andere Dinge davon kaufen können.

Natürlich kam der Tag, an dem Selma fragte: «Wo habt ihr denn das Geld her, um euch so etwas zu kaufen?» Bis dahin hatten sie sie in dem Glauben gelassen, die Schule dauerte jetzt länger, jedenfalls hatte Käthe ihr das so erklärt, nicht ohne sich vorher Lises Komplizenschaft zu versichern.

«Wir haben dir nichts gesagt, weil du Vater davon erzählt hättest», sagte Käthe. «Was geht es ihn an, wofür wir das Geld ausgeben, das er uns gibt?»

Mit stillschweigendem Einverständnis ihrer Mutter konnten sie das Haus morgens schon früh verlassen und auch den Hinweg zu Fuß zurücklegen. Ganz so reich, wie sie es sich erhofft hatten, wurden sie allerdings nicht. Sammelfahrscheinhefte zu kaufen verbilligte die Fahrten zur Schule. Ihr Vater ging davon aus, daß sie die benutzten, nur manchmal hatte er selbst dafür nicht genug Geld. Sie durften nicht alle drei auf einmal zu ihm kommen, und Lise brauchte immer Tage, bis sie den Mut aufbringen konnte, ihn um Geld zu bitten, das sie ja eigentlich nicht brauchte. Durch ihre Skrupel drohte ihre Mogelei an den Tag zu kommen und die Geldquelle zu versiegen.

«Solange er es sich noch leisten kann, Zigaretten zu kaufen...», versuchte Käthe sie zu beschwichtigen. Das war auch das Argument der Mutter gewesen, als sie ihnen auf die Schliche gekommen war.

In Wirklichkeit war Paul weder egoistisch noch unaufmerksam. Er muß gemerkt haben, was los war. Vielleicht hatte Selma ihn auch eingeweiht. Wahrscheinlich verhielt er sich einfach weiter so, wie es seine Töchter von ihm erwarteten. Solche Spielchen machten ihm Spaß.

Für Lise hatte die Küche eine besondere Anziehungskraft, Käthe fühlte sich zum Schreibtisch ihres Vaters hingezogen. Schon in Brackwede hatte sie gelernt, auf seiner Schreibmaschine zu schreiben. Eines Tages brachte ihr Vater drei Besucher mit und führte ihnen vor, wie seine Jüngste Maschine schrieb. Käthe stellte gerade eine Liste auf und tippte die Pünktchen. «Das ist ja auch ganz einfach», kommentierte einer der Herren, womit er sie bitterlich kränkte. Schließlich hatte sie ja auch alles andere auf dem Blatt geschrieben.

In ihren letzten fünf Jahren zu Hause war das Arbeitszimmer ihres Vaters zugleich das Wohnzimmer, und sie half ihm oft, Blaupausen herzustellen. Der große, schwere Rahmen mußte auf den Balkon hinausgetragen werden. Dort wurde er so lange dem Licht ausgesetzt, bis die Kopie der Zeichnung auf dem Transparentpapier die richtige rötliche Tönung angenommen hatte. Dann wurde sie aufgerollt und zum Fixieren in eine Dose mit einer Flüssigkeit getan, die furchtbar in den Augen brannte. Auch die Dauer dieses Prozesses richtete sich nach der gewünschten Farbnuance.

Paul hoffte, sie würde einmal Architektin werden, oder «Zeichner und Maler», wie eine seiner Enkelinnen, die sein Talent geerbt hatte, später einmal sagen würde.

Gegen Ende ihres ersten Schulhalbjahres in der Sarepta-Schule rief der Direktor eines Morgens alle Schüler dazu auf, an einem Plakatwettbewerb für das Sommerfest teilzunehmen. Das Fest sollte auf einem von Kiefernwäldern und riesigen Heideflächen bedeckten Gelände hinter Brackwede stattfinden.

Käthe hatte für ihren Entwurf nur ein Wochenende Zeit. Es sollte ganz allein ihre Arbeit sein, niemand sollte ihr helfen. Aber innerhalb der Familie wurde natürlich darüber gesprochen. Annes Rat war, sie solle kein Bild malen, das würden alle tun (und das von Anne!). Die einfachsten Plakate seien die eindrucksvollsten, sagte Selma. Käthe entschied sich schließlich für die Worte *Kommt zum Sommerfest.* Paul setzte sie an seinen Schreibtisch vor sein Zeichenbrett.

Sie konnte ihn nicht davon abhalten, das Blatt für sie so auszumessen, daß sie die Buchstaben regelmäßig verteilen konnte. Er zeigte ihr, wie man die Schrift hervorheben konnte, indem man nur die Schatten der Buchstaben mit schwarzem Zeichenstift schraffierte. «Zeig es mir hier drauf», sagte Käthe und schob ihm ein Stück Schmierpapier hin. Sie wollte unbedingt gewinnen und keinesfalls riskieren, disqualifiziert zu werden, weil sie sich hatte helfen lassen.

Als die Buchstaben fertig waren, hatte sie das Gefühl, es sei mehr ihres Vaters Werk als ihr eigenes. Obwohl ihre Hand alles gezeichnet hatte, war es doch seine Idee, und er hatte ihr bei jedem Schritt gesagt, wie er auszuführen sei. Er riet ihr, nichts mehr an dem Plakat zu machen. Als sie darauf bestand, es noch weiter mit kleinen Insekten und bunten Blüten zu verzieren, überließ er sie sich selbst.

Am Montagmorgen waren etwa zwei Dutzend Plakate im Schulflur ausgestellt. Anne berichtete, einige Leute hätten sich gefragt, ob Käthes Plakat wirklich das Werk einer der jüngeren Schülerinnen des Gymnasiums sein konnte. Aber nur jemand aus der unteren Klasse hätte einen so auffälligen Schriftentwurf durch so kindliche Verzierungen verderben können.

Käthe bekam ihren ersten Preis, ein Inselbuch über Schmetterlinge. Sie mußte ihn vor der versammelten Schüler- und Lehrerschaft auf dem Podium entgegennehmen. Sie wußte, daß sie mehr Hilfe von ihrem Vater bekommen hatte, als die Regeln zuließen, und daß sie deshalb eigentlich nicht hätte gewinnen dürfen. Aber es war immer dasselbe: Wurde irgendeine ihrer Bemühungen belohnt, fiel ihr sofort ein Grund ein, warum ihr die Belohnung eigentlich nicht zustand.

SECHS

PAUL war ebenso wie Käthe ein drittes Kind. Er hatte drei Brüder und eine Schwester, die alle in Berlin und Umgebung wohnten. Er hatte so gut wie keinen Kontakt zu ihnen. Er sagte immer: «Sie haben Angst, ich könnte sie um Geld bitten.» Es schien einer seiner Witze zu sein, aber es steckte etwas Wahres dahinter. Ihnen allen ging es besser als ihm, und nach dem Tode seines Vaters hatte es Unstimmigkeiten über seinen Anteil am Erbe gegeben.

Der Hof der Familie war an Bernhard, den Ältesten, übergegangen. Vor vielen Jahren einmal, es war so lange her, daß selbst Anne sich nur noch vage erinnerte, hatten dieser Onkel und seine Frau ihre Fahrt zu einer Kur in Bielefeld unterbrochen und sich mit der Familie in einem Restaurant zum Essen getroffen. Sie hatten keine Kinder. Selma sagte über Tante Paula: «Erst wollte sie keine, und dann fand sie, sie habe zu lange gewartet.»

Onkel Bernhard und Tante Paula sind im Holocaust umgekommen.

Anfang 1934 lud Tante Paula in einem Brief an Selma deren Töchter für die Ferien ein. «Da ich an Kinder nicht gewöhnt bin», schrieb sie, «wäre es mir am liebsten, wenn sie einzeln und nacheinander zu uns kämen.»

«Warum lädt sie uns denn plötzlich ein?» fragten die Mädchen.

«Vielleicht meint sie, jetzt sei die Zeit gekommen, in der die Juden einander helfen müssen», antwortete ihre Mutter. Sie muß ihren Töchtern zuliebe ihren Stolz heruntergeschluckt und der Schwägerin geantwortet haben.

Den Dankesbriefen ihrer Töchter legte auch sie einen Brief bei, in dem sie anfragte, ob nicht wenigstens die beiden jüngeren Töchter zusammen eingeladen werden könnten, die Jüngste hätte die Erholung am meisten nötig, sie und ihre Schwester seien unzertrennlich.

Sie muß vergessen haben, Namen zu nennen. Annes unleserliche Handschrift verriet, wie aufgewühlt sie war. Aber auch inhaltlich war ihr Brief der schlechteste. Ihr fiel es am schwersten, jemandem zu Dank verpflichtet zu sein. Der Tante jedenfalls waren die Nichten so fremd, daß sie sie daraufhin verwechselte und die Jüngste für die Älteste hielt, ein Fehler, den Käthe sehr übelnahm, denn in ihren Augen war das eine Beleidigung für Anne, nicht etwa ein Kompliment für sie.

Anne fuhr in den Osterferien für zwei Wochen nach Eberswalde. Tante Paula und sie verstanden sich prächtig. «Ich muß Dir gratulieren», schrieb Paula an Selma, als müsse man Selma erst sagen, was sie von Anne zu halten habe. «Jetzt, wo ich weiß, wie Eure Töchter sind», schrieb sie, «freue ich mich sehr darauf, die beiden anderen hier zu haben.» Sie schien sich nicht darüber im klaren zu sein, daß nur Anne wie Anne war. Lise und Käthe fanden das überaus komisch.

Der Jüdische Frauenbund in Bielefeld hatte einen Fonds, der es ermöglichte, daß bedürftige jüdische Kinder in Ferienheime geschickt werden konnten. 1934 war das zarte Mädchen mit den großen Augen, Käthe Loewenthal, die erste auf ihrer Liste. «Würdest du denn gerne fahren?» fragte Selma ihre Jüngste. «Du würdest alleine fahren müssen, ohne Lise.»

Das war eine der Überraschungen, die ihr manchmal widerfuhren, wenn sie Geschenke bekam: Gerade das, woran sie nicht im entferntesten gedacht hatte, machte ihr die größte Freude. Seit sie gehört hatte, wie Selma dem Amtsarzt sagte, eine Trennung von der Mutter würde Käthes Tod bedeuten, hatte sie den Wunsch, sich selbst zu beweisen, auch ohne ihre Mutter überleben zu können. Außerdem wollte sie das Leben endlich einmal meistern lernen, ohne daß Lise alles für sie vorbereitete und alle Hindernisse aus dem Weg räumte.

Selma sorgte dafür, daß Käthe in die Kindergruppe kam, die als erste losfuhr, damit sie anschließend noch mit Lise nach Eberswalde fahren und rechtzeitig zur Feier ihres elften Geburtstages zu Hause sein konnte. Sie wurde nach Salzuflen in der Nähe von Bielefeld geschickt.

Käthe war die kleinste in einer Gruppe von sechs Mädchen, zu der auch Hanne gehörte, Tante Hetes Jüngste, die ebenso wie zwei weitere Mädchen in Annes Alter war. Von ihr durfte man nicht erwarten, daß sie sich um Käthe kümmern würde, wie es die Mütter ihr beim Abschied nahegelegt hatten. Die beiden Familien wußten sehr wenig voneinander, und doch empfand Selma es als Beruhigung, daß Hanne mitfuhr.

Herr Wolff war Küchenchef eines der besten Kurhotels gewesen. Nachdem er aus dieser Stellung entlassen worden war, hatten er und seine Frau ihr Haus in ein Kinderheim umgewandelt. Es war die erste Saison des Hauses in seiner neuen Funktion. Sechs Jungen aus Hannover, alle zehn Jahre oder älter, waren vor ihnen angekommen. Um den Platz gut auszunutzen und wahrscheinlich auch um Geld zu sparen, war in den Mädchenschlafsaal auch ein Kinderbett gestellt worden. Käthe wollte auf keinen Fall darin schlafen. Brunhilde, die ein Jahr später, als Lise und Käthe den Zionisten beitraten, unter dem Namen Batya ihre Gruppenleiterin wurde, bat die Mädchen, sich der Größe nach aufzustellen, um Käthe zu beweisen, daß sie die Kleinste war.

Auch Gisela hatte Käthe bis dahin noch nicht gekannt, sie gefiel ihr auf den ersten Blick, weil sie eine gewisse Ähnlichkeit mit Lise hatte. Schon auf dem langen Weg vom Bahnhof zum Kinderheim hatte sie sich bereit erklärt, sich mit Käthe zusammenzuschließen. Sie hatte sie sogar an die Hand genommen. (Vielleicht waren sie die beiden einzigen Kinder, die einen Freiplatz hatten. Damals war Käthe noch zu jung, als daß ihr diese Erklärung überhaupt als Möglichkeit in den Sinn gekommen wäre.) Das Kinderbett stand unmittelbar neben einem der Doppelbetten, und damit sich Käthe doch damit anfreundete, bot Gisela an, das Bett direkt neben ihr zu nehmen. Käthe sah diese Geste als *Mizwa* an, als eine gute Tat, durch die man als frommer Jude Gottes Gnade zu gewinnen sucht. Beim Einschlafen und beim Aufwachen war Gisela für die heimwehkranke Käthe weit mehr, als diese ahnte: Ein Blick auf Giselas schwarze Haare und die braunen Augen genügte, und Käthe konnte sich selber vormachen, es sei Lise. Gisela lag immer mit dem Gesicht zu Käthe. Wie Lise nuckelte sie noch am Daumen und wollte wohl nicht, daß die anderen das sahen.

Salzuflen war zum Kurort erklärt worden, weil sein Wasser mineralische Salze enthielt. In den Parks gab es haushohe Dornenhecken, über die das Wasser hinweggeleitet und fein zerstäubt wurde. Im Laufe der Jahre hatte sich das Salz in einer weißen Schicht abgesetzt. Die Kinder mußten sich neben diese Hecken auf hölzerne Bänke setzen und die salzhaltige Luft einatmen. Außerdem wurden sie angehalten, das Brunnenwasser der Kurhalle zu trinken. Einigen von ihnen war sogar ein tägliches Bad im Salzwasser verschrieben worden. Käthe freilich nicht, weil sie ja zunehmen sollte.

Als sie das auf einer der Postkarten, die sie nach Hause schicken mußten, erklären wollte, machte sie einen Schreibfehler: Die Salzluft *zerre*, schrieb sie, statt daß sie zehre. Sehr komisch war das nicht, aber die anderen zogen sie immer wieder damit auf, gerade weil sie Neckereien nicht vertragen konnte und jedesmal wütend wurde. Auf der Suche nach einer Möglichkeit, sich zu rächen, durchstöberte sie einige Tage später den Berg Postkarten, der zum Briefkasten gebracht werden sollte, und entdeckte dabei, daß ausgerechnet Gisela geschrieben hatte: «Gestern abend hat Käthe im Schlaf einen donnernden Furz gelassen.» Das war ihr entsetzlich peinlich.

Herr Wolff war mit Recht stolz auf seine Kochkünste, doch für Kinder waren seine Gerichte keineswegs geeignet. Käthe schmeckte das Essen, obwohl sie es nicht besonders gut vertrug. Wenn sie konnte, aß sie zuviel, auch wenn sie glücklich war. Aus Sehnsucht nach ihren Eltern, verstärkt durch den Kummer über die Hänseleien der anderen Mädchen, klammerte sie sich um so stärker an das einzige, was ihr hier gefiel. Schon seit über einem Jahr war sie oftmals hungrig vom Tisch aufgestanden. Hier war sie immer die erste, die um einen Nachschlag bat. Herr Wolff hielt ihren Appetit den anderen als Beispiel vor. Im Scherz behauptete er, sie äße, um ihm eine Freude zu machen.

Mit seiner Kochmütze auf dem Kopf setzte er sich auf die Couch, zeigte auf den Platz neben sich, der «Liebling des Kochs» sollte sich zu ihm setzen. Wenn sie das tat, legte er seinen Arm um sie. Sie hatte oft das Gefühl, daß ihre Mutter es mit ihren Zärtlichkeiten übertrieb, aber jetzt hatte sie Heimweh und brauchte Trost. Er erzählte ihr, sein großer Kummer sei, daß seine Frau keine Kinder haben wollte, sein größter Wunsch sei es, eine Tochter wie Käthe zu haben.

Er legte seine große Hand gerade so auf ihre Schulter, daß die Spitze seines Mittelfingers ihre Brustwarze berührte. Sie glaubte, die wohligen Empfindungen seien einfach eine Auswirkung seiner Umarmung. Und außerdem war sie viel zu satt, um sich noch rühren zu können.

An einem Freitag waren sie angekommen. Am darauffolgenden Mittwoch erschienen überraschend, ohne jede Vorankündigung, einige Mütter, einschließlich Selma, um zu sehen, wie sich ihre Töchter eingewöhnt hatten. Es war eine Phantasiemutter, nach der Käthe solche Sehnsucht gehabt hatte – so jedenfalls schien es ihr, als ihre Mutter nun vor ihr stand. Sie schämte sich ein wenig, wahrscheinlich zum erstenmal, weil Selma so dick und unelegant war. Aber das war nicht alles. Noch mehr schämte sie sich über sich selbst, weil sie diese Mutter, die doch gar nichts Besonderes war, so vermißt hatte. Sie war sicher, daß sie ihre Mutter überbewertete. Niemand anderes hielt so viel von ihr, brauchte sie so sehr wie Käthe, außer Lise, aber Lise zählte nicht. Anne, so meinte Käthe, liebte ihre Mutter nicht so sehr, Anne genügte sich selbst und hätte sie bestimmt nicht so vermißt.

Als Selma nun da war, verspürte Käthe keine Sehnsucht nach Anne und Lise, und das brachte sie zu der Überzeugung, daß die Schwestern ihr gar nicht gefehlt hatten, daß sie sie überhaupt nicht vermißt hatte. Daran, ihren Vater auch dann zu vermissen, wenn er da war, hatte sie sich gewöhnt. Auch wenn er zu Hause war, blieb er für sie im Grunde unerreichbar.

Als Selma erfuhr, daß Käthe in einem Kinderbett schlief, war sie entsetzt. Aufgrund der widersprüchlichen Gefühle, die Käthe ihr gegenüber empfand, nutzte sie diese Gelegenheit nicht, um mit nach Hause genommen zu werden, vielmehr verteidigte sie die Wolffs, sagte, sie sei mit dem Bett einverstanden. Sie wußte sehr wohl, daß nicht das Kinderbett der Grund für ihr Heimweh war, und wollte nicht, daß ihre Mutter einen Aufstand machte. Vor allem wollte sie nicht, daß sie hinter ihre wahren Gedanken kam, das hätte sie erschreckt. Sie wollte auch nicht die übrigen Mädchen mit neuer Munition gegen sich versorgen, wenn sie etwa mit ansähen, wie Käthe und ihre Mutter einander um den Hals fielen und weinten. Deswegen benahm sich Käthe, als sei sie glücklich. Sie freute sich überhaupt nicht, daß ihre Mutter da war.

Selma erklärte ihr, daß Tante Hete ihr die Reise bezahlt habe. Sie wolle sich nicht ein zweites Mal das Fahrgeld von ihr geben lassen, und sie selber könnten es sich nicht leisten – ob es Käthe etwas ausmache, fragte sie, wenn nicht sie, sondern Tante Hete am Sonntag wiederkäme. Ob sie es wohl ertragen würde, mit anzusehen, wie die anderen Mädchen Besuch bekämen und sie nicht?

«Irgendwie werde ich das Geld zusammenbekommen, wenn du möchtest, daß ich doch komme», sagte ihre Mutter. Käthe wollte nicht, daß sie wiederkam. Solange ihre Mutter bei ihr war, glaubte sie das jedenfalls. Es ihr zu sagen brachte sie nicht übers Herz, nicht aus Höflichkeit, sondern weil sie wußte, daß ihre Worte Tränen auslösen würden. Sie versicherte ihrer Mutter, es ginge ihr gut, es seien ja nur noch zweieinhalb Wochen.

Einer der Jungen hieß mit Nachnamen Israel. Mit Verwunderung hörte Käthe, wie Brunhilde, die mit Nachnamen Kratzer hieß, zu ihm sagte, sie beneide ihn darum. Hätte man diesen Namen, dachte Käthe, wäre doch jedem sofort klar, daß man Jude ist. Hanne und einige der anderen Mädchen machten sich einen Spaß daraus, Käthe, wenn sie sich an ihren Gesprächen beteiligen wollte, klarzumachen, das ginge sie nichts an. Nicht so Brunhilde, sie war die geborene Jugendleiterin. Deshalb erzählte Käthe ihr, was ihr durch den Kopf ging, und sie antwortete: «Weshalb soll man sich nicht dazu bekennen, Jude zu sein? Das ist doch etwas, worauf man stolz sein kann.»

Käthe wußte, daß das auch die Überzeugung ihres Großvaters gewesen war. Sie ging allerdings davon aus, daß er seine Position im Gefängnis und nach allem, was inzwischen geschehen war, radikal verändert hätte. Möglicherweise schämte sich ihr Vater nicht so wie sie, Jude zu sein, aber stolz darauf war er sicher auch nicht, meinte sie. Und sollte ihre Mutter sich nicht schämen, Jüdin zu sein, sollte sie ihre Einstellung schnellstens ändern, fand Käthe. Lise meinte, diese Scham müsse man auf sich nehmen, um die Welt zu retten. In Käthes Augen mußte nur Anne sich nicht dafür schämen, Jüdin zu sein, weil sie eben Anne war.

Brunhildes Vater war in Polen geboren. Ihre Familie stammte also von den Juden ab, über die Selma sagte, sie seien der Ursprung des deutschen Antisemitismus. Vielleicht hatte Brunhilde recht, dachte Käthe. Wenn es besser war, ein deutscher Jude zu sein als ein polnischer, dann war es vielleicht auch besser, Jude statt Pole zu sein. Aber Käthe wäre in dieser Zeit und noch lange danach sehr viel lieber gar keine Jüdin, sondern Arierin gewesen.

Brunhilde hatte die Idee, für die Eltern, die am Sonntag

kommen würden, eine Vorführung einzustudieren. Selbst die Farce, für die sie probten, war zionistische Propaganda. Käthe weigerte sich, eine Rolle zu übernehmen. Sie fühlte sich so minderwertig, daß sie sich nicht einmal für würdig befand, daß man sie auslachte. Nicht die Bühne zog sie an, sondern die Kulissen. Ihr Leben lang würde sie sich ihrer eigenen Identität so unsicher sein, daß sie keine Kraft hatte, in Rollen zu schlüpfen. Aber die Welt des Scheins faszinierte sie, und sie wollte stets zu den wichtigen Leuten gehören, und so eignete sie sich perfekt dazu, hinter der Bühne zu agieren.

Käthe ahnte nicht, wie sehr Brunhilde sich für sie interessierte. Brunhilde wollte eine Zionistin aus ihr machen, dabei ging es ihr nicht speziell um Käthe, sie meinte, alle Juden müßten sich der Bewegung anschließen. Vielleicht wollte sie auch nur nicht, daß Käthe ausgeschlossen würde, weil sie annahm, ihre Mutter würde auch im Publikum sitzen.

Käthe hatte die Aufgabe, während einer Umbaupause das Publikum zu unterhalten. Sie sollte eine Geschichte über Moses als Kind am Hof des Pharaos erzählen. Während Käthe sich die rechten Worte überlegte und auswendig lernte, vergaß sie ihr Heimweh, ja, sie fühlte sich richtig wohl.

Am nächsten Sonntag, also knapp eine Woche später, sollte das Jahresfest des Kurortes stattfinden. Für den Abend stand ein Feuerwerk auf dem Programm, und im Kurpark sollte eine Kapelle spielen. Schon Tage vorher wurde über das Riesenereignis gesprochen. Selma hätte so etwas ein *Goyen naches* genannt – eine herablassende Bezeichnung für etwas, was nur Nichtjuden amüsant finden. Käthe war der Überzeugung, sie dürfe das Fest nicht genießen, fürchtete aber, es würde ihr doch gefallen.

Dieser innere Konflikt, der zu all den anderen hinzukam, gab ihr den Rest. Auf einer ihrer Wanderungen hatte ein Junge erzählt, daß ihm gerade der Blinddarm entfernt worden sei. Eines Tages faßte sie sich ein Herz und fragte ihn auf einem Spaziergang nach Einzelheiten. Solche Dinge interessierten sie. Sie hatte mehrere Tage lang keine Verdauung gehabt und sich nicht getraut, es jemandem zu sagen. Am Tag des Festes beschloß sie, so zu tun, als habe sie eine Blinddarmentzündung. Erst am späten Nachmittag hatte sie so viele überzeugende Beweise erbracht, daß Wolffs Notiz von ihr nahmen.

«Das mußte ja so kommen!» sagte Frau Wolff ohne jedes Mitleid mit Käthe, die wirklich litt.

Herr Wolff bat Käthe, ihm zu zeigen, wo sie Schmerzen empfand, und er massierte ihren Bauch. Seine übergroße Besorgnis trieb ihr die Tränen in die Augen. Er beschloß, sie zum Arzt zu bringen und seine Frau mit den anderen Kindern in die Stadt gehen zu lassen.

Das Kinderheim wurde von Bernhard Loewenthal ärztlich betreut, einem Vetter ihres Vaters. Sie hatte ihn noch nie gesehen, bevor sie nach Salzuflen kam – so wenig Kontakt hatte Paul zu seinen Verwandten. Daß Käthe ihn Onkel nennen konnte, empfand sie ganz bewußt als ihr Privileg gegenüber den anderen. Ihn aufsuchen zu dürfen war fast so schön, wie wieder nach Hause fahren zu können. Bis zu seiner Praxis brauchten sie nur wenige Schritte zu gehen.

Ihr Onkel fragte sie nach ihren Symptomen, bat sie, sich hinzulegen, und klopfte ihren Bauch ab. «Ja», sagte sie wahrheitsgemäß, wenn es weh tat. Ihr Großvater väterlicherseits und sein Vater waren Brüder gewesen. Die Ähnlichkeit zwischen ihrem Onkel und ihrem Vater, ob sie wirklich bestand oder nur in ihrer Einbildung, genügte:

Ihr Heimweh wurde noch schlimmer, und ihre Schuldgefühle, weil sie ihn zu betrügen versuchte, verschlimmerten sich. Er brummte vor sich hin und sagte schließlich: «Appendizitis.»

Sie war verwirrt: Noch nie war es ihr gelungen, aus Willenskraft krank zu werden, egal, wie sehr sie es versucht hatte. Vielleicht war er nur ein schlechter Arzt. Blinddarmoperationen wurden damals sehr häufig vorgenommen. Der Gedanke an die Operation schreckte sie nicht. Sie war durchaus bereit, die Leiden auf sich zu nehmen, schließlich würde man sie gleichzeitig verwöhnen und beschenken.

Er bat sie liegenzubleiben, während er mit ihren Eltern telefonierte. Sie konnte ihn im Nebenraum sprechen hören, verstand aber nicht, was er sagte. Herr Wolff kam zu ihr, sah sie liebevoll an und sagte: «Meine Frau und ich werden uns um dich kümmern.»

Ihr Onkel kam zurück und erklärte, er habe mit ihrer Mutter gesprochen und angeboten, vor und nach der Operation bei sich zu Hause für sie zu sorgen. Aber ihre Eltern hätten beschlossen, zu kommen und sie abzuholen. In ungefähr zwei Stunden würden sie dasein.

Der Onkel war Witwer. Er hatte eine Tochter, die etwas älter war als Käthe. Sie hatte sie kennengelernt, als die Mädchen zum Messen und Wiegen in die Praxis mußten. An diesem Abend war sie ausgegangen, um sich das Festprogramm anzugucken. Käthe beneidete sie ein wenig, weil sie als Einzelkind ihren Vater ganz für sich allein hatte.

Es ging ihr viel besser. Hätte sie Gelegenheit dazu gehabt, hätte sie das wohl auch zugegeben. Nun, da sie wußte, daß sie bald nach Hause kommen würde, tat es ihr fast ein bißchen leid, nicht noch einen Tag länger mit ihren

Magenschmerzen gewartet zu haben. Ihr Onkel setzte sie in einen Sessel und legte ihr eine Decke über. Seine Haushälterin brachte eine Tasse Hühnerbrühe.

Herr Wolff ließ sich leicht davon überzeugen, daß er jetzt gehen könne. Er schien sogar froh zu sein, daß er verschwinden konnte. Erst Jahre später begriff Käthe, was sie ihren Eltern möglicherweise alles über seine Zärtlichkeiten hätte erzählen können, daß er ihnen deswegen nicht unter die Augen kommen wollte.

Man ließ Käthe allein, bei gedämpftem Licht. Es war schon sehr spät, und sie schlief sofort ein. Sie erwachte vom Klang vertrauter Stimmen. Wenn es von ihr verlangt worden wäre, hätte sie für dieses Wiedersehen sogar eines ihrer Gliedmaßen geopfert.

Es war noch kein ganzes Jahr her, seit sie knapp dem Tod entronnen war. Jetzt hatten ihre Eltern wieder einen furchtbaren Schreck bekommen, aber als sie ihre Jüngste sahen, waren sie beruhigt. Sie standen vor einem praktischen Problem: Erst am Bahnhof in Bielefeld hatten sie herausgefunden, daß es keinen Zug zurück mehr gab.

«Ich würde euch in meinem Wagen fahren», sagte ihr Onkel, «aber die Kupplung ist nicht in Ordnung. Ich fürchte, ich komme damit nicht bis Bielefeld.» Er schlug ihnen vor, die Nacht bei ihm zu verbringen, was aber wegen ihrer anderen Töchter nicht möglich war.

Salzuflen war an dem Tag voller fremder Gäste. An sämtlichen Bordsteinen standen die Autos Stoßstange an Stoßstange. Käthe wurde in eine Decke gewickelt, Paul nahm sie auf den Arm, und dann gingen sie hinaus auf die hellerleuchteten, windigen Straßen und suchten nach Bielefelder Autos, deren Besitzer sich jetzt – es war inzwischen kurz vor Mitternacht – auf den Heimweg machten, Platz hatten und bereit waren, sie mitzunehmen. «Tut uns leid, nein», sagten die Leute, die sie nicht mitnehmen konnten, oder einfach «nein», wenn es Antisemiten waren, die sie als Juden erkannten. Schließlich sprachen sie einen jungen Mann mit einem roten Sportwagen an. Es würde sehr kalt werden, sagte er. Er erklärte sich sogar bereit, noch zehn Minuten zu warten, um ihnen die Chance zu geben, eine bessere Mitfahrgelegenheit zu finden. Aber sie hatten kein Glück.

Am nächsten Morgen kam Dr. Griesbach. Er hielt nichts davon, wegzuschneiden, was die Natur einem mitgegeben hatte. Aus diesem Grund hatte Käthe auch noch immer ihre Mandeln. Er behauptete, sie brauche sie zum Schutz ihres Magens. Er fragte sie, was es zu essen gegeben hätte, und schüttelte den Kopf.

Sie war wieder kerngesund, nachdem sie eine halbe Nacht in ihrem eigenen Bett verbracht hatte, Anne auf der Fensterseite und Lise auf der Seite der Tür neben ihr, Mutter und Vater in Rufweite.

Selma muß gedacht haben, wenn Käthe fern von zu Hause nicht überleben zu können meint, sei es das Beste, sie gleich wieder fortzuschicken. Eberswalde war sehr viel weiter weg, aber die Leute dort waren Verwandte. Was Anne von ihnen erzählt hatte, muß Selma beruhigt haben. Vor allem aber würde Käthe Lise bei sich haben.

Sie blieben vierzehn Tage in Eberswalde, und wenn sie in dieser Zeit nicht besonders glücklich waren, so lag das auf keinen Fall daran, daß sie Heimweh gehabt hätten.

Tante Paula war zunächst enttäuscht von ihnen. Sie war ihnen bis Berlin entgegengefahren und holte sie am Zug ab. Nach der vierstündigen Reise waren sie schmuddelig, schweigsam und schüchtern, und sie tauschten Blicke untereinander, die Tante Paula als unverschämt empfand. Eine ihrer ersten Feststellungen war: «Ihr seid eurer Schwester Anne aber nicht sehr ähnlich.»

Diese Bemerkung nahmen sie nicht übel, denn sie hatte ja recht und sie wünschten sich ja noch viel mehr als ihre Tante, so zu sein wie Anne. Obwohl sie stark geschminkt und so elegant gekleidet war, hätten sie vermutlich doch bald Zutrauen zur Tante gefaßt, wenn sie nicht gleich gesagt hätte: «Eure Mutter sollte sich schämen, euch so dünn werden zu lassen!» Den ganzen Aufenthalt über mußten sie sich anhören, wie die Tante ihre Mutter beschimpfte, es war, als wolle sie einen Wettkampf gewinnen, in dem es darum ging, wer besser für die Kinder sorgen konnte.

Sie verteidigten ihre Mutter nicht. Das hatte sie nicht nötig, ja, damit hätten sie ihre Mutter geradezu beleidigt. Sie fanden die Bemerkungen ihrer Tante einfach dumm. Sie mißtrauten ihr immer mehr und waren nicht bereit, ihr, dem Rat ihrer Mutter folgend, zugute zu halten, daß sie keine Erfahrung mit Kindern hatte (Anne war schließlich kein Kind mehr, diese Bezeichnung paßte nur auf Käthe und Lise).

Tante Paula schien sich zwischen sie und ihre Mutter drängen zu wollen. Sie bestand zum Beispiel darauf, die Briefe, die sie nach Hause schrieben, vorher zu lesen. Am ersten Abend verlangte die Tante, die doch selbst schon bei den Eltern angerufen hatte, die Kinder sollten schreiben, daß sie gut angekommen seien. «Mutti weiß das doch schon», hielten sie dagegen. Es gehöre sich aber so, wurde ihnen erklärt. Sie waren es gewohnt, ihrer Mutter auf allen möglichen Wegen alles zu berichten, nicht weil das von ihnen erwartet wurde, sondern weil sie Selma liebten. Jetzt waren sie doch gerade erst von zu Hause abgefahren und hatten noch nichts zu erzählen – höchstens von Tante

Paula, aber über sie konnten sie nicht schreiben, da sie ihnen über die Schulter guckte, um die Rechtschreibfehler zu verbessern. Als ob Schreibfehler in den Augen der Mutter den Wert ihrer Briefe mindern könnten! Die Tante sagte ihnen, was sie schreiben sollten, diktierte ihnen sogar die einzelnen Worte. Wenn ihre Briefe ihnen so gar nicht entsprachen, fürchteten die Kinder, würde ihre Mutter annehmen, irgend etwas sei nicht in Ordnung.

Weil sie sich so krampfhaft anstrengten, der Tante keinen Anlaß zur Kritik zu geben – ob diese sie selbst oder ihre Mutter betraf –, benahmen sie sich schlechter als zu Hause. Um ihre Tante nicht mit dem Essen warten zu lassen, kamen sie mit ungewaschenen Händen zu Tisch. Um höflich zu sein, sagten sie zu allem, was zu ihrer Unterhaltung vorgeschlagen wurde, «Ja, gerne», bis die Tante erklärte, nun würden sie gar nichts von alledem unternehmen, damit sie mal lernten, nicht so unersättlich zu sein. Sie meinte das nicht böse, sie wollte nur, daß sie sich bei ihr wohl fühlten – aber eben nach ihren Regeln. Sie sagte: «Wenn ich nicht eure Schwester Anne kennen würde, hätte ich große Zweifel daran, daß eure Mutter überhaupt dazu fähig ist, Kinder zu erziehen. Da es also nicht ihre Schuld sein kann, daß ihr so seid, wie ihr seid, muß es an euch selber liegen.»

Schon um ihre Mutter nicht zu blamieren oder um Annes Chancen, noch einmal eingeladen zu werden, nicht zu verringern – sie wurde übrigens nie wieder eingeladen –, hätten sie sich gerne so benommen, wie es ihrer Tante gefiel. Aber oftmals wußten sie einfach nicht, was man von ihnen erwartete. Ihre Tante betrachtete vieles als ungezogen, was sie völlig normal fanden: durch die Vordertür hereinzukommen, zum Beispiel, oder sich tagsüber auf sein Bett zu setzen. «Tante Paula darf das!» war ein

Spruch, den sie mit nach Bielefeld zurückbrachten. Sie fanden es absurd, daß Erwachsene und Kinder, die zusammen lebten, unterschiedlichen Regeln unterworfen sein sollten.

Onkel Bernhard glich ihrem Vater weder äußerlich noch im Wesen. Aber eine entfernte Ähnlichkeit bestand durchaus, weswegen sie sich in seiner Nähe wohl fühlten. Sie durften in den Ställen, Scheunen, Obstgärten und auf den Koppeln herumlaufen. Er brachte ihnen bei, die alte Stute Maya zu reiten, mit der zusammen er im Ersten Weltkrieg bei der Kavallerie gedient hatte. Er nahm sie im Landauer mit und ließ sie die Zügel halten. Er nahm sie in seinem Auto mit und setzte sie eine nach der anderen auf seinen Schoß und ließ sie steuern. Ihrer Tante paßte das alles nicht. Was immer er mit ihnen unternahm, sie sorgte dafür, daß es ein jähes Ende fand.

Wie ihre Mutter hielt sie nach dem Essen eine zweistündige Mittagsruhe. Wenn sie in dieser Zeit im Haus blieben, mußten sie mucksmäuschenstill sein, und wenn sie hinausgingen, durften sie sich auf keinen Fall schmutzig machen. Eines Tages langweilten sie sich so sehr, daß sie auf eigene Faust fortgingen. Sie entdeckten einen Jahrmarkt, hatten aber kein Geld bei sich. Ein Budenbesitzer lud Käthe zu einem Gratiswurf ein, sie traf und gewann noch einen Wurf. Eigentlich war sie nicht sonderlich geschickt, vermutlich wird er sie nur benutzt haben, um andere Kunden anzulocken. Käthe aber glaubte von da an, sie habe Glück im Spiel. Plötzlich machte Lise darauf aufmerksam, daß mitten aus dem Wald Rauch aufstieg, wahrscheinlich wollte sie Käthe damit vom Jahrmarkt weglocken.

Sie machten sich tatsächlich auf den Weg, um das Feuer zu suchen, und gerieten immer tiefer in den Wald hinein.

Schließlich waren sie so weit gegangen, daß sie es unsinnig fanden, umzukehren, ohne das Feuer gefunden zu haben. Natürlich wußten sie, daß sie viel zu lange ausblieben, und es war ihnen nicht wohl bei dem Gedanken, ohne Erlaubnis weggegangen zu sein, also konnten sie ihre Entdekkungsreise gar nicht recht genießen. Als die Sonne hinter den Bäumen unterging, hatten sie das Feuer noch immer nicht gefunden.

Ihre Tante erwartete sie auf der Türschwelle. Sie war sehr wütend. «Was ihr euch alles leistet!»

Obwohl sie wußten, daß sie zu Recht ausgeschimpft wurden, versuchten sie, sich herauszureden. Sie hätten die Tante nicht wecken wollen, nur um sie um Erlaubnis zu bitten. Dann hätten sie eben zu Hause bleiben müssen. Aber sie hätten einen Waldbrand gesehen, erwiderten sie und machten damit alles nur noch schlimmer. Wohlerzogene Mädchen, sagte die Tante, hätten sich für solche Dinge nicht zu interessieren.

Wie Zigeunerkinder sähen sie aus, mit all dem Dreck aus dem Wald im Gesicht und an den Händen, und mit den zerrissenen Kleidern. Die Tante steckte sie in die Wanne. Auch zu Hause mußten sie immer zusammen baden, um heißes Wasser zu sparen. «Und dann ab ins Bett! Ohne Abendbrot!» Sie wußten, was ihre Mutter von Leuten hielt, die Kinder zur Strafe ohne Essen ins Bett schickten.

Die Tante meinte es nicht allzu ernst. Sie kontrollierte, ob sie sich auch zwischen den Beinen wünschen, und befahl ihnen, im Bademantel nach unten zu kommen. Dort sollten sie dann sofort an ihre Mutter schreiben, wie ungezogen sie gewesen seien. Lise und Käthe guckten sich grinsend an: Ihre Mutter würde sie verstehen, und im Bewußtsein dieser Solidarität fühlten sie sich ihrer Tante überlegen, ja sie hatten geradezu Mitleid mit ihr.

Zur Strafe würde sie nicht mit ihnen in den Berliner Zoo fahren, sagte die Tante. Aber auch damit war es ihr nicht wirklich ernst, sie hatte sich selber schon viel zu sehr auf den Ausflug gefreut. Es sollte der Höhepunkt ihres Aufenthaltes werden, und sie hatte ihnen für den großen Tag sogar neue Kleider gekauft, erdbeerrot mit einem Muster aus weißen Ringen und Punkten, und das, als Selma ihre Kinder schon längst nur noch mit Altkleidern aus der jüdischen Gemeinde versorgen konnte. Über die neuen Kleider hätten sie sich riesig gefreut, hätte ihre Tante nicht angemerkt, es sei unerhört, daß ihre Mutter nichts eingepackt hätte, worin sie sich sehen lassen könnten. Zu Lise sagte sie, als diese ihr neues Kleid anprobierte, sie sähe aus wie eine Vogelscheuche, denn durch die Puffärmel wirkten ihre Arme noch dünner.

Die beiden Mädchen zu füttern war eine so große Befriedigung für die Tante, daß sie es einfach nicht fertigbrachte, ihnen kein Abendessen zu geben. Obwohl sie sich noch zwei Hausmädchen leisten konnte, kochte sie immer selbst. «Kann Tante Paula besser kochen als eure Mutter?» fragte sie. Diese Frage fanden sie unfair. Kein Zweifel, Anne wäre eine diplomatische Antwort eingefallen. Zwar war die Tante tatsächlich die bessere Köchin, aber einfacheres Essen mochten sie eigentlich lieber, sogar Käthe, und das schon so kurz nach Salzuflen.

Eines Tages, als sie im Obstgarten spielten, wurden sie zum zweiten Frühstück ans Küchenfenster gerufen; so trugen sie wenigstens keinen Dreck ins Haus. Sie hatte ihnen *Chremsel* gebacken, mit Zimt bestreute Pfannkuchen aus Matzenmehl, die sie aus der Hand essen konnten. Sie hatten noch nie zuvor *Chremsel* gegessen, und sie schmeckten vorzüglich. Als sie das sagten, backte ihre Tante ihnen noch zwei. Und dann noch einmal zwei. Sie lagen schwer im Magen, und die Mädchen konnten nicht mehr. Doch als sie dankend ablehnten, sagte die Tante: «Eßt nur, ich werde es euch nicht als Unbescheidenheit auslegen.» Sie fürchteten, sie zu beleidigen, wenn sie zugäben, daß ihnen langsam übel wurde. Die nächsten beiden *Chremsel* aß Lise, aber dann konnte selbst sie den nächsten kaum noch herunterbekommen. Käthe vergrub ihren unter einem der Apfelbäume.

Als ihre Tante mit dem *Chremsel*-Backen fertig war, kam sie heraus, um ihren schwarzen Schoßhund Muschi spazierenzuführen. Und Muschi buddelte aus, was Käthe vergraben hatte. Der *Chremsel* war mit Sand bedeckt und sah aus wie ein rostiger Büchsendeckel. Tante Paula rief sofort: «Das ist nichts für einen kleinen Hund! Das kann er nicht fressen!», und Käthe nahm ihm den Kuchen so schnell weg, daß die Tante ihn nicht als solchen erkennen konnte.

Sie fanden die Szene urkomisch und mochten ihre Tante von da an etwas lieber, weil sie ihnen einen Grund geliefert hatte, über sie zu lachen.

Pauls Schwester Ina ist als einzige von seinen Geschwistern dem Holocaust entkommen. Ihr Mann, Wilhelm Michaelis, wurde nach der «Reichskristallnacht» ins Konzentrationslager Oranienburg deportiert. Wildfremde Menschen sorgten dafür, daß er und seine Familie Deutschland verlassen konnten.

SIEBEN

DIE Synagoge in Bielefeld war zu Anfang des Jahrhunderts gebaut worden und bot etwa achthundert Personen Sitzgelegenheit. Als Hitler an die Macht kam, zählte die Gemeinde fast tausend Mitglieder. An hohen Feiertagen, wenn alle am Gottesdienst teilnahmen, saßen die Frauen und Mädchen auf der Empore. Sonst saßen die Frauen unten im Hauptraum rechts und die Mädchen im rechten Seitenschiff. Die Bänke waren aus dunkel gebeizter Eiche, der Steinfußboden mit roten Läufern aus Kokosfasern ausgelegt. An der Stirnseite befand sich eine Steinbalustrade, an deren beiden Endpunkten je ein großer Kandelaber mit elektrischen Kerzenimitationen stand. Hinter der Balustrade erhob sich das Podium mit dem Lesepult, zwei schlichte Bänke standen in einiger Entfernung davor. Der Rabbiner saß auf der linken, der Kantor auf der rechten Seite, wenn sie im Gottesdienst nicht aktiv waren.

Rechts und links vom Lesepult führten Stufen hinauf zum Toraschrein, dessen zwei Türen durch einen Vorhang verdeckt wurden. Es war eine reiche Gemeinde, die viele Thorarollen besaß. Jede steckte in einem mit silbernen Ornamenten geschmückten Mantel. An Festtagen wurden goldene Ornamente verwendet und alle mit Silber bestickten blauen Samtvorhänge durch Vorhänge aus schillernder weißer Seide mit Goldfadenstickerei ersetzt. Hinter dem Toraschrein erhoben sich die riesigen Pfeifen der Synagogen-Orgel. Der Besitz einer Orgel wies auf eine jüdische Reformgemeinde hin, ebenso die farbigen Glasfenster und das Fresko in der Kuppel, das einen Nachthimmel mit golden Sternen darstellte, der von einem Segensspruch in hebräischer Quadratschrift umrandet war. An der Außenseite der Synagoge korrespondierten vier kleine Kuppeltürme mit der großen Zentralkuppel, auf der der Davidsstern prangte und die sämtliche Kirchtürme der Stadt überragte.

Käthe und ihre Schwestern wohnten noch in Brackwede, als die Gemeinde nach dem Tode des alten Kantors einen jungen Mann engagierte, weil er so eine herrliche Stimme hatte. Er war gerade erst mit seiner Ausbildung fertig und hieß Siegfried Friedemann. Man sprach von ihm als ‹Friedemann›, denn ‹Herr› war zu respektvoll und ‹Siegfried› allein zu vertraulich. Selma pflegte ‹Friedchen› zu sagen und spielte damit herab, was sie ihm gegenüber empfand. Diese Gefühle teilte sie mit anderen jüdischen Matronen, die keine Söhne, aber heranwachsende Töchter hatten. Als sie ihn einmal im Scherz dafür tadelte, daß er noch immer Junggeselle sei, sagte er zu ihr: «Ich werde warten, bis eine Ihrer Töchter alt genug ist.» Käthe stand damals zufällig neben ihnen, und zufällig sah er Käthe dabei an.

Die Juden der ganzen Gegend strömten zu seinen ersten Auftritten, als sei Jom Kippur. Nach einem dieser Gottesdienste gingen Lise und Käthe auf den Hügeln außerhalb des Ortes spazieren. Es war windig, und das Gras reichte ihnen bis zu den Knien. Da improvisierten sie ein Lied.

Wie schnell soll ich zum Schrein gehen? Das ist die Frage.
Wo soll ich hinsehen? Das ist die Frage.
Was soll ich mit meinen Händen tun? Das ist die Frage.

Auf diese Weise versuchten sie, den Gefühlen Ausdruck zu verleihen, die der junge, durchaus erreichbare Mittler zwischen ihnen und Gott hervorrief. Was sie für ihn empfanden, kann nicht in dem Sinne Liebe gewesen sein: Schließlich waren sie erst zehn und neun Jahre alt. Was immer es war, dieses Gefühl gehörte zu Käthes gesamter Kindheit.

In Bielefeld gab es schon seit über fünfzig Jahren keine jüdische Schule mehr. Jüdische Kinder erhielten an zwei Nachmittagen pro Woche Unterricht beim Kantor, montags jüdische Geschichte und donnerstags biblisches Hebräisch. Bis Mitte der dreißiger Jahre wurde dieser Unterricht abwechselnd in verschiedenen Schulen der Stadt abgehalten, danach im Gemeindehaus neben der Synagoge. Den älteren Kindern erteilte der Rabbi samstags nach dem Gottesdienst Bibelunterricht.

Als Friedemann seinen Posten antrat, hieß es, er solle einmal wöchentlich nach Brackwede kommen, um dort die drei Enkelinnen des Vorsitzenden der Gemeinde zu unterrichten. Lise und Käthe beteten, dieser Traum möge in Erfüllung gehen. Aber als Hitler an die Macht kam, war noch immer nichts daraus geworden.

Erst als sie nach Bielefeld gezogen waren, begannen sie, am Unterricht teilzunehmen. Friedemann unterrichtete in einem Mädchengymnasium unweit der Stadtmitte, in einem der alten, romantischen Viertel, das nur von denen besucht wurde, die dort hingehörten, so kam es Käthe jedenfalls vor: Die alten Steine verlangten nach einer Art Zuneigung.

Das Schulgebäude wirkte von innen völlig verlassen. Man mußte dunkle, trostlose Korridore und Treppen hinter sich bringen, wo das Echo jedes Schrittes einen verriet, an vielen verschlossenen Türen vorbeigehen bis zu der einzigen, die offenstand und aus der bekannte Stimmen drangen. Lise und Käthe (Anne gehörte in die Gruppe älterer Mädchen) wollten nie die ersten sein, aber auch nicht die letzten. Wenn Friedemann erschien, wollten sie auf jeden Fall schon dasein, aus Respekt vor ihm, aber auch um ja keinen Augenblick seiner Gegenwart zu missen. Sein Anblick hatte auf sie die gleiche Wirkung wie plötzlich hervorbrechender Sonnenschein.

Friedemann war mittelgroß, schlank und hatte dunkelblondes gewelltes Haar. Wenn er sich über etwas wunderte, was oft geschah, fuhr er sich mit den Fingern durchs Haar, wobei ihm eine Locke in seine auffallend hohe Stirn fiel. Das Blau seiner Augen glich dem von Frühlingsblumen. Seine Gesichtszüge und seine Hände verrieten große Sensibilität. Man konnte ihn leicht verwirren, und die Mädchen wetteiferten darin, ihn zum Erröten zu bringen, und tatsächlich erglühte er dann vom Halsansatz bis über beide Ohren. Friedemann rot werden zu sehen war ein beeindruckender Anblick. Käthe wurde dann noch stiller; eines Tages fragte er Selma sogar: «Ist Ihre Jüngste ein wenig zurückgeblieben?» Das hatte sie nun davon, daß sie ihm keinen zusätzlichen Kummer machen wollte, wenn er seine Mühe hatte, die Klasse unter Kontrolle zu bekommen.

Eines Tages, es muß im Jahre 1935 gewesen sein, waren die Kinder so wild, daß er ihnen eine Strafarbeit aufgab. Sie mußten eine Seite hebräischen Text abschreiben. Vielleicht hatte ihm ein Freund dazu geraten, denn normalerweise verteilte er nicht einmal Hausaufgaben. Käthe hätte in ihrem Drang nach Anerkennung eigentlich von ihm erwartet, daß er sie vor allen anderen von der Strafarbeit befreite. Sie hatte zu dem Lärm nichts beigetragen, die anderen sogar aufgefordert, still zu sein und sich hinzusetzen. Friedemann selbst hatte gar nicht erst versucht, die Klasse zur Ruhe zu bringen. Wenn sie Anne gewesen wäre, hätte sie ihm vorgeschlagen, seine Geige mitzubringen. Wie immer nahm er keinerlei Notiz von ihr, nicht einmal als alle anderen gegangen waren und sie einen Augenblick lang allein waren.

Die Strafarbeit nicht zu machen hätte keinen Eindruck gemacht, denn sie nahm an, daß kein Mensch sie machen würde, und behielt damit recht. Das hebräische Alphabet, das sie zu schreiben gelernt hatten, war eine stilisierte Version der gedruckten Schrift. Es gibt auch eine kursive Schreibweise, die sehr viel schwieriger ist. Käthe lernte diese Schrift und schrieb damit die Textseite ab.

«Ich kann das nicht lesen», sagte Friedemann, als sie ihm vor dem Unterricht, auf den Stufen der Synagoge, die Seite überreichte. (In den Gemeinderäumen waren Handwerker, die das obere Geschoß umbauten. Dort sollte ein Café für Juden eingerichtet werden, weil sie andere Lokale nicht mehr betreten durften.) «Wo hast du denn diese Schrift gelernt?» fragte Friedemann. Statt auf ihre Antwort zu warten – wie immer in seiner Gegenwart konnte Käthe den Mund nicht aufbekommen –, fügte er hinzu: «Ich bin eben hinter dir hergegangen. Du hältst dich nicht gerade genug. Du gehst, als ob du irgend etwas suchst.»

Sie blickte beim Gehen auf den Boden, auf der Suche nach etwas, was man sicher nicht auf dem Straßenpflaster finden konnte.

Nach ihrem Umzug zurück in die Stadt waren alle drei Mädchen alt genug, um an den Freizeitaktivitäten teilzunehmen, die die jüdische Gemeinde ihren Kindern als Ausgleich für die zunehmende Diskriminierung anbot.

Anne sprach davon, Zionistin werden zu wollen, verwarf den Gedanken dann aber wieder: Sie sei deutscher als der Österreicher Hitler, sagte sie. Dieses Leben sei ihr Leben, und sie wolle allein entscheiden, wo sie leben wolle. Wenn sie nach Palästina ginge, dann nur, weil es ihr persönlicher Wunsch sei, und nicht, weil die Nazis sie aus Deutschland vertrieben. Zu der Zeit glaubte niemand, daß die übrigen Deutschen den Nazis nicht ihre Unterstützung verweigern würden, mit den Juden so zu verfahren, wie sie es planten.

Paul riet seinen Töchtern, der Deutsch-Jüdischen Jugend beizutreten, einer Vereinigung, die vom Reichsbund Jüdischer Frontsoldaten gegründet worden war. Lise und Käthe gingen ihrem Vater zuliebe zu einigen Treffen, es widerstrebte ihnen jedoch, sich als Deutsche bezeichnen zu müssen. Annes Selbstbewußtsein hatten sie zwar nicht, aber doch genügend Stolz, um sich zu weigern, den Wunsch zu äußern, dort bleiben zu dürfen, wo sie nicht erwünscht waren.

Die ältere Generation der Juden in Bielefeld wollte nichts mit dem Zionismus zu tun haben. «Es ist Wasser auf Hitlers Mühlen», argumentierten sie, «wenn wir behaupten, unser Heimatland sei ein anderes.» Sie konnten die jungen Leute um die Zwanzig nicht davon abhalten, sich der zionistischen Bewegung anzuschließen oder gar nach Palästina auszuwandern. Aber sie wehrten sich dagegen, daß zionistisches Gedankengut unter Kindern verbreitet wurde. Einzig der Gründung eines Makkabi-Turn-und-Sportverbandes stimmten sie zu. Lise und Käthe traten ihm bei. Anne weigerte sich. Sie hatte nichts für Sport übrig und vertrat die Meinung, auch ein ausschließlich jüdischer Verein sei rassistisch. Die Uniform des Verbandes war weiß-blau, das Emblem war im Blau der israelischen Flagge gehalten und bestand aus einer hebräischen Inschrift und dem Davidsstern.

Zu Beginn traf man sich Montag abends in der Turnhalle von Käthes alter Volksschule in der Nähe der Küglerstraße, später in einem der Gymnasien, wo es auch Sportgeräte für die älteren Gruppen gab. Lise und Käthe entdeckten, daß sie nach ihrem eigenen Kurs, wenn die jungen Erwachsenen an der Reihe waren, Friedemann beim Turnen in Turnhemd und Shorts zusehen konnten.

Diese Halle durften sie noch bis nach Käthes Pubertät benutzen. Lise war zu dünn, als daß sich ihre Brüste schon entwickeln konnten. Käthes Brüste wurden hingegen immer größer, endlich hatte sie einmal etwas, was Lise nicht hatte, was ihr Selbstbewußtsein ein wenig steigerte.

Der Sportverband traf sich noch in der ersten Turnhalle, und Lise und Käthe gehörten noch zu der Gruppe der Kleinsten, als ihnen eines Abends gesagt wurde, sie sollten bis zum Ende aller Kurse bleiben, dann würde etwas Wichtiges bekanntgegeben. Einige der Kinder protestierten, weil ihre Mütter sich Sorgen machen würden, wenn sie nicht pünktlich nach Hause kämen. Lise und Käthe sagten, daß sie ganz in der Nähe wohnten, und fragten, ob nicht eine von ihnen ihrer Mutter schnell Bescheid sagen dürfe. «Ihr müßt alle hierbleiben», wurde ihnen gesagt, «junge Juden müssen lernen, diszipliniert zu sein.»

Der Grundsatz, den allgemeinen Zweck über individuelle Interessen zu stellen, entfernte Lise so weit von Käthe, daß die beiden Schwestern, nachdem sie Deutschland verlassen hatten, schließlich getrennte Wege gingen. Jede lebte, als sei sie die einzige Überlebende, beinahe als sei die andere auch gestorben.

Die Bekanntmachung lautete, daß der Makkabi-Sportverband von nun an dem Makkabi Hazair zugeordnet sei, einer linken zionistischen Jugendorganisation. Alle Mitgliedschaften seien automatisch erloschen. Wer weiter in dem Verband bleiben wolle, müsse sich neu anmelden. Man riet ihnen, in Ruhe darüber nachzudenken. Lise und Käthe waren sofort entschlossen. Es tat ihnen gut, zu einer Gruppe zu gehören, und sie begrüßten den Gedanken, eventuell in einem Land leben zu können, das sie nicht nur willkommen hieß, sondern sie wirklich brauchte.

Sie waren in der Gruppe der Jüngsten, der ‹Küken›, die von Batya geleitet wurde, die sich im Jahr zuvor noch Brunhilde genannt hatte und mit Käthe in Salzuflen gewesen war.

Bis der Vorstand der jüdischen Gemeinde endlich nachgab und sie die Gemeinderäume benutzen durften, traf sich die Gruppe mit ihren durchschnittlich zehn Teilnehmern abwechselnd bei einem der Mitglieder zu Hause, meist bei denen, die zentral wohnten und deren Väter noch Geld verdienten. Die Mütter stellten ihnen dann Limonade und kleine Schälchen mit Mandeln und Rosinen hin. Sie trafen sich nie bei Batya, nicht etwa, weil die Eltern geschieden oder arm gewesen wären, sondern weil es eine polnische Familie war. Einige Mütter, einschließlich Selma, glaubten noch immer, die Nazis würden einen Unterschied machen zwischen den Juden aus Osteuropa und «uns deutschen Juden».

Sie trafen sich mittwochs, weil an diesem Tag Friedemann nachmittags keinen Unterricht gab, hauptsächlich aber, weil die Hitlerjugend und der BDM dann ihre Zusammenkünfte hatten. Einige jüdische Kinder, eine Zeitlang auch Käthe, aber niemals Lise, wären lieber Mitglieder der Nazi-Organisationen gewesen. Nur wenige Erwachsene und noch weniger Kinder begriffen damals schon deren wahres Wesen. Den Hitlerjungen und BDM-Mädchen wurde eingeimpft, sich selbst als Elite zu betrachten, und so sah sie auch der Rest der Bevölkerung, einschließlich der jüdischen Kinder, die nicht in ihren Organisationen aufgenommen wurden.

Die jungen Zionisten versuchten, das zu kompensieren, indem sie alles kopierten, worauf sie neidisch waren: Es gab auch bei ihnen Uniformen, bei ihren Treffen sangen sie am Lagerfeuer. Auch sie marschierten an den Wochenenden hinter Fahnen her, durch die Wälder und über die Heide. Sie sangen neben den modernen hebräischen Liedern auch die traditionellen deutschen und hatten somit zumindest den Vorteil, von zwei Kulturen zehren zu können. Im Unterschied zur HJ und dem BDM mußten sie zu zweit und dritt mit der Straßenbahn aus der Stadt hinausfahren, in unauffälligen Windjacken über ihren weißblauen Jacken, den Wimpel in der Tasche versteckt. Da Juden die städtischen Sportplätze nicht nutzen durften, hatten sie sich hinter Brackwede einen eigenen Platz hergerichtet.

Als Batya Ende 1935 nach Israel emigrierte, um in einem Kibbuz zu leben, wurde sie für Käthe noch wichtiger. Sie schrieb ihr lange Briefe, extrem lange Briefe, und lernte dabei, die eigenen Vorstellungen zu Papier zu bringen. Sie hatte Batya vorher nicht besonders geschätzt, ihre Beziehung war nicht sonderlich eng gewesen. Batya antwortete nicht, und Käthe gab es schließlich auf, ihr weiter zu schreiben. Daß sie überhaupt so lange durchhielt, lag nicht nur an ihrem Bedürfnis nach Selbstdarstellung; es faszinierte sie der Gedanke, daß ihre Ideen wie heimkehrende Tauben das Land Israel erreichen würden.

Unter Lottes Leitung wurden die Küken in *Deborah* umbenannt, die hebräische Bezeichnung für Biene. Lise und Käthe übernahmen es, einen neuen Wimpel anzufertigen. Lise schnitt ihn zu und nähte die Säume, Käthe zeichnete die Biene und die hebräische Inschrift. Den Raum dazwischen füllten sie mit Stickerei aus.

«Wie würdet ihr unseren neuen Namen deuten?» fragte Lotte die Gruppe. Es kam lange keine Antwort, doch dann sagte Lise: «So wie die Bienen Honig produzieren, haben die Juden die Bibel geschaffen. Andere haben sie uns fortgenommen und nutzen sie für ihre Zwecke.» Käthe wünschte, diese Antwort wäre ihr eingefallen.

Innerhalb der Familie hielt man Lise für dumm, jedenfalls im Vergleich zu ihren Schwestern. Aber manchmal machte sie Äußerungen, die Selma veranlaßten zu sagen: «Man merkt, daß du Rabbiner unter deinen Vorfahren hast.» Käthe machte das rasend eifersüchtig. Als Anne zum Beispiel einmal behauptete, Darwin habe bewiesen, daß die Welt nicht in sechs Tagen erschaffen worden sein könne, sagte Lise: «In der Bibel steht, daß für Gott tausend Jahre wie ein Tag sind, das ist die Erklärung.» Damit wiederholte sie keineswegs etwas, was sie schon einmal gelesen oder gehört hatte.

Käthe war noch nicht ganz zwölf, als Friedemann einen Kinderchor für den Synagogen-Gottesdienst zusammenstellte. Er versuchte, sie mit dem Argument, sie sei noch zu jung, auszuschließen. Am Ende seiner Unterrichtsstunde forderte er alle, die Lust hatten teilzunehmen, auf, am Freitag eine halbe Stunde vor Beginn des Gottesdienstes zu einer Besprechung in die Synagoge zu kommen. Selbstverständlich erschienen auch Lise und Käthe, zusammen mit etwa zehn weiteren Kindern.

«Nur wer älter als zwölf ist, kann mitmachen», sagte er, als sie sich auf den Bänken neben der Orgel hingesetzt hatten. Wahrscheinlich hat er gar nicht darüber nachgedacht, wie alt Käthe war. Sie war von den anwesenden Kindern eindeutig das kleinste, und er schaute in ihre Richtung, ohne sie wirklich zu sehen. «Die Jüngeren sind noch nicht vernünftig genug.» Vielleicht zitierte er Dr. Kronheim, den Rabbiner.

«Aber Käthe ist sehr vernünftig!» verteidigte sie die sonst so zurückhaltende Lise sofort energisch. «Das wissen Sie ganz genau, schließlich kennen Sie sie!» Sie war außer sich vor Wut.

Käthe saß da wie eine Schwachsinnige, sie war so fassungslos, daß sie nicht einmal weinen konnte.

Lise erklärte: «Wenn Käthe nicht mitmachen darf, will ich auch nicht.» Sie sang für ihr Leben gern. Sie beide liebten es, in der Synagoge zu sein, dem einzigen Ort in Bielefeld, wo sie ein unantastbares, unveräußerliches Recht hatten, sich aufzuhalten, ein Ort, der sicherer war als ihre eigene Wohnung, die sie nur monatsweise von einem arischen Hauswirt gemietet hatten, der ihnen jederzeit kündigen konnte. Sie liebten die Atmosphäre im Innern der Synagoge, die geprägt war von der Solidität des Bauwerks und den vielen unerforschlichen Gedanken, die die Menschen in diesem Raum gedacht hatten, und von ihren Gebeten. Die Synagoge erschien ihnen heilig. Wenn sie sich in ihr aufhielten, hatten sie das Gefühl, von dieser Heiligkeit berührt zu werden, wie Perlen auf eine traditionsreiche Kette gefädelt zu werden, die bis zum Tempel in Jerusalem zurückreichte, in die Zeit, als die Juden ein heroisches Volk waren. Auch aus diesen Gründen hatten sie dem Chor beitreten wollen.

Er müsse Käthe erlauben zu kommen, protestierten nun auch die anderen Kinder, nicht, weil sie an Käthe interessiert waren – was die machte, war ihnen gleichgültig –, sondern um sich mit Friedemann zu streiten, um ihre Kräfte zu erproben und wieder einmal gegen ihn zu rebellieren, vielleicht, weil er für sie das Jüdischsein personifizierte, das begann, ihr Leben zu überschatten.

Und wie immer gab er ihnen nach: Käthe durfte bleiben, wenn sie sich anständig benehmen würde. Käthe empfand das nicht als Sieg. Anne war der einzige Mensch in ihrem Leben, der sie so tief hätte verletzen können. Wie unbedeutend mußte sie sein, dachte sie, wenn sie, die ihn so grenzenlos liebte, in zwei Jahren Unterricht bei ihm überhaupt keinen Eindruck auf ihn gemacht hatte.

Wie sehr sie sich an jenem Tage wünschte, eine so schöne Stimme wie Lise zu haben!

Zum Glück testete er ihre musikalischen Fähigkeiten nicht, wahrscheinlich war ihm klar, daß er nehmen mußte, was sich ihm bot. Er setzte sich an die Orgel und forderte die Kinder auf, zu seiner Begleitung eines der Gebete zu singen, das sie vom Gotttesdienst kannten. Käthe machte alle Mundbewegungen mit, denn sie wollte ihn nicht enttäuschen. Aber aus demselben Grund wagte sie nicht, auch nur einen Ton von sich zu geben.

Im Laufe jenes Jahres emigrierten immer mehr Juden, und der Erwachsenenchor hatte kaum noch Mitglieder. Von da an sang er nur noch an den hohen Festtagen. In den Sabbat-Gottesdiensten am Freitagabend und am Sonnabendmorgen mußten die Kinder singen und Gott preisen und ihm danken, daß er sie als Juden erschaffen hatte.

ACHT

BIS sie zwölf Jahre alt war, glaubte Käthe, das Unheil, das ihr widerfuhr, weil sie Jüdin war, würde innerhalb der Grenzen des Erträglichen bleiben.

Das Schuljahr endete zu Ostern. Am letzten Schultag las der Lehrer, als er die Zeugnisse verteilte, die Namen der Schülerinnen in der Reihenfolge ihrer Leistungen vor. Käthe wurde als erste genannt, dann folgte Ingrid. Lores Name kam erst, als die Klassenkameradinnen schon aufgehört hatten zu zählen.

Als die Klasse, jetzt die Quinta, sich nach den Ferien wieder versammelte, rannten alle durcheinander, um die neuesten Nachrichten auszutauschen. Nur Käthe stand allein da, sie hatte niemanden, mit dem sie hätte reden können. Da kam plötzlich Ingrid auf sie zu und fragte: «Wollen wir zusammensitzen?»

Das Schicksal war Käthe hold: Im Laufe der Ferien hatten Ingrid und Lore sich gezankt; worüber, konnte Käthe nicht in Erfahrung bringen. Ihre Freundschaft mit Ingrid ging nie so weit, daß sie wirkliche Vertraulichkeiten austauschten. Sie begann vielversprechend, entwickelte sich aber nicht weiter. Und doch waren die ersten Wochen jenes Schuljahres die schönsten in Käthes Schulzeit, gehörten sie zu den glücklichsten ihrer Kindheit.

Die Mädchen, die nicht am Sportunterricht teilnehmen konnten, sahen immer vom Balkon aus zu. Als Käthe einmal eine Erkältung hatte, stand sie dort oben, beobachtete

Ingrid und dachte, ich liebe dieses Mädchen. Nach der Stunde erzählte sie Ingrid, man könne sie nicht aus den Augen verlieren, weil sie das hellste Haar, die weißeste Haut und den hübschesten Körper habe. Ingrid sagte darauf, Käthe könne man ebenfalls nicht aus den Augen verlieren, weil ihr Haar und ihre Haut am dunkelsten seien und sie überhaupt «so süß wie ein Kätzchen» sei. Dieses Kompliment bedeutete Käthe bei weitem nicht soviel wie die Tatsache, daß Ingrid überhaupt nach ihr Ausschau gehalten hatte.

Sie müssen ein auffälliges Paar gewesen sein, die strahlende Arierin und die ernste, dunkle Jüdin. Nur Ingrid konnte eine solche Freundschaft gegenüber dem Rest der Klasse vertreten. Ingrids Ansehen wurde dadurch nicht gemindert, Käthes dafür gehoben, sie wurde zur Adjutantin der Königin der Klasse. Ihr selbst war das gleichgültig. Wenn nur Ingrid ihre beste Freundin war, brauchte sie sonst niemanden aus der Klasse. Eine Weile sah es so aus, als ob auch Ingrid keine anderen Freundinnen haben wollte.

Sie wohnte in einer wohlhabenden Gegend, die Käthe kannte, weil der Rabbiner, Dr. Kronheim, dort wohnte. (Inzwischen gab es allerdings ohnehin keine Straße in Bielefeld, die Lise und sie nicht schon durchwandert hatten, wie es auch in Brackwede im ganzen Wald kein Fleckchen gab, das sie nicht erforscht hatten.) An den ersten Tagen ihrer Freundschaft fuhren Käthe und Ingrid mit der gleichen Straßenbahn nach Hause. Ingrid stieg nach vier Haltestellen aus, aber trotzdem genoß es Käthe ungemein. Wenn sie dann allein weiterfuhr, glühte sie innerlich, als sei Ingrid für sie eine Art Sonnenschein. Diese innere Wärme durchdrang sogar ihre dicke Haut. «Endlich hast du einmal etwas Farbe auf den Wangen!» sagte ihre Mutter und fühlte ihr die Stirn.

Käthe wünschte sich oft, nie geboren zu sein. In jenen Wochen wünschte sie sich das nicht.

«Reg dich bitte nicht auf, wenn ich an einem der nächsten Tage etwas später komme», sagte sie zu ihrer Mutter, und da sie, wie immer, viel zuviel vom Leben erwartete, fügte sie hinzu: «Sollte ich noch nicht dasein, wenn Vater kommt, müßt ihr nicht auf mich warten. Es kann sein, daß ich dann bei einer Freundin zu Mittag esse.»

Der Tag kam, an dem Ingrid sie bat, sie bis ganz nach Hause zu begleiten.

Der Garten war von einer mannshohen Hecke umgeben und diese wiederum von einem Holzlattenzaun. Das massive Gartentor mußte vom Haus aus geöffnet werden. Der Garten war so groß, daß auch hohe Bäume darin Platz hatten. Das Haus war mit Türmchen versehen. Käthe kam nie weiter als bis in die Eingangshalle. Eines Tages wurde sie dort von Ingrids Vater auf sehr freundliche Weise ausgefragt. Entweder gelang es ihr zu verbergen, daß sie Jude war (der verächtliche Begriff war ‹Jude›, niemals ‹Jüdin›), oder es machte ihm nichts aus. Als er hörte, daß Käthe aus einem Stadtteil kam, der noch weiter entfernt war, und morgens zu Fuß zur Schule ging, empfahl er seiner Tochter, nicht so faul zu sein und statt mit der Straßenbahn mit der Freundin zur Schule zu laufen.

Um Ingrid abzuholen, mußte Käthe nun einen kleinen Umweg machen. Um in Ingrids Gesellschaft zu sein, wäre sie aber sicher auch noch sehr viel weiter gelaufen. Für Ingrid mußte sie Lise im Stich lassen. Käthe war es so unangenehm, sie allein gehen zu lassen, daß sie anbot, ihr die Hälfte des Fahrgelds für die Straßenbahn zu geben.

Wenn sie Ingrid nach Hause begleitet hatte, spielte Käthe mit ihr noch im Garten Ball. Die zwei Jahre jüngere Schwester, eine blasse Kopie von Ingrid, spielte dann auch mit. Ihre Mutter brachte ihnen einmal Limonade nach draußen. Wenn Käthe sich nicht dieser Details hätte erinnern können, wäre sie zu dem Schluß gekommen, ihre Freundschaft mit Ingrid habe es nur in ihrer Einbildung gegeben.

Selbstverständlich wußte sie, daß diese Freundschaft nicht von Dauer sein konnte, daß die Zeiten und überhaupt die Zeit gegen sie waren. Sie meinte, sie sei mehr wert als Lore, wenn auch nicht sehr viel mehr. Vielleicht hatte Ingrid sie ja anfangs nur ausgenutzt, um Lore eifersüchtig zu machen, und fand Käthes Gesellschaft nun doch ganz angenehm, oder sie wußte nicht, wie sie Käthe wieder loswerden sollte, nachdem sie sich erst so um sie bemüht hatte. Oder aber sie wollte sich selbst oder ihren Klassenkameradinnen beweisen, daß sie zur Freundin nehmen konnte, wen immer sie wollte. Mag sein, daß sie ihre Unabhängigkeit demonstrieren wollte, ihre Entschlossenheit, den Gesetzen Hitler-Deutschlands die Stirn zu bieten. Oder sie hatte eine Wette abgeschlossen. Diesem Mädchen war, genauso wie Anne, alles zuzutrauen.

In ihrer Beziehung gab es viel zuwenig Wärme und viel zuviel Zurückhaltung, als daß Käthe, die sich eigentlich gerne etwas vormachte, annehmen konnte, sie seien wirklich beste Freundinnen. Ingrid war zwar noch nicht dem BDM beigetreten, aber sie hatten auch so sehr wenige gemeinsame Lebensbereiche. Immerhin waren sie noch Freundinnen, als die Sommerferien begannen. Käthe sollte wegfahren, und sie versprachen sich gegenseitig, einander zu schreiben.

In jenem Sommer schickte der Jüdische Frauenbund Käthe in ein Kinderheim im Taunus. Bei der Anmeldung zu diesem Aufenthalt überließ man es ihr, zu entscheiden, wie lange sie bleiben wollte. Ohne zu zögern, sagte sie: «Vier Wochen!» Das war die längste Zeitspanne, die angeboten wurde. Sie nahm sich immer soviel wie möglich von dem, was man ihr bot, und sie glaubte, inzwischen zu alt zu sein, um noch Heimweh zu bekommen, auch nicht an ihrem zwölften Geburtstag, den sie dort verbringen würde, wenn sie so lange blieb. Wenn sie noch nicht so unabhängig wie Anne war, dann lag das ihrer Überzeugung nach nur an dem Bedürfnis ihrer Mutter, sie dauernd wie ein Baby zu behandeln.

Schwestern eines protestantischen Ordens, wie die, die in Brackwede die Bibelstunden geleitet hatten, machten auf den Bahnhöfen Dienst und halfen ihr, in Dortmund umzusteigen und in Frankfurt jene Gruppe von Kindern zu finden, der sie sich anschließen sollte. Die Kinder kamen aus einem Waisenhaus in Köln. Es waren so viele, daß sie das Heim allein hätten füllen können, außerdem waren sie alle orthodox. So fühlte sich Käthe sofort wieder als Außenseiterin. Hinzu kam, daß die meisten Helfer und Helferinnen im Heim ebenfalls aus dem Kölner Waisenhaus kamen. Sie und die übrigen Kinder kannten einander, nur Käthe war allen fremd.

Sie redete sich selbst gut zu: Dieses ist das dritte Mal, wo ich von zu Hause fort bin. Ich muß mich einfach daran gewöhnen. Aber sie war zum erstenmal unter völlig fremden Menschen. Weil sie die Regeln nicht kannte, nach denen die anderen zu leben gewohnt waren, lachten sie sie aus und fragten: «Bist du sicher, daß du Jüdin bist?» Sie ließ sich von ihnen belehren und ahmte sie nach. Obwohl die anderen Kinder zum größten Teil jünger waren als sie, stellte Käthe keine Fragen und wehrte sich gegen nichts, denn sie sehnte sich nur danach dazuzugehören.

Da alle Waisenkinder waren, hielten sie selbstverständlich auch Käthe für eine Waise, die von irgendwelchen Pflegeeltern, die froh waren, sie für eine Weile los zu sein, ins Kinderheim geschickt worden war. Denn daß sie nicht aus einem anderen Waisenhaus kam, das hatten sie in Erfahrung gebracht. Ihr, die sie so gern Geschichten erzählte, war es eine große Verlockung, daraus eine Geschichte zu konstruieren. Wenn man aber Eltern hatte, durfte man keine Lügengeschichten über sie erfinden, denn Lügen konnten zur Strafe wahr werden. Auf der anderen Seite fand sie es nicht richtig, Waisenkindern gegenüber das Zuhause und die Eltern zu erwähnen, denn es würde ihnen nur weh tun. Die Tatsache, daß es ihr besserging als den anderen Kindern, hätte diese nur in ihren Vorurteilen gegen sie bestärkt. Sie entschloß sich also, auf Fragen nach ihrer Herkunft nicht zu antworten. Das machte sie für einige Zeit interessant. Aber eines Tages bekam sie einen Brief von zu Hause, den ihr sofort jemand aus der Hand riß.

Die Kinder folgerten, daß Käthe nur deshalb so geheimnisvoll getan hätte, weil sie sich für etwas Besseres hielt. In dreieinhalb Wochen würde sie dieses Mißverständnis niemals ausräumen können.

Das Heim bot dreißig Kindern Platz. Es lag in einem großen Park auf bewaldeten Bergen oberhalb von Rüdesheim. Die Umgebung erinnerte Käthe an Brackwede. Wenn das Wetter es zuließ, gingen sie zweimal am Tag spazieren, immer zu zweit, Hand in Hand. Sie war meist unter den letzten, die einen Partner fanden, irgend jemanden, den sonst keiner wollte. Kaum daß sie die Straße verlassen hatten, durften sie die Marschordnung aufgeben.

Im Wald fühlte sich Käthe zu Hause und gegenüber den Stadtkindern im Vorteil, obwohl sie ja eigentlich auch ein Stadtkind war. Sie hatten zwar nur drei Jahre in Brackwede gewohnt, aber diese Zeit hatte sie doch für ihr ganzes Leben geprägt.

Im Gegensatz zu den anderen Kindern kannte sie die Namen der Bäume, Büsche und Blumen, und wenn nicht, dann erfand sie welche. Wußte einer der Erwachsenen besser Bescheid, sagte sie: «Bei uns in Westfalen nennt man die aber so», wohl wissend, daß keiner das Gegenteil beweisen konnte. Beim Brombeerenpflücken stürzte sie sich in das Dornengestrüpp, bis Arme und Beine zerkratzt und blutig und ihre Kleider zerrissen und voller roter Flecke waren. «Aber Käthe, das brauchst du doch nicht», sagte die Helferin zu ihr. Käthe selbst sah das anders: Als Wald-Expertin mußte sie die erste sein, deren Marmeladeneimer voller Beeren war.

Zwischen Käthe und ihrer Mutter bestand die stille Übereinkunft, daß sie dieses Mal alle Probleme selber in die Hand nehmen würde. Sie machte sich Sorgen um ihre Verdauung. Diese Angst, das andere Essen, hauptsächlich aber die Tatsache, daß sie sich genierte, zur Toilette zu gehen, als wäre sie die einzige, die dieses Bedürfnis hatte, führten zu einer Verstopfung. Höchstens drei Tage dürfe man vergehen lassen, ohne abzuführen, hatte sie von ihrer Mutter gelernt. Noch länger abzuwarten wagte sie nicht. Was würde passieren, wenn sie nichts unternahm?

Selma griff in der Regel zu gedünsteten Feigen oder Pflaumen. Käthe bat um irgendein vergleichbares Mittel und landete darauf in einer Gruppe von zwei Jungen und drei Mädchen, die Einläufe bekommen sollten. Nach der Mittagsruhe, als die anderen sich für den Nachmittagsspaziergang versammelten, wurde ihnen gesagt, sie sollten dableiben. Jeder wußte, worum es ging, und Käthe war das furchtbar peinlich. Andererseits war ihr Verlangen nach Zuwendung so groß, daß sie sich auch ein wenig freute.

Dr. Griesbach hatte nach Salzuflen auch einen Einlauf verordnet, sie wußte also, was auf sie zukam. Zwei Helferinnen, die noch sehr jung waren, nahmen sich ihrer an, vielleicht Schwesternschülerinnen im Praktikum. Die zweite, wurde den Kindern erklärt, sei nur da, um sie während des Einlaufs festzuhalten. Man brauche sie nicht festzuhalten, beteuerte Käthe und kam prompt als erste an die Reihe. Sie wurde gelobt und den anderen als Beispiel vorgehalten, weil sie so vernünftig war. Mit zusammengekniffenen Pobacken sauste sie vom Schlafsaal zu den Toiletten. Hinterher war ihr so viel wohler, daß sie befand, die peinlichen Momente seien damit aufgewogen. Die Tatsache, daß die Tortur nun überstanden war, mag auch zu ihrer Erleichterung beigetragen haben.

Die beiden Helferinnen lächelten ihr anerkennend zu, wenn sie ihr begegneten. Jetzt kannten sie ihren Namen. «Wir brauchen dich, um den anderen zu zeigen, wie man es macht», sagten sie ein paar Nachmittage später, und als Käthe ihnen erklärte, sie habe gar keine Verstopfung mehr, entgegneten die Helferinnen nur, es würde ihr nicht schaden, und benutzten Käthe für den Rest ihres Aufenthaltes als Demonstrationsobjekt, um den anderen Kindern zu beweisen, daß ein Einlauf kein Grund zur Aufregung sei. «Käthe hat sich freiwillig zur Verfügung gestellt», behaupteten sie. Das stimmte überhaupt nicht. Sie schaffte es einfach nicht, sich gegen liebevolle Zuwendung zur Wehr zu setzen.

Fünf Tage bevor sie wieder nach Hause fahren sollte, hatte sie Geburtstag.

Selma machte viel aus Geburtstagen. Wenn Annes und Lises Geburtstag auf einen Schultag fielen, fanden sie morgens beim Frühstück nur ein Buch an ihrem Platz. Aber Käthe konnte damit rechnen, daß sie schon am frühen Morgen alle ihre Geschenke bekam, festlich auf einem weißen Damasttischtuch arrangiert und mit Karten und Blumen dekoriert. Lise hatte zwei Tage nach Anne Geburtstag, Käthe war erst zwei Monate und zwei Tage später dran. Seit der Zeit, als sie noch zu klein war, um zu begreifen, daß sie noch nicht an der Reihe war, war es Tradition, daß sie, wenn ihre Schwestern Geburtstag hatten, auch ein oder zwei Päckchen bekam, und wenn dann ihr Geburtstag kam, zählten diese Geschenke schon nicht mehr mit.

Es gelang Selma immer, für etwas so Wichtiges wie Geburtstagsgeschenke ein wenig Geld zusammenzukratzen. So verkaufte sie altes Spielzeug und Bücher ihrer Töchter, oder die Porzellanfiguren, die sie einmal gesammelt hatte. (Sie besaß zwar auch wenig Schmuck und Tafelsilber, aber diese Dinge gab sie in weiser Voraussicht nicht her.) Besonders für Käthe, für die die Anzahl der Geschenke besonders wichtig war, durchforschte sie die Geschäfte und Märkte und konnte sogar vom Dezember bis in den August hinein Dinge aufbewahren, die eigentlich als Weihnachtsbaumschmuck gedacht waren, wie zum Beispiel die Muscheln, aus denen im Wasserglas Papierblumen in den leuchtendsten Farben erblühen. Selbst eine Haarspange oder ein besonderes Band waren schon eingepackt, wunderschöne Geschenke, oder ein Satz hübscher Knöpfe für eines der geerbten Kleider.

Selma hatte Käthe vorgewarnt, sie dürfe kein Paket erwarten, sie würden ihren Geburtstag feiern, wenn sie wieder zu Hause wäre. Sie wird gewußt haben, daß Käthe sich so auf das erste Postpaket ihres Lebens freuen würde, daß der Inhalt sie zwangsläufig enttäuschen mußte. Die Geburtstagskarte und der Brief kamen einen Tag zu früh an. Briefe von zu Hause machten Käthe traurig: Es kam ihr so vor, als ob die Liebe, die dort auf sie wartete, eine Speise sei, die verderben würde, wenn sie sie nicht rechtzeitig zu sich nahm.

Nun erlebte sie zum erstenmal, was es hieß, seinen Geburtstag im Kreis von Menschen zu verbringen, die nicht wußten, was der Tag für sie bedeutete. Sie brannte darauf, es irgend jemandem zu sagen, aber ein Glückwunsch, um den man selbst gebeten hatte, war nichts wert. Es war doch so ein wichtiges Ereignis, zwölf Jahre alt zu werden! Natürlich wäre auch jeder andere Geburtstag, den andere ignoriert hätten, für sie selbst so wichtig gewesen. Genauso, wie sie sich selbst extrem wichtig nahm, ohne sich darüber im klaren zu sein, daß das eine Folge der Erfahrung war, wie wenig sie der Welt außerhalb ihrer Familie bedeutete – und wie wenig ihre Familie dieser Welt bedeutete.

Zum Nachmittagskaffee bekam sie einen Kuchen mit rosa Kerzen. Er kam zu spät, er konnte weder Trost noch Ersatz sein. Es war ihr nur peinlich.

Mehr noch als über die Möglichkeit, mit Ingrid zusammenzusein, hätte sie sich über einen Brief von ihr gefreut. Das geschriebene Wort hatte für sie eine so große Bedeutung, daß sie die Planung ihrer Ferien danach ausrichtete: Wenn sie volle vier Wochen fortblieb, würden Ingrid und sie genug Zeit haben, sich Briefe zu schreiben (sie wären etwas Greifbares gewesen, womit sie sich hätte trösten können, wenn die Freundschaft zu Ende gegangen wäre).

Von Anfang an wartete sie mit größerer Spannung auf einen Brief von Ingrid als auf Post von zu Hause. Die Briefe von daheim bewiesen ihr nur, daß es nicht an der Post lag, wenn sie noch keinen Brief von Ingrid bekommen hatte. Am liebsten wäre es Käthe gewesen, Ingrid hätte zuerst geschrieben, dieser Brief wäre dann noch mehr wert gewesen. Andererseits wollte sie sich dieses schreckliche Warten ersparen. Sie dachte zuviel an sie, mit viel zu vielen Emotionen, sie liebte das Briefeschreiben viel zu sehr, als daß sie sich hätte zurückhalten können. Sie schrieb so interessant, wie sie nur konnte, damit Ingrid sich freute, von ihr zu hören. Aber sie schrieb auch «Du fehlst mir ganz entsetzlich» und «Ich zähle die Tage, bis ich Dich wiedersehe» und schloß mit «Alles Liebe, für immer Deine...» Und das alles meinte sie so, wie es da stand. Von Ingrid kam nichts.

Nach etwa vierzehn Tagen schrieb sie noch einmal. Sie wußte, daß sie sich in ihren Briefen nach Hause beherrschen mußte, damit ihre Mutter sich nicht ängstigte. Dem Bedürfnis, sich beim Schreiben gehenzulassen, gab sie in dem Brief an Ingrid nach. Sie fragte: «Warum hast Du nicht geschrieben? Warum hast Du mir nicht geantwortet? Was habe ich falsch gemacht? Sag doch, wenn Du irgend etwas mißverstanden hast. Du brauchst es mir nur zu schreiben, Du kannst mir alles sagen. Du kannst Dich vollkommen auf mich verlassen. Nichts kann meine Gefühle für Dich verändern. Ich liebe Dich. Ich werde Dich immer lieben, nimm diese Liebe einfach an. Ich liebe Dich genug für uns beide.»

Im Umkleideraum des Sportplatzes, den die Volleyballmannschaft der Sarepta-Schule in den Ferien benutzte, las Ingrid diesen Brief einigen Klassenkameradinnen vor.

Das erfuhr Käthe von Grete, einem kräftigen Mädchen aus einer Missionarsfamilie, das immer nett zu ihr gewesen war. Grete sagte: «Sie haben alle über deinen Brief gelacht, und Ingrid hat sich über dich lustig gemacht.»

Ingrid und Lore hatten sich wieder vertragen. Am ersten Tag des neuen Schuljahrs tauschte Ingrid ihren Platz gegen den der Banknachbarin von Lore. Sie tat es, ohne Käthe ein Wort darüber zu sagen. Sie sprach überhaupt nicht mit Käthe, sah sie nicht einmal an. In ihren Augen existierte Käthe nicht mehr. Nicht einmal Feindschaft brachte sie ihr entgegen.

Das tat weh, und Käthe wußte nicht, wie sie damit fertig werden sollte. Ingrid anzusehen und mit ihr zu sprechen, das konnte sie vermeiden, aber gegen ihre eigenen Gefühle war sie machtlos. Sie konnte das, was geschehen war, einfach nicht akzeptieren. Obwohl sie es befürchtet hatte, traf es sie doch völlig unvorbereitet. Sie hatte nicht gedacht, daß es so schnell passieren könnte und so niederschmetternd sein würde. Sie klammerte sich an den Gedanken, es könne gar nicht wahr sein, werde nicht für immer so bleiben: Ingrid, die schon zweimal ihre Meinung über Lore geändert hatte, würde auch über Käthe wieder anders denken. Sie redete sich selber ein, Ingrid wolle sie nur auf die Probe stellen. Und so schöpfte sie mit jedem Schultag neue Hoffnung auf ihren großen Augenblick. Sonst hätte sie es gar nicht geschafft, weiter zur Schule zu gehen – wo einige der Mädchen und auch einige der Lehrer schon in Nazi-Uniformen erschienen.

Es war die Zeit der Poesiealben. Als sie noch befreundet waren, hatte Käthe ihr Album Ingrid gegeben, und Ingrid hatte es noch immer. Eines Morgens bat Käthe sie, es ihr zurückzugeben. Das Buch war ihr gleichgültig, wichtig war nur, was Ingrid hineingeschrieben hatte. Es war für sie nur ein Vorwand, Ingrid anzusprechen, ihr deutlich zu machen, daß sich für sie nichts geändert habe, ihr die Möglichkeit zu geben, ihre Haltung zu ändern, ohne das Gesicht zu verlieren.

Ingrid sah sie an, sah durch sie hindurch, als ob sie nie Arm in Arm miteinander gegangen wären.

Grete mußte das beobachtet haben, oder jemand muß es ihr erzählt haben, jedenfalls sagte sie zu Käthe: «Ich würde gern in dein Poesiealbum schreiben, soll ich es mir von Ingrid geben lassen?»

«Das ist nicht nötig», log Käthe. «Sie hat gesagt, sie bringt es mir mit.» Die letzte Verbindung zwischen ihnen war das Album.

Seit Ingrid nicht mehr mit ihr befreundet war, litt sie von Tag zu Tag mehr unter ihrer Isolation. Der Kontrast zu der Zeit vor den Ferien tat ihr weh, etliche Mädchen, die sich früher noch mit ihr unterhalten hatten, gingen jetzt auf Distanz, entweder weil sie zu Ingrid hielten oder weil sie sich inzwischen die Nazilehren über die Juden zu eigen gemacht hatten. Während der Pausen war Käthe nun wieder auf Lises Gesellschaft angewiesen. Sie zog sich immer an den äußersten Rand des Schulhofes zurück, weil sie das Gefühl brauchte, im Rücken geschützt zu sein.

Oft hatte sie das eine Bild vor Augen: Ingrid, umringt von ihren Klassenkameradinnen, wie eine Königin, die Hof hielt. Eines Tages aber trat sie aus der Menge heraus und ging auf Käthe zu, die anderen folgten ihr in einer Phalanx. Sie hielt Käthes Poesiealbum in der Hand, überreichte es ihr und sagte: «Ich kann da nichts hineinschreiben. Du mußt wissen, ich bin nämlich ein *deutsches* Mädchen.»

Bin ich denn kein deutsches Mädchen? fragte sich Käthe.

NEUN

ANNE war im zweiten Halbjahr der Obertertia und wenige Monate zuvor vierzehn geworden, als sie mit der Schule aufhörte. Sie war einigen Lehrern schon lange ein Dorn im Auge gewesen, denn sie konnte Ungerechtigkeiten nicht ausstehen, ob sie nun Klassenkameradinnen oder historische Figuren betrafen. Mehr als einmal war sie wegen ihrer Aufsässigkeit zum Direktor geschickt worden. Einmal zum Beispiel hatte sie darauf bestanden, daß Heinrich Heine im Sinne der nationalsozialistischen Gesetze Jude gewesen sei – obwohl er sich taufen ließ und zu seiner Zeit deshalb als Christ gegolten hatte. «Ist ja gut», hatte der Lehrer gesagt, «setz dich, Anne.» Aber sie war stehen geblieben und hatte weiter argumentiert, wenn es rechtens gewesen sei, Heines Bücher zu verbrennen, dann müßte auch das Lied «Die Lorelei», die Vertonung seines gleichnamigen Gedichtes, verboten werden. Wenn es aber weiter gesungen werden dürfte, dann müßte man auch zugeben, daß die Nazis mit dem Verbrennen von Heines Werken einen Fehler gemacht hätten.

Anne war schon größer als Selma, sehr groß für ein Mädchen aus der Generation, die im Deutschland der Hungerzeit nach dem Ersten Weltkrieg geboren wurde. Sie hielt sich immer äußerst gerade, marschierte eher, als daß sie ging, so selbstsicher war sie, oder zumindest wollte sie diesen Eindruck erwecken. Ihr Haar war so kräftig wie Käthes und so schwarz wie Lises. Es war wellig und so kurz, daß man ihre Ohrläppchen sehen konnte. Eine Locke frisierte sie so, daß sie ihr in die Stirn fiel, das gab ihr etwas Herausforderndes. Ihre Haut war so weiß wie Selmas Haut, allerdings nicht so zart, und voller Sommersprossen. Ihre Nase war nicht so groß wie die von Käthe und sah nicht so jüdisch wie die von Lise aus. Sie hatte nicht, wie ihre Schwestern, Pauls dünne Oberlippe geerbt. Je mehr sich ihre Brüste entwickelten, um so schlanker wurde ihre Taille. Ihre Figur war ebenso schön wie ihr Gesicht. Ihr einziger Makel waren ihre Beine, ihre Unterschenkel und Fesseln waren zu dick. Jungen und Männer, selbst die, die Nazi-Uniformen trugen, schauten sich jetzt nach ihr um. Sie tat so, als sei sie an keinem von ihnen interessiert. Aber Selma und sie tauschten sehr wohl verständnisinnige Kommentare über sie aus.

Eines Tages in jenem Herbst wurde ihre Klasse aufgefordert, am Sonnabend für das Winterhilfswerk im Wald Bucheckern zu sammeln. Anne meldete sich; als sie aufgerufen wurde, stand sie auf und verkündete, sie weigere sich, sie sei Pazifistin. Die Regierung investiere das Geld, das vom Winterhilfswerk angeblich zum Wohl der Armen eingesammelt würde, in die Wiederaufrüstung. Das sollten ihre Klassenkameradinnen ruhig wissen.

Die Lehrerin ließ sich auf keine Diskussion ein, sondern behauptete einfach, das Bucheckernsammeln sei Pflicht. Anne handelte stets nach ihren Überzeugungen. Am Montagmorgen wurde sie zum Direktor gerufen.

Zu Hause erzählte sie, wie das Gespräch verlaufen war: «Warum bist du nicht mitgekommen?» fragte der Direktor, und sie antwortete: «Weil das Bucheckernsammeln den Nationalsozialisten geholfen hätte, internationales Recht zu brechen.» Sie meinte den Vertrag von Versailles.

«Als Jude kannst du dir nicht leisten, diese Regierung

anzugreifen», sagte er, und sie entgegnete: «Als Jude kann ich mir nicht leisten, anders zu handeln.»

Er seufzte und fragte sie: «Wenn ich dir etwas ganz im Vertrauen sage, wirst du es dann niemandem weitersagen – außer deinen Eltern natürlich?» Der Vater einer ihrer Klassenkameradinnen sei ein hochrangiger Nazi. Er habe protestiert, weil seine Tochter schlechtere Noten bekommen habe als eine Jüdin. Was, so fragte er Anne, solle man da tun? «Das ist Ihr Problem», sagte Anne und sah ihm so lange fest in die Augen, bis er wegsehen mußte.

Er wartete, um ihr Zeit zu lassen, noch einmal nachzudenken, aber das brauchte sie nicht. Schließlich fragte sie ihn: «Wie können Sie etwas tun, das Sie selbst nicht einmal in Worte fassen können?»

Er sagte: «Sag deinem Vater, daß es mir unendlich leid tut. Aber du läßt mir keine Wahl.»

Mit den Worten: «Ich dachte, Sie leiten diese Schule» drehte sie sich um und verließ sein Büro.

Es war noch immer Pause. Während sie mit Lise sprach, läutete es. Sie holte Käthe aus ihrem Klassenzimmer, um auch mit ihr zu sprechen. «Ich wollte dir nur erzählen, daß ich nach Hause gehe.» Mehr sagte sie nicht. Sie muß sich in dem Augenblick irgendeine Art von Hilfe von ihren Schwestern erhofft haben, konnte oder wollte sie aber um nichts bitten.

«Was ist geschehen?» fragte Käthe und lief die breite Treppe hinunter hinter ihr her. Unten stand der Direktor und wartete auf Anne. «Meine Liebe, tu nichts Übereiltes, deine Schwestern brauchen doch nicht...» Er muß geglaubt haben, sie wolle sie gleich mitnehmen. Aber ihr Stolz war ihr nicht so wichtig wie die Schulausbildung ihrer Schwestern.

«Geh zurück in deine Klasse», sagte der Direktor zu

Käthe. Es fiel ihm schwer, seinen Blick von Anne zu wenden. «Sag deinem Lehrer, daß du zu spät kommst, weil ich dich aufgehalten habe.» Anne bedeutete ihr mit einem kurzen Blick, zu tun, was er gesagt hatte, und mit glühenden Wangen kehrte Käthe in die Klasse zurück. Sie fühlte sich sehr wichtig.

Aber nach der Stunde lief sie gleich zu Lise. Was war bloß geschehen? fragten sie sich. Ob den Eltern etwas zugestoßen war? Das Herz schlug ihnen bis zum Hals, als sie ins Sekretariat gingen und baten, zu Hause anrufen zu dürfen.

«Ihr geht doch sowieso nach der nächsten Stunde nach Hause», sagte die Sekretärin, «dann könnt ihr doch alles fragen, was ihr wissen wollt.» Sie trug ein schwarz-weißrotes rundes BDM-Abzeichen, das fast genauso aussah wie Lises und Käthes Anstecknadeln, die sie bekommen hatten, weil sie Fahrräder der Marke Görike besaßen. Aber das Abzeichen der Sekretärin verlieh seiner Trägerin charismatische Autorität.

Nach der Schule rannten sie den Berg hinab und erwischten gerade noch eine Straßenbahn, riskierten ihr Leben beim Umsteigen auf dem Jahnplatz und waren noch immer außer Atem, als sie an ihrer Haltestelle wieder ausstiegen. Auch den Rest des Weges rannten sie, Lise achtete darauf, daß Käthe mit ihr Schritt halten konnte.

Die Erinnerung an die Katastrophen, die sie sich ausgemalt hatten und von denen damals zum Glück keine eingetroffen war, war für sie in den folgenden Jahren immer wieder eine Beruhigung.

Anne erklärte: «Ich bin nicht etwa rausgeworfen worden, ich bin von selbst gegangen.»

Anne behauptete immer, daß sie die «Katag», eine Fabrik, die Hemden und Schürzen herstellte, «besuchen» würde, in Wirklichkeit aber arbeitete sie dort. Ihre Tätigkeit wurde als Weißnäherei bezeichnet, ein Spezialgebiet des Schneiderhandwerks, das Lise dann später richtig erlernt hat. Anfangs verbrachte Anne ihren Arbeitstag an einem Tisch und krempelte Stoffhüllen um. Sie machte ihre Handbewegungen zu Hause nach und imitierte ihre Kollegen, bis Selma vor Lachen die Tränen kamen. Anne war der Ansicht, Mitleid schlage schnell in Verachtung um, und es war ihr Stolz, den Eindruck zu erwecken, sie meistere ihr Leben selbst.

Sie war nicht besonders geschickt, hatte nie Puppenkleider genäht (mit den Puppen, die sie geschenkt bekam, spielte sie nicht) und konnte nicht zeichnen. Sie tat so, als sei sie nicht einmal fähig, eine Papierkette zu basteln. Alle Aktivitäten, die nicht viel Intelligenz erforderten, hielt sie für unter ihrer Würde. Sie nahm die Stelle in der Katag an, weil sie nicht darum hatte bitten müssen. Sie wurde ihr angeboten, wenigstens so viel konnte Paul noch für sie tun. Besseres hätte sie sich selbst nicht besorgen können, egal, wie sehr sie sich darum bemüht hätte.

Zu Anfang verdiente sie nicht viel und behielt das wenige für sich, denn sie vertrat die Ansicht, daß ihre Eltern nicht an ihrem Unglück verdienen sollten. Sie hätten sich ja schließlich darauf eingestellt, ihr mindestens bis zum Abitur Unterhalt zu zahlen. Daß sie nun arbeitete, statt noch zur Schule zu gehen, dürfe für die Berechnungen ihrer Eltern keine Rolle spielen. Es müßte ihnen Erleichterung genug sein, daß sie sie nicht mehr um Geld bat.

Es handelte sich um eine jüdische Firma, wobei die meisten Führungskräfte und Arbeiter keine Juden waren. Daß sie Jüdin war, mußte in ihren Augen kein Hindernis sein, vielleicht war es sogar ein Vorteil. Sie stand über ihrer stupiden Beschäftigung und flüchtete sich, wie es für Käthe typisch gewesen wäre, in eine Geschichte: Einer der Direktoren, oder noch besser ein Gesellschafter der Firma, ein junger, unverheirateter Mann, würde zufällig vorbeikommen, sie sehen und die Vorarbeiterin fragen: «Wer ist das Mädchen dort? Was hat sie in dieser Umgebung verloren?» Sie war nicht so hübsch wie Käthe, sah aber sehr viel interessanter aus. Wer einen Sinn für diese Art Schönheit hatte, mußte sie reizvoll finden.

Aber ganz so romantisch kam es nicht: Die erste Person, die von Anne Notiz nahm und sie unter ihre Fittiche nahm, war die Vorarbeiterin des Zuschneideraums. «Sie will sich eben ab und zu mal mit mir unterhalten», sagte Anne, die sich niemandem gegenüber zu Dank verpflichtet fühlen wollte. Vielleicht hatte sie in diesem Fall sogar recht. Anne war überzeugt, daß sie als fertig ausgebildete Zuschneiderin im Ausland immer irgendwo Arbeit finden würde, und deswegen müsse sie jetzt ein wenig Geduld haben und ihre wirklichen Ambitionen eine Weile brachliegen lassen.

Sie war unversöhnlich und wollte sich auf keinen Fall mit ihrem Los abfinden. Was ihr zugefügt wurde, war unfair, und nicht dagegen zu rebellieren hätte für sie bedeutet, sich dem Schicksal zu fügen, es nicht besser verdient zu haben. Allerdings konnte Rebellion in ihrem Leben immer nur in ihrem Kopf stattfinden.

Manchmal mußte sich Käthe aus irgendeinem Grund mit Anne treffen, wenn diese aus der Fabrik kam. Anne bat Käthe dann, auf gar keinen Fall vor dem Fabriktor zu warten, sondern an der Straßenecke. Käthe glaubte viele Jahre lang, Anne habe sich ihrer kleinen Schwester geschämt, schließlich hatte sie schon als Schülerin immer zu verhindern versucht, daß man sie nach ihren Schwestern beurteilte. Käthe dachte, Anne seien ihre Arbeit und das Urteil ihrer Arbeitskolleginnen wichtig, ebenso wie Käthe Annes Arbeit und ihre Arbeitskollegen hoch einschätzte, schon weil sie ein Teil von Annes Leben waren. Erst sehr viel später begriff sie, daß Anne nicht wollte, daß Käthe sie als Arbeiterin unter anderen Arbeitern und Arbeiterinnen aus der Fabrik kommen sah.

Das Gebet, das die Juden nach den Mahlzeiten sprechen, enthält die Feststellung des Psalmisten, er habe die Kinder des Gerechten nie um Brot bitten sehen. Dieses Gebet wird stets leise vorgetragen, damit keiner der Anwesenden sich gekränkt fühlt. Käthe war immer wieder empört über diesen Satz, und diese Empörung verhinderte, daß sie den wahren Sinn des Satzes wirklich verstand. Ihre Familie mußte nie um Lebensmittel oder Almosen, auf die sie bald angewiesen war, bitten. Man gab ihnen gern: Selma und Paul im Gedenken an Selmas Eltern, den drei Töchtern um Pauls und Selmas willen.

In den letzten Monaten bevor Anne mit der Schule aufhörte, aß sie bei anderen Familien zu Mittag. Dr. Kronheim, der Rabbiner, hatte diese Mittagessen angeregt. Er hatte zunächst die Familie, die neben ihm wohnte, gefragt, ob sie Anne nicht zum Essen einladen wollte, und dort hatte man sie dann begeistert gebeten, doch jeden Dienstag wiederzukommen. Ihre Gastgeberin erzählte danach anderen noch wohlhabenden Frauen davon, die sie dann auch einluden – um nicht als zu arm oder schäbig angesehen zu werden, behauptete Anne und rettete so ihren Stolz. Das Arrangement jedenfalls bedeutete nicht nur, daß Anne besser und reichlicher zu essen bekam, es bedeutete auch einen Esser weniger am elterlichen Tisch.

Der jüdischen Lehre nach ist es nicht nur eine gute Tat,

Almosen zu geben, sondern auch, Almosen anzunehmen. Wenn es niemanden gäbe, der Almosen annehmen wollte, dann könnte es auch keine Wohltäter geben. Lise brachte es nicht fertig, die Dinge von diesem Standpunkt aus zu sehen, als sie mit dem Mittagessen an der Reihe war, nachdem Anne angefangen hatte zu arbeiten. Für Anne war es eine Herausforderung gewesen, die Häuser der Leute zu betreten, die sich ihr sozial überlegen fühlten, und ihre Gleichberechtigung unter Beweis zu stellen. Anne konnte sich immer behaupten. Mit einer Spur defensiver Boshaftigkeit erzählte sie von ihren Erlebnissen als Freitischgast. Im Gegensatz zu einigen ihrer Gastgeber wußte sie sehr wohl, daß es nicht deren persönliches Verdienst war, wenn sie von den Nazi-Gesetzen bis dahin noch weitgehend verschont geblieben waren. Lise dagegen glaubte, sie sei so viel weniger wert als Leute, die in feinen Häusern wohnten (oft weit feineren als dem, in dem sie in Brackwede gewohnt hatten), daß sie beim ersten Mal die Hintertür benutzte.

Sie konnte nicht zugleich essen und höflich Konversation machen. Sie war fest davon überzeugt, nach Anne müsse sie für die Gastgeber einfach eine Enttäuschung sein, und wahrscheinlich war es tatsächlich so, allein schon weil sie diese fixe Idee hatte. Wenn man Lise kennenlernen wollte, mußte man viel guten Willen aufbringen, weshalb nur die, die Lise wirklich verdienten, sie je kennengelernt haben. Bei einer der Gastgeberinnen mußte sie mit dem Hausmädchen in der Küche essen, und das war das einzige Haus, in das sie gerne ging.

Nachdem auch eine zweite Familie ihr Angebot zurückgezogen hatte, sprach Dr. Kronheim mit Selma über das Problem. Es spielte praktisch keine Rolle, welche von ihren Töchtern von den Freitischen Gebrauch machte. Möglicherweise waren die Leute eher bereit, Käthe etwas nachzusehen, und sei es nur, weil sie jünger war.

Für Käthe war es eine Herausforderung, sich selbst zu beweisen, daß sie das, was Anne geschafft hatte, auch schaffen konnte. Es weniger gut zu machen hätte bedeutet, Anne zu enttäuschen. Blaß und unterentwickelt, wie sie war, mit ihren großen Augen und ihrem unersättlichen Magen, mußte sie in den jüdischen Frauen das Bedürfnis erwecken, sie zu füttern. Sie war nicht so anspruchsvoll wie Anne, weder was das Essen noch was die Gesellschaft betraf, in der sie es zu sich nahm. Wohl aus diesem Grund erfreute sie sich bald einer solchen Beliebtheit, daß sie binnen kürzester Zeit so viele Einladungen bekam, daß sie manche Familien nur alle vierzehn Tage aufsuchen konnte.

Einer der Haushalte bestand nur aus Vater und Sohn, sie waren beide Fleischer. Ihre Haushälterin servierte ausschließlich Gulasch mit großen Fettstücken, von denen Käthe, zu ihrem eigenen Entsetzen, beim Kauen Mundsperre bekam und die ihr Tränen in die Augen trieben, wenn sie sie ganz herunterzuschlucken versuchte. Vor dem Essen las sie dem alten Herrn aus der Zeitung vor. Hinterher fütterte sie die große dänische Dogge, die im Hof angekettet war, obwohl sie Angst vor ihr hatte. Es wäre ihr gar nicht in den Sinn gekommen, zu irgend etwas nein zu sagen. Es gab Schlimmeres in ihrem Leben, zum Beispiel den Verlust von Ingrids Freundschaft. Für sie waren all diese Dinge Folgen des Schicksals, als Jüdin im Nazi-Deutschland zu leben.

Ein anderer Haushalt bestand nur aus Rosa Bonim und ihrem Sohn. Rosa und Selma waren einmal eng befreundet gewesen.

Obwohl sie nur einen kurzen Fußmarsch vom Jahnplatz

entfernt wohnten, lebte Selma jetzt wie eine Einsiedlerin, und Käthe war jedesmal erstaunt, wenn ihre Mutter sagte, sie kenne jemanden. Selbstverständlich mußte sie viele Leute kennen, schließlich hatte sie die längste Zeit ihres Lebens in Bielefeld gewohnt. Sie und Rosa müssen sich gelegentlich begegnet sein, zum Beispiel an hohen Feiertagen in der Synagoge. Aber sie hatten schon jahrelang nicht mehr richtig miteinander gesprochen. Immer wieder bat Frau Bonim Käthe, das nächste Mal ihre Mutter mitzubringen. Aber sie ist nie mitgekommen.

Vielleicht wollte Selma nichts mit ihren früheren Freunden zu tun haben, weil sie sich ihrer jetzigen Lage schämte. Vielleicht hatte sie nicht nur wegen der niedrigeren Mieten dafür gesorgt, daß ihre Familie in diesen Außenbezirk der Stadt gezogen war, sondern auch um eventuelle Besucher abzuhalten. Die einzige, die sie regelmäßig etwa einmal im Monat besuchte, war die Frau, die mit koscherer Margarine handelte. Selma bat sie in die Wohnküche, wo sie ihr in ihrem besten Porzellan Kaffee servierte.

Vielleicht hatten die Zeiten aber auch gar nichts damit zu tun. Schon vor der Machtübernahme Hitlers, als sie noch in Brackwede wohnten, hatte Selma wenig Kontakt zu anderen Leuten gehabt, was daran gelegen haben mag, daß sie damals so weit draußen wohnten. Vielleicht hatte sie Freundschaften ebenso abgeschworen wie dem Klavierspielen, das ihr ganz gewiß früher große Freude bereitet hat. Offenbar erwartete sie vom Leben etwas anderes. Als Käthe von ihr getrennt wurde, war sie noch zu jung, um zu begreifen, was das sein könnte.

In den Jahren in der Küglerstraße führte Selma in einem Rechenheft Buch über ihre Haushaltsausgaben. Das war ihre eigene Idee. Wenn sie vom Einkaufen nach Hause kam, setzte sie sich sofort mit diesem Heft und ihrer Geldbörse an den Küchentisch und legte den Stift nicht wieder hin, ehe sie nicht bis zum letzten Pfennig Rechenschaft über ihre Ausgaben abgelegt hatte. Sie schrieb mit sauberer Schrift, zog mit dem Lineal Striche oder malte schwungvolle Bögen. Nahrungsmittel und andere Artikel wie zum Beispiel Seifenpulver kamen in getrennte Rubriken. Sie hatte diese Buchführung nicht eingeführt, um zu ergründen, wo das Geld blieb, sondern um zu sehen, wo noch etwas eingespart werden konnte. Diese Buchführung spielte für sie eine immer wichtigere Rolle, so als könnte sie dadurch die Summe, die Paul ihr gab, vergrößern.

Käthe hatte in den letzten Jahren daheim den Eindruck, daß ihre Eltern sich nicht gut verstanden. Gelegentlich beklagte sich ihre Mutter über den Vater. Als sie einmal am Eingang eines Konfektionsgeschäftes vorbeikamen, blieb sie stehen und riet Käthe, sich die Blonde hinter dem Tresen gut anzusehen. Das sei nun der Geschmack ihres Vaters, so ein Flittchen. Von da an nannten sie diese Dame nur noch das Schokoladenschweinchen. Als sie einmal mit Käthe auf dem Weg in die Stadt war, blieb Selma mitten auf der Straße stehen, um sie auf ihre Beine hinzuweisen: «Euer Vater schätzt es, wenn seine Frauen längere Beine haben.» War er jemals untreu? Käthe verließ ihr Elternhaus in einem Stadium ihrer Entwicklung, in dem sie ihm deshalb keine Vorwürfe gemacht hätte. Was sollte er an ihrer fetten, traurigen Mutter schon für Freude haben?

Käthe hatte sie noch nie nackt gesehen. Aber im Winter liebte Selma es, sich am Küchenherd fertig anzuziehen.

Der Anblick, wie ihre Mutter ihr Fleisch in das Korsett zwängte, ekelte Käthe. Im Laufe ihrer Pubertät wurde ihr bewußt, daß sie ihre Mutter ablehnte. Sicher war auch Eifersucht im Spiel, weil Selma nicht nur das erste, sondern auch ein größeres Anrecht auf Paul hatte.

Selma liebte es, den Dingen Namen zu geben, die Gegenstände zu vermenschlichen und auf leichter zu handhabende Größenordnungen zu reduzieren. In der Küglerstraße wurde der Staubsauger, der so alt war, daß er nicht mehr ordentlich funktionierte, zum «Hooverinchen». Sie nannte alle Öfen beim Namen, wenn sie sich vor ihnen hinknien mußte, und das schärfste Küchenmesser hatte ebenso einen Namen wie das Scheuertuch. In den späteren Jahren wurde Paul, nachdem er lange «Paulchen» geheißen hatte, zum «Verbraucher». Als die Töchter eine Erklärung für diese Bezeichnung erbaten, sagte sie ihnen, sie würde ihn eigentlich lieber «Erzeuger» nennen, möge aber diesen Ausdruck nicht (vermutlich wegen seiner sexuellen Konnotation). Als Käthe alt genug war, um über diese Erklärung nachzudenken, wurde ihr klar, wie zwiespältig Selmas Gefühle ihrem Mann gegenüber gewesen sein mußten.

Käthe kann aber auch ihre Beziehung zueinander völlig falsch interpretiert haben. Vielleicht war es gar nicht ihre Mutter, sondern Käthe selbst, die Paul die Schuld gab für das, was die Nazis der Familie antaten, und vielleicht konnte Käthe sich das nicht einmal selbst eingestehen.

Wenn Paul später als vereinbart nach Hause kam, was häufig geschah, regte sich Selma jedesmal sehr auf. Er konnte sich aus Männerrunden einfach nicht losreißen und dachte nicht daran, ein Gespräch abzubrechen, wenn die Zeit fortgeschritten war. Der Grund für Selmas Sorge mag gar nicht sein Hang zum Schürzenjäger gewesen sein, wie Käthe annahm, sondern sein loses Mundwerk. Oft erzählte er politische Witze, ohne darauf zu achten, wer ihm gerade zuhörte.

Wenn ihre Mutter in seinen Armen weinte, war das vielleicht gar nicht ein Zeichen der Versöhnung nach einem Streit, wie sie glaubte. Möglicherweise hat Paul nur versucht, Selma zu beruhigen, wenn sie über ihre sich stetig verschlimmernde Lage verzweifelte.

Selma behauptete, Paul habe weder Kultur noch Geschmack. Er las im Gegensatz zu ihr keine Klassiker, er las überhaupt keine Bücher, sondern nur Zeitungen. Auch für Musik interessierte er sich im Gegensatz zu ihr nicht. Als Juden noch in Schauspielhäuser gehen durften, hatte sie ihn gebeten, mit ihr zusammen Theater- und Opernaufführungen zu besuchen. Varietés entsprachen jedoch eher seinem Geschmack, dorthin ging er mit seinen alten Kameraden. Nicht einmal für Galerien und Museen zeigte er viel Interesse.

Aber als Architekt genoß er durchaus Ansehen. Eines der Häuser, die er entworfen hat, ist heute noch in einer der vom Krieg verschonten engen Gassen Bielefelds zu sehen. Es hat eine Fassade aus blaßgrünen Keramikfliesen, von denen einige durch ein Reliefmuster hervorgehoben sind. Im Erdgeschoß befindet sich ein Feinkostgeschäft. Das Haus steht jetzt unter Denkmalschutz. Bis zur Machtübernahme Hitlers gehörte Paul zu den Architekten, die bei Gericht als Gutachter herangezogen wurden. Beim Wettbewerb für das Sparkassengebäude, dem letzten, an dem er sich beteiligen durfte, gewann sein Entwurf. Errichtet wurde der Bau unter dem Namen des Zweitplazierten, eines arischen Architekten, der sein Logenbruder war. Auch diese Sparkasse steht heute noch.

Juden, die emigrieren wollten, beauftragten Paul, ihre Häuser zu schätzen und den erforderlichen Papierkram für sie zu erledigen. Entwerfen durfte er zu der Zeit nur noch Grabmale für die Gräber gerade Verstorbener, aber auch für die Familiengrüfte, die die Emigranten zurückließen. Die Auswanderer zahlten großzügig, da sie den größten Teil ihres Vermögens beim Verlassen des Landes sowieso den Nazis aushändigen mußten. Auch Pauls Stil veränderte sich mit den politischen Umwälzungen. Der Grabstein, den er für das Grab von Selmas Eltern entworfen hatte, war noch aus Sandstein, ganz im herkömmlichen ornamentalen Stil. Jetzt benutzte er härteren Stein und ließ ihn in strengen Formen bearbeiten. Man konnte seine Grabmale sofort ausmachen. Sie haben den Charakter einer ganzen Sektion des Friedhofes verändert.

Als sich gegen Ende des Jahres ein jüdischer Bildhauer in der Stadt niederließ, warf Selma Dr. Kronheim vor, er fördere diesen Mann, der Paul Arbeit wegnehmen werde, zu stark. Auch andere wiesen darauf hin, daß es des Rabbiners erste Pflicht sei, sich um die Mitglieder der eigenen Gemeinde zu kümmern. Weil immer größere Aufgaben auf die Gemeinde zukamen, wurde ein Buchhalter gebraucht. Man kam auf die Idee, Paul diesen Posten zu geben. Es war eine Teilzeitstelle, die nicht viel Geld einbrachte, ihm aber für die folgenden zwei Jahre ein festes Einkommen sicherte.

Indirekt hat diese Stelle dazu beigetragen, daß Lise und Käthe das Leben gerettet wurde. Zunächst einmal verhalf sie ihnen zur nötigen Bekleidung.

Jeden Herbst sammelte die Gemeinde Kleider für die Bedürftigen. Vieles wurde von Geschäftsinhabern gespendet und war deshalb noch neu. Paul sorgte dafür, daß Lise und Käthe sich vor der allgemeinen Verteilung ihren Anteil aussuchen durften. So kam es, daß sie im folgenden Winter wunderbare neue Lodenmäntel mit Kapuzen hatten, Lise einen grünen, Käthe einen rotbraunen. Sie waren über diese Mäntel so glücklich, daß sie sich weigerten, weitere Kleidungsstücke anzunehmen.

Das einzige, was innerhalb der Familie nicht weitergereicht oder aus zweiter Hand angenommen wurde, waren Schuhe. Selma ließ es einfach nicht zu, und das verursachte Probleme. Weil ihre Füße noch immer wuchsen, hatte jedes der Mädchen nur zwei Paar Schuhe, eins an den Füßen und eins beim Schuster. Da meistens nicht genug Geld da war, um mehr als ein Paar auf einmal abzuholen, stellte sich immer die Frage, wessen Sohlen am meisten abgetragen waren. Man zog das heile Paar beim Schuster an und ließ ihm das andere da. Im Gegensatz zum Kaufmann an der Ecke gab der Schuster keinen Kredit. Wenn gar kein Geld da war, mußten Lise und Käthe deshalb manchmal ihre Sohlen völlig durchlaufen. Als sie einmal bei Regen nach Hause gingen, blieben sie in einem Türeingang stehen, damit Lise ihre Einlegesohlen Käthe geben konnte, denn Käthe hatte keine, und ihre Socken waren auch schon durchgescheuert.

Bevor Anne selbst Geld verdiente, hatten ihre Schuhe immer Vorrang, denn je älter ein Mädchen war, desto wichtiger war seine Bekleidung – das behauptete Anne jedenfalls, und die anderen akzeptierten das und holten sogar ihre Schuhe für sie ab, denn ein größeres Mädchen durfte sich nicht mit einem Paket in der Hand auf der Straße sehen lassen. Sie taten für sie, was sie konnten. Sie taten füreinander, was sie konnten, und ihre Eltern taten für sie, was sie konnten.

ZEHN

ALS gegen Ende des Schuljahres der Direktor Selma zu sich bat, um ihr mitzuteilen, daß auch Lise und Käthe die Sarepta-Schule verlassen müßten, glaubte Käthe zunächst (so wenig wußte sie von dem, was um sie her vor sich ging), daß es daran lag, daß Lise zu Beginn des Jahres 1936, als Selma krank war, so viel gefehlt hatte.

Selma schlief für ihr Leben gern. Wenn sie morgens aufstand, freute sie sich schon auf ihren Mittagsschlaf, und wenn der vorüber war, freute sie sich auf das Zubettgehen am Abend. Deshalb verwunderte oder beunruhigte es Käthe nicht, als Selma plötzlich gar nicht mehr aufstand.

Wenn zu einem jüdischen Haushalt ein Mann über sechzehn gehörte, durfte dieser Haushalt nur eine arische Haushaltshilfe beschäftigen, wenn sie über fünfundvierzig war. Wie andere Nazi-Gesetze auch hatte diese Verordnung einen doppelten Zweck: Sie war von Vorteil für die Arier und demütigte die Juden. Selma bekam ein Ekzem an den Händen, wenn sie in Seifenwasser fassen oder Gummihandschuhe tragen mußte. Deshalb kam zweimal die Woche eine Aufwartefrau für die gröbsten Arbeiten. Sie wurde stundenweise bezahlt, kam spät und ging früh, und Selma war dankbar, daß sie überhaupt kam.

Anne erklärte, sie könne nicht so kurz nachdem sie die Stelle bei der Katag angetreten hätte, Urlaub nehmen. Alle wußten, daß das nur eine Ausrede war. Anne hätte sich nie überwinden können, andere zu bedienen. Ihr Beitrag zur

Hausarbeit, die die Mädchen zu erledigen hatten, war es, ihren Schwestern zu sagen, daß sie alles gut und richtig machten. Ihr Bett machte sie immerhin selber, und sie wischte auch in ihrem Teil des Schlafzimmers Staub, allerdings nur, weil es ihr eine schreckliche Vorstellung war, daß andere ihre Sachen berührten. Käthe kam auch nicht in Frage. Lise wäre bereit gewesen, die Nächte durchzuarbeiten, nur um das Leben ihrer kleinen Schwester vor jeder Störung zu bewahren.

Als Selma noch aufstehen konnte, half Lise ihr vor und nach der Schule. Als Selma bettlägerig wurde, blieb Lise zu Hause. Auch als die Mutter im Krankenhaus lag und in den Tagen nach ihrer Entlassung blieb sie daheim, um den Haushalt zu führen.

Lise war von Natur aus hilfsbereiter als ihre Schwestern und verstand auch mehr vom Haushalt, weil sie schon früh angefangen hatte, der Mutter zu helfen. Die Hausarbeiten machten ihr gar nichts aus, wenn sie an die Anerkennung dachte, die sie ihr einbrachten, und die Familie etwa sagte: «Lise weiß einfach, wie man das macht.» Sie hatte sich lange Zeit zuvor ganz bewußt entschlossen, gut zu sein. Anne wurde wegen ihrer Intelligenz gelobt, Käthe wegen ihrer Schönheit. Weder das eine noch das andere hatte sie zu bieten, wohl konnte sie sich aber vorbildlich benehmen. Und das tat sie. Sie wurde gelobt, weil sie selbstlos handelte, und weil ihr dieses Lob nicht genügte, empfand sie am Ende sogar emotionale Befriedigung, wenn sie ausgenutzt wurde – schon lange bevor sie ein ständiges Bedürfnis nach Strafe entwickelte, weil sie das ihrer Mutter gegebene Versprechen, auf Käthe aufzupassen, nicht gehalten hatte.

Selma mußte sich einen Tumor aus der Gebärmutter entfernen lassen. (Als Käthe so alt war wie Selma damals, mußte bei ihr ein toter Fötus ausgeschabt werden. Vielleicht hatte Selma ja nur, weil es ihr peinlich war, von einem Tumor gesprochen.) Ihr Krankenhausaufenthalt war so kurz, daß ihre Töchter sie nur einmal besuchen konnten.

Es war noch hell, als Lise und Käthe zu Fuß von zu Hause fortgingen. Sie waren mit Anne verabredet und warteten, wie sie es befohlen hatte, eine Ecke vor der Fabrik. Käthe genoß es, in der Stadt unterwegs zu sein, wenn die Lichter brannten, besonders an Winterabenden, wenn sich um die Lampen herum Lichthöfe bildeten oder wenn es regnete und alles glänzte.

«Wir gehen zu Fuß», ordnete Anne an, nicht etwa, weil sie noch zuviel Zeit hatten, sondern um das Fahrgeld zu sparen. So konnte sie außer Pampelmusen auch eine Ananas kaufen, ohne ihr ganzes Geld ausgeben zu müssen.

«Du wirst ihr als einzige ein Geschenk mitbringen», stellte Käthe fest und hoffte, Anne würde ihr vielleicht Geld borgen, damit sie auch etwas kaufen konnte. Als sie den Laden verlassen hatten und niemand mehr zuhören konnte, erklärte Anne, Lise brauche nichts mitzunehmen, ihr Geschenk an die Mutter sei doch die Hausarbeit. Und Käthe könne als Geschenk ja die Tüte mit dem Obst tragen.

Ihre ganze Kindheit hindurch litt Käthe jeden Winter unter Frostbeulen, ihre Schwestern nicht. Ihre Finger waren geschwollen und rot, sie juckten, und in der Kälte brannten sie noch schlimmer. Trotzdem hatte sie ihre Handschuhe nicht mitgenommen, weil sie so zerschlissen waren, daß Anne sich geschämt hätte. Lise lieh Käthe ihre, sie fühlten sich innen ganz nach Lise an.

Anne gab sich immer so, als kenne sie alle Wege, egal wohin. Hatte sie sich verlaufen, tat sie so, als habe sie den Umweg extra gemacht, um sich etwas Bestimmtes anzusehen. Sie ging immer in Riesenschritten schnurstracks drauflos, sehr schnell. Lises Beine waren fast schon so lang wie Annes, wenn Käthe da mithalten wollte, mußte sie hin und wieder einige Schritte rennen.

Nur zu gern wollte sie ihre Mutter wiedersehen, aber sie hatte auch Angst. Alles, was sie zum erstenmal tun mußte, war ihr ein Greuel. Normalerweise pflegte Lise ihr zu sagen, wie sie es machen sollte, und Anne machte es ihr, wenn es soweit war, vor. Aber nicht immer war ihre Gegenwart hilfreich. Manchmal war es Käthe peinlich, was Lise tat, und Anne kritisierte oft an ihr herum.

Am Eingang zum Krankenhausgelände wünschte sich Käthe, es wäre noch nicht soweit. «Bedenkt, bitte», sagte Anne, während sie auf das barackenähnliche Gebäude zugingen, in dem alle Fenster erleuchtet waren, «wir besuchen Mutti um Muttis willen, nicht unsertwegen.»

Vor dem Krankenzimmer, in dem ihre Mutter lag, befahl Anne ihren Schwestern stehenzubleiben, und sie stellten sich der Größe und dem Alter nach auf. Aber bei dieser Reihenfolge konnte sie die anderen nicht überwachen. So trat sie schließlich nach hinten, zog Käthe am Arm nach vorn und stieß Lise auf ihren Platz zurück, so daß sie nun in umgekehrter Reihenfolge dastanden. Erst dann sagte sie zu der Schwester, die ihnen die Tür öffnen wollte: «Jetzt sind wir fertig.»

In dem Zimmer standen zwei Betten. Das hatte Käthe nicht erwartet, und für einen Moment bedauerte sie, als erste zur Tür hereingekommen zu sein, gerade so, als ob sie zwischen den beiden Frauen eine Wahl treffen müßte – die andere war viel jünger und sehr schön. Aber dann, als sie ihre Mutter erblickte, sie ansah, wußte sie sofort, daß sie die Tochter keiner anderen Frau sein wollte, daß diese die einzig denkbare, die richtige Mutter für sie war. Wenn sie unter einer Million Frauen hätte wählen können, sie hätte sich für diese eine entschieden, und wenn man ihr gesagt hätte, daß sie sie nicht bekommen könnte, so wäre sie lieber ohne Mutter weggegangen, als irgendeine andere zu nehmen.

Ihre Mutter roch nach Krankenhaus – oder war es das Bett? –, und ihre Haut fühlte sich wärmer an. Aber sonst war alles an ihr so vertraut, daß Käthe in Tränen ausbrach.

Anne nahm die Obsttüte, die Käthe irgendwo abgestellt hatte, und legte sie auf das Bett. Sie zog Käthe von hinten weg, damit auch sie und Lise ihre Mutter begrüßen konnten. Es war beklemmend, und Käthe war erleichtert, als sie endlich gingen.

Drei Monate vor Lises vierzehntem Geburtstag mußten sie und Käthe die Sarepta-Schule verlassen. Lises Zensuren waren am Ende jenes Halbjahres schlechter denn je – ausgenommen in Mathematik. Der Mathematiklehrer war sehr streng, er wurde selbst von guten Schülern gefürchtet. Aber er hatte auch den Ruf, fair zu sein, und Lise mochte ihn. Eines Tages rief er sie auf, eine Aufgabe an der Tafel zu lösen. Er wolle sie nun auf eine Eins hin prüfen. Es hieß, dieser Lehrer habe noch niemals jemandem diese Note gegeben. Lise war so überwältigt, daß ihr die Kreide aus der Hand fiel, und als sie sie wieder aufgehoben hatte, stand sie zitternd da, unfähig, einen einzigen klaren Gedanken zu fassen. Eine der Klassenkameradinnen fing an zu lachen, und dann lachten alle. Lise glaubte, der Lehrer habe sich mit ihr einen Scherz erlaubt.

Als sie aber hinter seinem Rücken auf ihren Platz zurück schlich, hörte sie ihn murmeln: «Was für ein Jammer.»

Unter den jüdischen Schulen, die damals gegründet wurden, war auch ein Internat in Süddeutschland. Es wurde von Hugo Rosenthal geleitet, dem Mann, der Selma ihren ersten Heiratsantrag gemacht hatte. Seine Schwester Alma war einmal ihre beste Freundin gewesen. Selma schrieb ihm und bat ihn weniger um Hilfe als um Rat.

Er schrieb zurück und bat um die Zeugnisse ihrer Töchter. Die Stipendien für das kommende Jahr seien schon vergeben, aber nächste Ostern könnten sich noch Möglichkeiten ergeben. Selma sah keinen Sinn darin, ihm Lises Zeugnis zu schicken. Sie schickte ihm Käthes, und Käthe wurde angenommen. Für den Rest des laufenden Schuljahres – sie war noch in der Quarta – ging Käthe in die Luisenschule, eine Mittelschule für Mädchen.

Der Wechsel zu einer weniger anspruchsvollen Schule tat ihr gut. Die Sarepta-Schule war elitär, und Käthe gehörte eindeutig nicht zur Elite. Die Mädchen in der Luisenschule waren toleranter, weil sie sich nicht zu den Privilegierten zählten. Dort gab es weniger Flaggenparaden, weniger Begeisterung für Hitler. Der Antisemitismus konzentrierte sich in der Luisenschule auf die zweite Jüdin in ihrer Klasse, die einige der «Makel» hatte, die man den Juden zuschrieb. Im Vergleich stand Käthe fast so gut da wie eine Arierin.

«Du bist nicht gemeint», beteuerten ihre Klassenkameradinnen. Aber Käthe war klüger geworden und baute nicht auf solche Freundschaftsbekundungen, ja sie ging nicht einmal darauf ein. Sie kaufte sich eine Postkarte, auf der ein junges Mädchen abgebildet war. Diese Karte, die aussah wie eine Fotografie, klebte sie in ihr Poesiealbum und schrieb mit der linken Hand einen überschwenglich liebevollen Spruch dazu. Jetzt konnten auch ihre Mitschülerinnen in der Luisenschule hineinschreiben.

Ihre Klassenkameradinnen glaubten, man hätte sie zurückgestuft, weil sie für das Gymnasium nicht gut genug gewesen sei. Das wurde ihr klar, als sie eines Tages als einzige eine Antwort wußte und ein Mädchen kommentierte: «Na ja, sie macht diese Klasse ja auch zum zweitenmal.» Sie versuchte, ihr Wissen mit den anderen zu teilen, damit sie sich nicht blamierten.

Auch in späteren Jahren dachte sie gerne an Herrn Grote, ihren damaligen Deutschlehrer, zurück. Er erinnerte sie an den Geige spielenden Volksschullehrer, der wiederum ihrem Großvater so ähnlich gewesen war. Herr Grote war sehr wichtig für sie, nicht nur als Mensch, sondern auch wegen des Stoffes, den er ihr nahebrachte. Im Laufe dieses Unterrichtsjahres erweckte er in ihr eine Sensibilität für die deutsche Sprache, die über bloßes Wissen weit hinausging. Sprache war für sie nicht mehr eine alltägliche Selbstverständlichkeit, sie begann, ihre Muttersprache bewußt als Ausdrucksmittel einzusetzen.

Lise wurde nie so groß wie Anne, allerdings größer als Käthe, die aufhörte zu wachsen, als sie von zu Hause fortging. Das Schönste an Lise waren ihre dunkelbraunen Augen, die Gutmütigkeit und Wohlwollen ausstrahlten. Lise war nicht häßlich, und sie hatte einen guten Charakter, aber sie war sehr mager und hatte, weswegen sie immer wieder Probleme bekam, eine typisch jüdische Nase. Ihre Brust war flach, ihre Hüften so schmal wie die eines Jungen. Mit ihren dünnen Armen und Beinen sah sie aus wie eine Vogelscheuche, wie sie selbst als erste feststellte.

«Du liebst die anderen mehr als mich, nur weil sie schöner aussehen», sagte sie einmal zu Selma. Das stimmte nicht, und Lise wußte das auch. Käthe hatte nicht das Gefühl, mehr geliebt zu werden, sie wurde nur sehr viel öfter in den Arm genommen und mit Zärtlichkeiten bedacht. Käthe war auf Lise wegen ihrer menschlichen Qualitäten eifersüchtig, die Käthe ebenso unerreichbar schienen wie Lise das gute Aussehen ihrer Schwestern.

Lises Bereitschaft, zu Hause zu helfen, führte bei Lise und Selma zu der irrigen Annahme, Lise hätte Spaß an der Hausarbeit. Wirklich Freude machte ihr dagegen der Umgang mit kleinen Kindern. Jüdische Frauen, die es sich noch leisten konnten, engagierten Haustöchter, junge Mädchen, die in die Familie aufgenommen wurden, Hausarbeit erledigten und dafür ein kleines Taschengeld erhielten. Lise selbst und alle, die sie kannten, glaubten, eine solche Stelle sei jetzt das Beste für sie.

So wurde sie bei der Familie Blank angestellt, zu der auch ein fünfjähriges Mädchen gehörte. Die Familie wohnte mitten in der Stadt, nicht weit von der Synagoge, gleich neben Tante Hete, in einer Straße mit großen Villen in riesigen gepflegten Gärten mit uralten Bäumen. Lise begeisterte die Vorstellung, in solch einem Haus ein und aus zu gehen, als ob sie dort wohnte. Frau Blank beschäftigte eine Köchin und eine Putzfrau. Sie sagte zu Selma, Lise solle in erster Linie eine Art große Schwester für Ruthchen sein. Es wurde vereinbart, daß sie alle Mahlzeiten, einschließlich des Frühstücks, dort einnehmen, aber weiterhin zu Hause schlafen sollte. Lise ging hin, stellte sich vor und war der Überzeugung, sie habe großes Glück gehabt, daß sie den Job bekommen hatte.

Nichts entsprach den Erwartungen, die man in ihr geweckt hatte. Niemand sollte Frau Blank eine dreckige Jüdin nennen können, und so ließ sie Lise stundenlang Staub wischen und polieren, obwohl es völlig unnötig war. Lieber verrichtete sie an den Tagen, an denen die Putzfrau nicht kam, die groben Arbeiten. Frau Blank überwachte sie aufs genaueste, und es kränkte Lise, daß man ihr mißtraute. Sie aß in der Küche, und die Köchin servierte ihr Reste. Das Essen war gehaltvoller, als sie es gewohnt war, es bekam ihr nicht.

Ruthchen war eigensinnig und tyrannisch, und Lise lebte in der ständigen Angst, nicht mit ihr fertig zu werden. Man hatte ihr verboten, sie zu bestrafen, sie durfte nicht einmal mit ihr schimpfen. «Auf dich brauche ich doch nicht zu hören», sagte Ruthchen. Wenn die Blanks abends Gäste hatten, was noch immer häufig der Fall war, blieb Lise da, um abzuwaschen. Da es meist spät wurde, mußte sie auch die Nacht dort verbringen. Es gab kein zusätzliches Bett für sie, sie mußte sich zu Ruthchen legen, die die ganze Nacht hindurch versuchte, die Liegefläche für sich allein zu erobern. Am Morgen trieb Frau Blank sie, da sie ja nun schon da war, in aller Frühe an, nach der Gesellschaft vom vorangegangenen Abend aufzuräumen und sauberzumachen.

Lise war immer bemüht, zu tun, was man von ihr erwartete. Zunächst sagte sie von alledem zu Hause kein Wort. Sie wurde dünner und blasser und sehr viel nervöser. Diese Veränderungen schob man auf ihr Alter.

Eines Morgens sah Tante Hete von ihrer Hintertür aus zufällig, wie Lise vor der Hintertür der Blanks die Schuhe des Hausherrn putzte. Der Anblick muß so trostlos gewesen sein, daß Tante Hete sofort Selma anrief und ihr anbot, Lise nicht nur für ein weiteres Jahr das Schulgeld zu zahlen, sondern auch zusätzlich noch etwas zu ihrem Unterhalt beizutragen.

So kam auch Lise in die Luisenschule. Sie bekam gute Zensuren, was alle, sie selbst eingeschlossen, sehr überraschte.

Nach der Machtergreifung waren viele Leute – nicht nur die Juden – der Überzeugung gewesen, Hitler würde nicht länger im Amt bleiben als seine Vorgänger. Auch Paul hatte das angenommen. Nur zu gerne hätte er geglaubt, daß die Diskriminierung der Juden Männer wie ihn nicht beträfe, hatte er doch vier Jahre lang das Vaterland an der Westfront verteidigt. Er war mit dem Eisernen Kreuz ausgezeichnet worden und stammte aus einer Familie, die schon seit vielen Generationen in Deutschland lebte. Er fühlte sich als deutscher Bürger jüdischen Glaubens. Und da er nicht an Gott glaubte, fand er, er sei kein richtiger Jude.

Er war zehn Jahre älter als das Jahrhundert (Selma war drei Jahre jünger als er). Schon 1933 hielt er sich für zu alt, um noch einen neuen Anfang im Ausland zu wagen. Damals bot sich ihm die Gelegenheit dazu, wie sich später herausstellte, seine erste und letzte Chance zur Emigration. Max Heilbrunn, ein Geschäftsmann, der mit Frau und Kindern nach Palästina auswandern wollte, bot Paul eine Partnerschaft an und riet ihm, seine Familie mitzunehmen. Paul lehnte das Angebot aus drei Gründen ab: Erstens hatte Max Heilbrunn einmal Selma heiraten wollen, und Selma hätte ihn vielleicht genommen, wenn nicht Paul dazwischengekommen wäre. Zweitens galt Palästina damals als das Land der Jungen und der Wohlhabenden; wenn überhaupt, wäre er lieber in ein anderes Land gegangen. Und schließlich überlegte er, wenn er nicht wieder als

Architekt arbeiten konnte, was hatte es dann für einen Sinn, sich und seine Familie in ein anderes Land zu verpflanzen?

Erst als Anne die Schule verlassen mußte, kam er zu der Überzeugung, er müsse eigentlich um seiner Töchter willen auswandern. Selbst als der Krieg ausbrach, glaubte er noch immer nicht, daß es auch für Selma und ihn selbst gut gewesen wäre, zu emigrieren. Den Eindruck hatte Käthe jedenfalls.

Jetzt freute Käthe sich auf Hugo Rosenthals fortschrittliches Internat in Herrlingen. Sie wollte nicht, daß die Familie emigrierte – es sei denn, Käthe käme dadurch nach Ben Shemen, ein Kinderdorf in Palästina. Das Wort «Kinderdorf» setzte gleich eine ganze Flut von Vorstellungen in ihr frei. Als Paul anfing, die Anzeigen in der *Jüdischen Rundschau*, der einzigen jüdischen Zeitung, die in Deutschland noch erschien, durchzusehen, Briefe zu schreiben und Formulare auszufüllen, hoffte sie erst einmal, daß nichts dabei herauskommen würde.

Von 1935 an nahm die Emigration aus Bielefeld ständig zu. Ungefähr der Hälfte der jüdischen Einwohner der Stadt gelang es, ins Ausland zu fliehen. Es war nur möglich, auszuwandern, wenn man wohlhabend war, Geschäftsverbindungen oder wenigstens etwas Geld im Ausland hatte oder Verwandte, die einen bei sich aufnehmen und einen Arbeitsplatz zusichern konnten; oder aber man hatte einen Beruf, für den es irgendwo auf der Welt gerade besonders viele Stellen gab. Man hatte es leichter, wenn man jung war, und auf jeden Fall war es wichtig, gesund zu sein.

Obwohl Paul herzkrank war, bemühte er sich nach Kräften. Es gab kein Land in der Welt, das er nicht wenigstens in Gedanken als Ziel für sich und seine Familie in

Erwägung gezogen hätte. Er versuchte es in allen Ländern, die Einwanderer aufnahmen, schrieb an Botschaften, Architekten und Rabbiner, an jede Behörde oder Person, die er irgendwoher kannte und von der er sich einen noch so kleinen Hoffnungsschimmer versprechen konnte. Käthe tippte die Adressen und brachte die Briefe allein oder mit ihm zusammen zum Briefkasten. Anstatt ihren Vater zu bewundern, der mit eiserner Energie immer wieder alles versuchte, verachtete sie ihn, genauso wie ihre Mutter seinen Optimismus verachtete, weil er nur seine Zeit und das Geld für die Briefmarken vergeudete, wo doch nichts dabei herauskam. Käthe war noch nicht alt genug, um beurteilen zu können, ob er trotz aller Erfahrungen, die dagegen sprachen, noch immer erwartete, eines Tages Erfolg zu haben, oder ob er nur weitermachte, um sich seine Niederlage nicht eingestehen zu müssen. Von dem Augenblick an, da Lise und Käthe der Zionistischen Bewegung beitraten, gewöhnten sie sich an den Gedanken, möglicherweise ohne ihre Eltern zu emigrieren, auch ohne Anne. Anne lehnte den Zionismus ab. Diese Form von Nationalismus sei so schlimm wie jede andere. Aus was für einem Elternhaus man stamme, welche Hautfarbe man habe und wo man geboren sei, sage nichts darüber aus, wie wertvoll man als Mensch sei, argumentierte sie. Und wie wertvoll man als Mensch sei, hinge einzig und allein davon ab, was man aus sich selber mache. Dort, wo man sie nicht haben wollte, wollte sie auch nicht bleiben. Aber die Überzeugung, als Jude grundsätzlich nicht unter Nichtjuden leben zu können, käme dem Nazidenken sehr nah und sei deshalb für sie nicht annehmbar.

Als Anne fünfzehn Jahre alt war, gab es für junge Frauen die Möglichkeit, nach Australien auszuwandern. Es hieß, sie seien auf dem Heiratsmarkt erwünscht. Käthe stellte sich darunter einen richtigen Platz vor, so etwas wie die Sklavenmärkte, von denen sie gelesen hatte, wo die Mädchen, Anne unter ihnen, aufgereiht dastehen müßten, und die jungen Männer guckten sie sich an und träfen dann ihre Wahl. Daß Anne, deren ganzer Stolz es war, ihr Leben selbst zu meistern, so etwas auch nur in Betracht ziehen konnte, machte Käthe mehr als alle Bemühungen ihres Vaters klar, wie ungeheuer wichtig die Emigration für die Juden geworden war.

An einem Sonntagmorgen forderte Anne Käthe auf, sie auf einem Spaziergang zu begleiten. Wahrscheinlich mußte Lise einfach ihrer Mutter in der Küche helfen, aber Käthe hat diesen Spaziergang später immer als Beweis dafür interpretiert, daß Anne sie höher einschätzte als ihre Schwester. Sie fuhren mit der Straßenbahn, und Anne bezahlte für sie beide. Im Gegensatz zu Lise und Käthe ging Anne nicht gern spazieren. Doch an diesem Tag wollte sie sogar den Berg hinaufklettern, bis zum Schloß, und unter den alten Buchen den Promenadenweg entlanggehen, von wo aus man auf die Stadt herabsah. Alles, was Anne tat, tat sie mit einer ganz bestimmten Absicht. Bei ihrer Entscheidung wollte sie wohl diesen Ausblick vor sich haben.

Sollte sie nach Australien gehen oder nicht? Selbstverständlich erwartete sie von Käthe keinen Rat. Käthe wußte das und schwieg. In dieser Angelegenheit wollte Anne alle Argumente vor sich selbst ausbreiten, und Käthe brauchte sie, damit sie das um der größeren Klarheit willen laut tun konnte. Falls sie auf diesem Spaziergang tatsächlich einen Entschluß faßte, so hat sie ihn jedenfalls damals für sich behalten.

Nie hätte sie zugegeben, von ihren Schwestern beeinflußt worden zu sein. Es muß aber schon Teil ihrer Überlegungen gewesen sein, daß die Schwestern voraussichtlich nach Israel gehen würden. Anne hat sich nicht für Australien eintragen lassen. Das war ihr erster Schritt in Richtung Zionismus.

Ungefähr um diese Zeit fing Paul an, kleine Möbelstücke zu entwerfen, als erstes einen Fußschemel, der zugleich Behälter für Schuhputzzeug war. Der Deckel ließ sich so arretieren, daß man den Fuß darauf setzen konnte. In einem nahgelegenen Dorf machte er einen Tischler ausfindig, einen Arier namens Kindermann, der bereit war, eine Firma mit ihm zu gründen.

Schon bald brachten sie eine Hochglanzbroschüre mit einer Auswahl von Kleinmöbeln, etwa Beistelltischen und Wandborden, heraus. Paul verhandelte mit den Kunden, und er nahm auch das Geld ein. Oftmals brauchte er es selbst so dringend, daß er Herrn Kindermann nicht gleich seinen Anteil auszahlen konnte. Kindermann rief ihn immer wieder an, bis Paul sich weigerte, den Hörer abzunehmen. Er ließ seine Töchter ans Telefon gehen und Kindermann sagen, er sei nicht zu Hause. Das gehört zu den Dingen, die die Nazis den Juden antaten und die nicht in den Geschichtsbüchern stehen: Sie zwangen ehrliche Männer, ihre Kinder zu Lügen anzustiften.

Pauls finanzielle Lage verschlimmerte sich, weil er Schulden mit Wechseln beglich. Die Wechsel wurden weitergereicht, und wenn sie fällig wurden und der Schuldner nicht an Paul zahlte, konnte Paul auch seine Gläubiger nicht befriedigen, und wer immer dann im Besitz des Wechsels war, belangte aus der Reihe der Signatoren den Juden. Dann kam der Gerichtsvollzieher und klebte seine Plakette meist auf die Rückseite des Klaviers oder manchmal auch auf die Rückwand der Couch. Diese Plakette hatte als Hoheitszeichen einen deutschen Adler, deshalb wurde sie abfällig «Kuckuck» genannt. Die Gegenstände, die der Gerichtsvollzieher so markiert hatte, durften nicht verkauft werden, und wenn ihr Besitzer seine Schuld nicht binnen sieben Tagen zahlen konnte, wurden sie abgeholt und versteigert.

Weil es ihrem Vater immer wieder irgendwie gelang, diese Katastrophe zu verhindern, bewahrte sich Käthe weiterhin ihren Kinderglauben an seine Allmacht.

ELF

DER *Stürmer* wurde in Schaukästen auf den Straßen ausgehängt, häufig an Straßenbahnhaltestellen, wo die Wartenden nichts Besseres zu tun hatten, als diese Zeitung zu lesen. Auch für Lise und Käthe war *Der Stürmer* dort einfach nicht zu übersehen. Die Titelgeschichten handelten immer von Sex und Gewalt: Jüdische Männer taten arischen Jungfrauen unbeschreibliche Dinge an. Andere Artikel beschrieben machiavellistische Politik und Finanzskandale, die das «internationale Judentum» verschuldet hatte. Die Strichzeichnungen, mit denen Juden karikiert wurden, waren nie so stark verfremdet, daß man nicht hier und da einzelne Züge von Prominenten wiedererkannt hätte.

Selbstverständlich glaubten Lise und Käthe nicht, was sie da lasen. Aber sie waren auch nicht imstande, es als völligen Unsinn abzutun, und die Erinnerung an das, was sie gelesen hatten, blieb haften.

Vom Religionsunterricht waren sie befreit. Käthe blieb während der Religionsstunden gern im Klassenzimmer sitzen und hörte zu, obwohl sie vorgab zu lesen. Nur einmal, in der Luisenschule, hat sie, als auf eine Frage keine Antwort kam, der Versuchung nicht widerstehen können, den Arm zu heben, und ihre Antwort war richtig. In dieser Schule gab es keine Morgenandacht. Bei der Morgenandacht in der Sarepta-Schule mußten die drei jüdischen Mädchen nur anwesend sein, brauchten aber nicht aktiv teilzunehmen. Die Rituale und Zeremonien der Nazis verursachten ihnen mehr Probleme. Ob sie nun um die Erlaubnis baten, fernbleiben zu dürfen oder dabeizusein und nicht mitzumachen, beides lenkte gleichermaßen die Aufmerksamkeit auf ihr Anderssein. Besonders für Käthe war das unerträglich. Im Unterschied zu Anne konnte sie einfach nicht glauben, daß all die anderen im Unrecht waren.

Sie hielt es für möglich, daß doch ein wenig Wahrheit in dem steckte, was die Nazis über die Juden sagten. Sie klagten die Juden so vehement so vieler Dinge an – selbst wenn nur ein Bruchteil stimmte, wäre das eine ganze Menge. Irgend etwas mußte mit den Juden los sein. Die Nazis waren nicht die ersten Antisemiten und nicht die einzigen. Die Juden waren früher oder später immer und überall verfolgt worden. Und wo lag der all diesen Ereignissen gemeinsame Faktor, wenn nicht bei den Juden?

Die Zionisten behaupteten, die Antwort zu wissen. Da sie aber selber Juden waren – waren die Juden nicht Lügner und Betrüger? –, konnte man ihnen doch schwerlich glauben. Selbstverständlich mußten sie so argumentieren – was sollte man auch anderes von ihnen erwarten als Entschuldigungen? –, daß nicht das Wesen, sondern die gesellschaftliche Stellung der Juden den Antisemitismus provoziere. «Gebt uns ein eigenes Land», sagten die Zionisten, «und wir werden beweisen, daß wir genauso sind wie alle anderen.» Anne behauptete, daß dann sowohl die Vorteile als auch die Nachteile des Jüdischseins verschwinden würden. Käthe konnte nicht erkennen, worin die Vorteile bestehen sollten, oder sie schätzte den Wert dieser Vorteile sehr niedrig ein. Sie wollte so sein wie alle anderen, und um das zu erreichen, war sie bereit, nach Palästina zu gehen.

Außerdem hatte es gar keinen Zweck, Deutschland zu verlassen, um in irgendeinem anderen Land zu leben: Man selbst, die eigenen Kinder oder die Kindeskinder würden eines Tages von neuem das gleiche Schicksal erleiden.

Anne sagte: «Ich wäre selbst dann gegen die Nazis, wenn sie plötzlich anfingen, die Juden zu lieben», und Käthe stimmte ihr zu, als sie alt genug war, um zu begreifen, was Anne meinte. Aber nicht Nazi sein zu wollen war nicht gleichbedeutend damit, Jude sein zu wollen.

Käthe wäre lieber Christin gewesen, denn das Christentum war aus dem Judentum hervorgegangen. Sie glaubte an den menschlichen Fortschritt: Was zeitlich später entstanden war, mußte besser sein. Außerdem schätzte sie ihren eigenen Wert so niedrig ein, daß sie davon ausging, alles, was für sie erreichbar war, könne nicht viel wert sein. Gar keine andere Wahl zu haben machte das Dasein als Jude zu einem Leben mit dem Strick um den Hals.

In Bielefeld gab es einige orthodoxe Juden, die zum größten Teil aus Polen stammten. Zwischen ihnen und den assimilierten Familien, wie den Loewenthals, gab es wenig Gemeinsamkeiten. Die Waisenkinder in Rüdesheim waren die ersten orthodoxen Kinder gewesen, mit denen Käthe je zu tun gehabt hatte, und sie hatte sie um ihre festen Überzeugungen beneidet. Da der Neid in ihrem Leben eine wichtige Triebkraft war, hatte sie damals die ersten Schritte in Richtung des orthodoxen Judentums getan. Aber erst nachdem sie in England angekommen war und alles Deutsche abgestreift hatte, sagte sie sich, wenn ich nun schon einmal jüdisch sein muß, dann will ich es in jeder Hinsicht sein und so umfassend wie irgend möglich. Sie lebte daraufhin streng orthodox, und das etwa zwei

Jahre lang, bis sie eine gewisse innere Stabilität gewonnen hatte.

Der erste, der ihr über das Judentum einiges von dem Wissen vermittelte, das ihr damals so sehr fehlte, war nicht Friedemann, sondern Dr. Kronheim.

Vom Unterricht bei Friedemann profitierte sie nicht viel. Während seiner Stunden wurde ihr Gehirn gewissermaßen von ihren Gefühlen umnebelt. Nicht aufgrund, sondern trotz seiner Bemühungen erlernte sie die Grundlagen der hebräischen Sprache und jüdischen Geschichte. Als sie gerade zwölf geworden war, bereitete Dr. Kronheim Anne, Lise und sie zusammen mit zwei anderen Mädchen im Frühjahr auf ihre Bat-Mizwa vor, die jüdische «Konfirmationszeremonie» für Mädchen, die das Reformjudentum von den Christen übernommen hat. Normalerweise wird sie, wenn überhaupt, gefeiert, sobald das Mädchen zwölf Jahre alt ist. Auf Selmas Wunsch hatten Anne und Lise warten müssen, bis auch Käthe dieses Alter erreicht hatte.

Ganz in Weiß gekleidet, standen die fünf Mädchen in einem Halbkreis auf dem Podium der Synagoge, das Gesicht zur Gemeinde, und sagten eine nach der anderen einen Text ihrer Wahl auf. Lise und Käthe hatten sich, wie immer gemeinsam, den 121. Psalm ausgesucht, von «Ich hebe meine Augen auf zu den Bergen» bis «Siehe, der Hüter Israels schläft und schlummert nicht». Lise rezitierte ihren Text auf deutsch, Käthe, die als Jüngere vor ihr an der Reihe war, auf hebräisch. Die Gemeinde hatte noch nie zuvor gehört, daß ein Mädchen in dieser Sprache vortrug, und sie reagierte wie ein Baum auf einen Windstoß. Anne, die Älteste, war zum Schluß dran. Sie hatte die Passage ausgewählt, in der ein Junge einen alten Mann fragt: «Wie bist du zu deiner Weisheit gekommen?», und der Mann antwortet: «Indem ich mich niemals geschämt habe, Fragen zu stellen.»

Die Feier fand am Tag des jüdischen Pfingstfestes statt, und die Synagoge war mit so viel Grün geschmückt wie nie zuvor. Möglicherweise war es die erste Bat-Mizwa, die dort gefeiert wurde. Die verfolgten Juden fanden ihren Weg zurück zu Gott, wenn sie auch die Gewohnheiten beibehielten, die die Assimilation mit sich gebracht hatte.

Anne hatte für einen Urlaub Geld gespart. Sie hatte beschlossen, Ferien zu machen, und sich auch schon entschieden, wohin sie fahren wollte – an die Ostsee, ganz in die Nähe des Ortes, wo sie als Kind aus Protest ins Meer gegangen war. Sie hatte ein Zimmer in einer Pension gebucht und eine Anzahlung geleistet, alles gegen den Widerstand ihrer Eltern, die fanden, sie sei zu jung, um alleine Urlaub zu machen, und müsse zudem nicht alles Geld, das sie verdiente, für sich selbst ausgeben.

Eines Nachmittags, als Käthe in das Schlafzimmer ihrer Eltern kam, war ihre Mutter noch im Unterzeug. Sie machte Käthe darauf aufmerksam, wie schäbig ihre Unterwäsche war, und sagte: «Es ist nicht recht, daß Anne so feine Sachen hat und ich nur diese. Auf die Idee, mir auch einmal etwas zu kaufen, kommt sie gar nicht.» Eine ähnliche Bemerkung ließ sie fallen, als Anne sich eine große beigefarbene Handtasche kaufte. Selmas Tasche war aus schwarzem Lackleder, überall abgeblättert und mit Löchern an den Ecken. Wenn sie sich über Lise und Käthe geärgert hatte, ließ sie ihrem Unmut freien Lauf, sie hütete sich aber stets, an Anne herumzunörgeln.

Wenn Käthe – bei Lise kam das so gut wie nie vor – sie mit irgend etwas geärgert hatte und sie sich tief getroffen fühlte, konnte sie sagen: «Die besten Jahre meines Lebens habe ich für euch geopfert!» Anne nannte das moralische Erpressung. Käthe konterte bei solchen Gelegenheiten, sie habe nicht darum gebeten, geboren zu werden. Nur Anne wagte, so zu handeln, als würde sie ihren Eltern gar nichts schulden.

In jenem Sommer wurde die Katag arisiert, und alle jüdischen Mitarbeiter verloren ihre Arbeitsplätze. Als Anne das zu Hause mitteilte, sagte Selma als erstes: «Um deinen Urlaub sollst du dir keine Sorgen machen. Vater wird das Geld, das dir noch fehlt, schon zusammenkratzen.» Was Anne zugestoßen war, war eine Katastrophe. Inzwischen konnte kein Jude mehr so einen Arbeitsplatz finden, und sie hatte nach acht Monaten Arbeit in der Katag nichts vorzuweisen, kein Papier, das ihre Chancen zu emigrieren verbessert hätte.

Daß der Verlust einer solchen Stelle von einem Mädchen wie Anne als Katastrophe empfunden wurde, war schon an sich eine Katastrophe.

Niemand in der Familie wagte, ihr «Arme Anne!» ins Gesicht zu sagen. Aber daß sie so dachten, muß sie gewußt und sich darüber geärgert haben. Sie machten es zu deutlich. Paul gab ihr mehr Geld, als sie erbeten hatte. Selma schneiderte ihr aus einem großen Seidenschal mit Fransen ein neues Kleid. Lise und Käthe suchten ständig nach Gelegenheiten, ihr einen Gefallen zu tun.

Arme Anne, die plötzlich darauf angewiesen war, sich mit solchen Wohltaten trösten zu lassen.

Im Sommer sorgte der Jüdische Frauenbund dafür, daß auch Lise zur Erholung verschickt wurde. Der Arzt empfahl Seeluft, und sie kam nach Norderney. Als sie nach vierzehn Tagen zurückkam, war sie noch immer blaß und bestand nur noch aus Haut und Knochen. Sie muß ihrer Mutter erzählt haben, wie es dort gewesen ist, und auch Briefe nach Hause geschrieben haben. Käthe wollte mit diesem Teil von Lises Leben, an dem sie keinen Anteil hatte, nichts zu tun haben.

Alle anderen Kinder dort waren jünger als sie, und die Heimleitung hatte sie als zusätzliche Hilfskraft eingesetzt. Lise hatte die neuen Aufgaben gerne übernommen, allerdings auf Kosten ihrer Gesundheit.

Käthe brauchte wieder eine feste Freundin, um sich aus der Abhängigkeit von Lise lösen zu können. Zu Beginn des Jahres freundete sie sich mit einem jüdischen Mädchen namens Helga an. Helga hatte schwarzes Haar, braune Augen und war sehr mager, sie sah Lise also äußerlich sehr ähnlich. Wie Anne war sie das älteste Kind. Sie war ein Jahr jünger als Käthe, die sich selbst in dieser Beziehung als die Dominierende sah.

Es war Käthes Idee, daß Helga mit ihr nach Rüdesheim kommen sollte.

Der Jüdische Frauenverband willigte ein, daß die beiden Mädchen zusammen fahren durften. «War das nicht nett von Vater, daß er das möglich gemacht hat?» fragte Käthe ihre Mutter, die aber sagte nur: «Er hat es nicht für dich getan, sondern für Erna Schwarz.» Helgas Mutter lebte in Scheidung. Sie war groß, schlank und immer sehr gut gekleidet, ihre Frisur immer makellos, ihre Hände manikürt und ihr Gesicht geschminkt. Käthe, die jetzt in die Pubertät kam, von Sexualität aber nicht die geringste Ahnung hatte, sah sehr wohl, warum Paul Erna Schwarz möglicherweise Selma vorziehen könnte. Aber als Mutter war sie viel zu selbstsüchtig und kalt. Liebe empfand Käthe meistens für Menschen, die sie bemitleidete. Helga liebte sie nicht nur um ihrer selbst willen, sondern auch weil sie eine solche Mutter und keinen Vater hatte, keine Anne und keine Lise, sondern nur eine kleine Schwester.

Helga war noch nie von zu Haus weg gewesen, und Käthe kannte das Heim, in das sie fuhren, schon. Käthe war überzeugt, sie werde sich um Helga kümmern müssen.

Wieder waren alle übrigen Kinder gemeinsam aus Köln gekommen, diesmal zusätzlich Schüler aus einem anderen Waisenhaus. Sie waren älter, auch große Jungen waren dabei, und orthodox waren sie auf keinen Fall. Sie lachten Käthe aus, weil sie, in der Annahme, die anderen würden das auch tun, ein Tischgebet sprach und sich streng an die Sabbatruhe hielt (am Sabbat wollte sie zum Beispiel keine Blumenketten binden).

Käthe empfand es als Kritik an sich selbst, wenn jemand anderem in ihrem Beisein Komplimente gemacht wurden. Weil man von Anne oft sagte, sie sei intelligent, glaubte Käthe, obwohl alles dagegen sprach, sie sei dumm. Weil Lise dünner war und viel über ihre Magerkeit geredet wurde, glaubte Käthe, sie sei dick – ein Irrtum, in dem sie durch die immer wieder geäußerte Feststellung, sie sähe ihrer Mutter so ähnlich, bestärkt wurde.

Wahrscheinlich war es gar nicht so, daß die anderen Kinder Helga anfangs lieber mochten als Käthe. Weder der einen noch der anderen gegenüber werden sie voreingenommen gewesen sein. Aber Helga ging mehr aus sich heraus, schon auf ein angedeutetes Lächeln reagierte sie mit einem Lächeln, während Käthe immer erst darauf wartete, ein zweites Mal angelächelt zu werden, um sicherzugehen, daß sie sich nicht geirrt hatte – besonders wenn es sich um jemanden handelte, mit dem sie sich gerne angefreundet hätte. Je beliebter Helga wurde, desto mehr verbot Käthes Stolz ihr, sich in einen Wettstreit mit Helga einzulassen. Jedes «Helga, Helga!» klang in ihren Ohren wie «Du nicht, Käthe».

Als sie sich eines Tages zur Mittagsruhe in den Schlafsaal begaben und Käthe entdeckte, daß sie zufällig mit Helga allein war, brach es aus ihr heraus: «Ich habe dich hierher mitgenommen. Es ist gemein, daß du dich mit den anderen gegen mich verbündest.» Helga antwortete, das tue sie doch gar nicht, und daß sie zusammen hergekommen seien, sei außerdem kein Grund, sich nicht auch andere Freundinnen zu suchen, und – das solle Käthe sich hinter die Ohren schreiben – sie werde sich zur Freundin nehmen, wen immer sie wolle.

Zu dem Zeitpunkt waren sie nicht mehr allein. «Los, sag ihr endlich mal deine Meinung!» wurde Helga von einer ihrer neuen Freundinnen ermutigt.

Käthes Argumente, die eigentlich Helga treffen sollten, trafen nur sie selber. Sie konnte nicht weiterreden, aus Angst, in Tränen auszubrechen. Sie zog Helga an den Haaren. Sofort lagen sie beide am Boden und kratzten und bissen sich. Die Zuschauer ergriffen Partei für Helga – sie war zierlicher, aber stärker – und feuerten sie an. Käthe wollte sich eigentlich gar nicht prügeln. Nur Jungen kämpften so miteinander, und sie wußte, was ihre Mutter von solchen Jungen hielt. Sie war entsetzt, in eine Schlägerei geraten zu sein, und hätte sich geschämt, wenn sie am Ende gesiegt hätte. Außerdem war ihr klar, daß ein Sieg sie dem Ziel ihrer Wünsche nicht nähergebracht hätte. Andererseits war es gegen ihre Natur, sich unterkriegen zu lassen.

Eine der Helferinnen hörte den Lärm, kam herauf und trennte die beiden. Sie verlangte von Käthe und Helga, daß sie einander die Hand gaben. Sie vermieden es, sich dabei anzusehen, und blieben unversöhnt. Helga packte ihre Sachen, die auf dem Bett neben Käthes Bett lagen, und schon forderten mehrere der Mädchen sie auf, ihre neue Nachbarin zu werden.

Dieses Mal, dachte Käthe, würde sie noch nicht einmal eine echte Blinddarmattacke retten. Wenn sie nach Bielefeld zurückkämen, würde alle Welt erfahren, was geschehen war. Daß auch Helga das nicht so gerne wollte, kam ihr nicht in den Sinn.

Damals, als Lise und sie sich mit den Kindern der Nachbarschaft unter ihrem Balkon zum Spielen trafen, war einmal ein Junge aus ihrem Versteck hinausgekrabbelt und hatte sich an der Wand vor Annes Fenster erleichtert. Käthe war ihm gefolgt, um nachzusehen, was er vorhatte, und hatte von der Seite kurz seinen Penis gesehen. Ihren Vater sah sie niemals nackt. Lise hatte ihr einmal Illustrationen in seinem Konversationslexikon gezeigt, die aber nicht deutlich genug waren, als daß Käthe etwas durch sie hätte lernen können, und Lise wußte auch nicht genug, um sie näher erklären zu können. In dem Kinderheim, im Sommer, als sie dreizehn wurde, fiel Käthe zum erstenmal die Ausbeulung in den Hosen der Jungen auf.

In dem Heim gab es acht Toiletten, vier auf jeder Seite des Ganges, der zum Duschraum führte. Es gab keine separaten Duschen und Toiletten für Mädchen und Jungen. Die Toiletten konnten nicht verriegelt werden. Die Türen reichten nicht ganz hinunter bis zum Fußboden, und ob eine Kabine besetzt war oder nicht, erkannte man daran, ob durch den Schlitz Füße zu sehen waren. Jungen gaben den Schwingtüren manchmal einen solchen Schubs, daß sie beim Rückschwung für einen Moment den Blick auf ein dort sitzendes Mädchen freigaben. Käthe fand, das Mädchen würde dadurch blamiert, und sie fürchtete, auch ihr könnte das passieren.

Die Trennwände zwischen den Toilettenkabinen waren aus billigem, laubgrün gestrichenem Holz. «Ist dir etwas an denen aufgefallen?» fragte sie eines Tages ein Mädchen, und Käthe antwortete, ja, man könne sich Splitter einreißen. «Die Astlöcher, du Dummchen», klärte sie ihre Informantin auf. Das letzte Klo auf der linken Seite hatte ein Loch in der Holzwand, durch das man die Jungen beim Duschen beobachten konnte. «Dann können sie uns ja auch sehen!» rief Käthe entsetzt aus. Nein, wurde ihr erklärt, wenn die Mädchen duschten, richteten sie es immer so ein, daß die besagte Toilette von einem Mädchen besetzt war. Den Jungen machte es nichts aus, wenn sie beobachtet wurden. Einige von ihnen genossen es sogar und stellten sich richtig zur Schau.

Käthe beobachtete die duschenden Jungen nicht, weil sie unbedingt ihre nackten Körper sehen wollte, sondern weil sie sich geschmeichelt fühlte, zu den großen Mädchen gezählt zu werden. Anne hatte sie auf den Widerspruch aufmerksam gemacht, daß Nacktheit einerseits als etwas Beschämendes galt, es aber andererseits hieß, daß der Mensch als Gottes Ebenbild erschaffen wurde. Anne hatte Zweifel daran, daß Gott existierte, sie zeigte sich niemals nackt. Sollte es vergleichbar sein, die Jungen anzusehen und Gott zu betrachten? Käthe kamen Zweifel. Im Jahr zuvor hätte sie ohne Zögern und mit der unbewußten Neugier eines Kindes geguckt. Sie war nicht wie Lise, die nie etwas tat, was sie nicht ihrer Mutter hätte erzählen können. Aber sie wollte nicht eines der Gebote übertreten.

So erlaubte sie sich nur kurze Blicke. Das reichte zwar, um von den anderen Mädchen nicht ausgeschlossen und ausgelacht zu werden, weil sie zu klein war, war aber nicht genug, um ihre gottgegebenen Sinne zu erfreuen.

Nach dem Gerangel mit Helga mochte sie den anderen nicht mehr in die Augen sehen. Sie war gerade dabei, diese Hemmung zu überwinden, als sie sich wegen des Gucklochs wieder mit ihrer eigenen Scham auseinandersetzen mußte.

Von den Jungen war ihr in diesem Jahr Ludwig besonders aufgefallen. Er war groß für sein Alter, und sie hatte ihn zunächst für älter gehalten. Alle seine Kleidungsstücke waren ihm zu klein, dadurch sah er etwas stoffelig aus. Aber er hatte verträumte blaue Augen, die im Kontrast zu seinem breiten, freundlichen Grinsen standen. Sein Haar war braun und lockig, und er hatte abstehende Ohren. Auf einem Spaziergang durch den Wald hatte er nach Käthe gesucht, aber nur um ihr eine belanglose Frage zu stellen, die sie sofort wieder vergessen hatte. Aber sie erinnerte sich deutlich, wie sie sich fühlte, als er auf sie zukam: als ob ihr bis dahin lauwarmes Herz plötzlich überkochen wollte.

Sie redete sich ein, er sei nicht unter den Jungen gewesen, die sie im Duschraum gesehen hatte.

Angst vor der Dunkelheit hatte sie noch immer, sie fürchtete sich von der Abend- bis zur Morgendämmerung, selbst wenn im Haus das Licht brannte. Daheim mußte Lise sie zur Toilette begleiten und vor dem Zubettgehen unter ihr Bett gucken. In Rüdesheim sah niemand unter die Betten.

Eines Abends, als die Lampen schon ausgeschaltet waren, fühlte sie, wie irgend etwas von unten ihre Matratze berührte. Kurz darauf gab es ein Mordsgeschrei und Gekicher, in das sich auch die eine oder andere Jungenstimme mischte. Der Schlafsaal verwandelte sich in einen Hexenkessel. Dann wurde das Licht angeschaltet, und ein halbes Dutzend Jungen kamen aus ihren Verstecken. Der Junge, der unter Käthes Bett gelegen hatte, war Ludwig.

Das verblüffte sie, aber sie redete sich ein, das habe nichts zu bedeuten, wahrscheinlich hatte er gar nicht gewußt, wessen Bett das war. Wenn es stimmte, wie einige Mädchen behaupteten, daß die Jungen sie nur beim Ausziehen hatten beobachten wollen und Ludwig wußte, wem welches Bett gehörte, dann interessierte ihn sicher das Mädchen, das ihr schräg gegenüberlag, wahrscheinlich Helga. Ihre Selbstverachtung ließ diesen Gedanken zur Gewißheit werden: Niemand sonst, weder ihre Mutter noch Lise, kannte sie so gut, wie sie sich selber kannte, und deshalb konnte all die Liebe, die ihr entgegengebracht wurde, sie nicht selbstbewußter machen.

Es ging das Gerücht um, diese Heldentat sei Ludwigs Idee gewesen. Ihr war das egal. Niemand und nichts konnte sie dazu bringen, sich einzugestehen, daß sie sich für ihn interessierte oder je interessiert hatte. Wenn man eine Beziehung einging, wurde man verletzlich, ihre Freundschaft mit Ingrid, ihre Freundschaft mit Helga hatten sie das gelehrt. Von jetzt an liebte sie nur noch heimlich und für sich allein.

ZWÖLF

IN jenem Herbst zeigte eines der Kinos in der Stadt den *Rattenfänger von Hameln.* Für die Schulen wurde eine Nachmittagsvorstellung angesetzt. In Käthes Klasse sollte sich melden, wer mitgehen wollte. Auch Käthe hob den Arm und wurde mitgezählt. «Die Schule wird nicht die letzte Entscheidung treffen können», sagten sie ihr zu Hause. «Wenn sie dich nicht hineinlassen, darfst du nicht enttäuscht sein.»

Daß sie sich während der Vorstellung nicht wohl fühlte, lag weder am Film noch an den Nazis. Wahrscheinlich hatte sie etwas gegessen, was ihr nicht bekommen war. Sie war zu Fuß zum Kino gegangen und ging auch zu Fuß wieder nach Haus, während die Dunkelheit hereinbrach und die Lichter angezündet wurden – also gerade zu der Zeit, in der sie am liebsten auf den Straßen unterwegs war.

Als sie daheim ankam, stand ihre Mutter in der Küche und bügelte. Um sie zu unterhalten, ahmte Käthe den Rattenfänger nach, sie ließ ihr Grammophon dazu laufen und hüpfte in blendender Laune umher. Ihre Mutter warnte sie immer vor dieser Art Hochstimmung, weil sie ganz schnell umschlug und man plötzlich weinen mußte. Es war ein doppeltes Vergnügen gewesen: Sie war im Kino gewesen, und sie war zusammen mit ihren Klassenkameraden dort gewesen. Das reichte nicht aus, ihre Euphorie zu erklären. Sie hatte noch immer diese ziehenden Bauchschmerzen, beim Gehen ließen sie etwas nach.

Sie hatte das Gefühl, ihre Blase leckte, wenn sie hüpfte und lachte. Sie fühlte in ihrem Schlüpfer nach, die Hand war blutig.

«Guck doch mal, Mutti!» rief sie, als ob für sie noch immer nichts wirklich wahr war, ehe sie es nicht ihrer Mutter mitgeteilt hatte. «Ich habe meine Tage.» Sie sang und tanzte herum, über die Maßen glücklich über den Beweis, daß sie endlich, wenigstens in dieser Beziehung, ihre Schwestern eingeholt hatte.

Es kann sein, daß Anne noch immer die Absicht hatte, Rechtsanwältin zu werden. Sie sprach nicht mehr darüber. Wenn sie jetzt über ihre Zukunft redete, behauptete sie, sie wolle einen englischen Lord heiraten. Käthe war es gewohnt, daß Anne tat, was sie sich vorgenommen hatte, deshalb glaubte sie, es sei Anne ernst. Für Käthe waren Phantasievorstellungen eine Flucht vor der Wirklichkeit, bei Anne waren sie die Proben aufs Exempel. Sie suchte jetzt eine Stelle als Haustochter in einem Kurort, um vielleicht dort einen geeigneten jungen Engländer kennenzulernen – oder sonst irgend jemanden, der ihr bei der Emigration behilflich sein konnte, vielleicht einen zukünftigen Arbeitgeber. Sie wird kaum auf einen potentiellen Ehemann gehofft haben.

Bad Oeynhausen war nicht sehr viel weiter von Bielefeld entfernt als Salzuflen. Trotzdem fuhr sie nicht vorher zu einem Vorstellungsgespräch dorthin, sondern alles wurde brieflich vereinbart. Nach vierzehn Tagen kam sie am Sonntag nach Hause. Sie war ungeheuer gesprächig, erzählte nicht nur über ihre Arbeitgeber, sondern imitierte sie auch. Wie die Dame des Hauses die Speisekammer durchsuchte, um Anne etwas zum Frühstück hervorzuholen, irgendeinen Rest, den der Hund nicht mehr fressen mochte. Die Dame des Hauses, wie sie Anne beim Wäschesortieren zusah: Die schmutzigen Unterhosen des Hausherrn müsse Anne mit der Hand waschen, was sollten denn die Leute über ihren Haushalt denken, wenn die mit in die Wäscherei kämen!

Ihre Familie lachte mit Anne, und das genau wollte sie, sie wollte nicht bemitleidet werden. Sie verstand es blendend, alle zum Lachen zu bringen. Selbst wenn Selma eher zum Weinen zumute war, brachte Anne sie zum Lachen, indem sie vorwegnahm, was Selma bei solchen Gelegenheiten zu sagen pflegte, und dabei genau ihren Tonfall traf: «Das ist gar nicht komisch, ich lache ja nur, weil meine Nerven überreizt sind.»

Es wäre nicht richtig, zu behaupten, Käthe habe Anne idealisiert, denn das würde ja bedeuten, daß sie ihre älteste Schwester höher einschätzte, als sie es verdiente. Was soll man von einem fünfzehnjährigen Mädchen halten, das sich bis dahin standhaft geweigert hatte, ein Trockentuch auch nur in die Hand zu nehmen, und jetzt Witze darüber machte, wie sie von wildfremden Menschen ausgenutzt wurde? Doch was konnte sie auch anderes tun, wenn sie sich ihren königlichen Stolz bewahren wollte?

Sieben Jahre später, in einem Krankenhaus in Bristol, drehten sich die Leute nach ihr um, wenn sie lachte. Das war kurz vor der Operation, die sie nur sechs Tage überlebt hat, obwohl alle voller Hoffnung waren, sie sei geheilt. Sie machte Witze über ihren Zustand, dabei mußte sie sich damals entscheiden, ob sie sich die Milz entfernen lassen sollte oder nicht, wohl wissend, daß die Operation ihren sicheren Tod bedeuten würde, wenn ihr Blut dadurch nicht seine Gerinnungsfähigkeit zurückerlangte.

Nach sechs Wochen in Bad Oeynhausen kam Anne wieder nach Hause.

Selma war wahrscheinlich überängstlich, wenn es um die Gesundheit ihrer Töchter ging. Sie brachte Käthe oft zum Arzt, ohne daß der etwas feststellen konnte. Anne fehlte damals nichts Ernsthaftes. Reizbar war sie schon immer gewesen. Der Nervenarzt verschrieb ein Brompräparat. Die Packung wurde neben Käthes Dose mit Glukose auf das Küchenbord gestellt. Aber Anne, überzeugt, sie müsse auf die Welt so und nicht anders reagieren, lehnte es ab, Beruhigungsmittel zu nehmen.

In der Schule hatte sie Französisch gelernt. Sie hielt es für zweckmäßig, jetzt auch Englisch zu können. Paul und Selma erklärten sich einverstanden, daß sie sich für einen sechsmonatigen Kursus anmeldete.

In den siebzehneinhalb Jahren, in denen er seine Töchter erzog, hat Paul sie nur zweimal körperlich bestraft. An einem Nachmittag in Brackwede, Selma schlief in der oberen Etage, weil es ihr nicht gutging, und Paul war gerade aufgestanden und noch im Nebenzimmer, begannen Anne und Käthe, sich zu zanken. Das taten sie oft. Für Käthe war Streit einer der Wege, mit Anne Kontakt aufzunehmen, sie auf sich aufmerksam zu machen. Worte oder Blicke von Anne konnten sie wütend machen. Aber wenn Anne sie gar nicht beachtete, geriet sie richtig in Rage. Käthe fing dann an zu schreien und ersetzte, wie Anne behauptete, fehlende Körpergröße durch Lautstärke.

Lise ermahnte sie, ruhig zu sein, und ausgerechnet sie hörte Paul, als er das Zimmer betrat. Er packte sie und gab ihr einen kräftigen Klaps auf den Hintern. Sie wußte, daß sie das nicht verdient hatte, und nahm es sich deshalb nicht sehr zu Herzen.

An einem Nachmittag des Winters, in dem Anne Englisch lernte, bekam sie eine Tracht Prügel. Juden durften keine öffentlichen Theater und Vergnügungsstätten mehr betreten. Aber in Bielefeld konnte man es noch riskieren, ins Kino zu gehen. Die meisten Leute zeigten als Einzelpersonen keine offene Feindschaft – es sei denn, sie konnten daraus persönliche Vorteile ziehen: So kam es vor, daß ein Nachbar einen Juden denunzierte, weil er dessen Haus oder Wohnung haben wollte. Kinder, besonders wenn sie in Uniform waren, beschimpften jüdische Kinder und warfen mit Steinen nach ihnen. Wenn das geschah, war es besser, man schlug einen anderen Weg ein oder wartete, bis sie fort waren. Etwas zu sagen oder gar zurückzuschlagen konnte die Sache für einen Juden nur schlimmer machen. Es kam zu Gruppenangriffen, in einem davon wurde unter anderen auch Friedemann verletzt, aber selten waren diese Angriffe spontan. Die Passanten blieben oft stehen, um zuzugucken, mischten sich aber in der Regel nicht ein.

Ins Kino zu gehen konnte man sich selten erlauben, weniger weil es verboten war, als weil es Geld kostete. Als Anne eines Tages gerade losgehen wollte, entdeckte sie, daß ihre Eltern das gleiche vorhatten. Hinter Lises und Käthes Rücken verzog sie sich hinter den Vorhang und zog ihren Mantel wieder aus. Paul folgte ihr. Innerhalb der Familie stand seit langem fest, daß Anne, wenn sie etwas unternahm, lieber allein sein wollte. Sie muß irgend etwas Schlimmes gesagt haben, oder die Art, wie sie es gesagt hat, muß ihn furchtbar wütend gemacht haben. Er warf sie auf ihr Bett, drehte sie um und schlug mit der flachen Hand auf ihr Hinterteil, immer und immer wieder. Und niemand griff ein, sie waren alle vor Schreck wie versteinert.

Im gleichen Winter kaufte Paul sich ein Leichtmotorrad. Er hatte seit seiner Jugend weder auf einem Pferd noch auf einem Fahrrad gesessen. Inzwischen war er ein relativ fülliger Mann mittleren Alters. Aber er wollte die Suche nach Arbeit in den Randgebieten der Architektur oder als Zwischenhändler nicht aufgeben. Er hatte zwar kein Glück, aber man sollte ihm nicht vorwerfen können, er habe nicht alles Erdenkliche versucht.

Er ließ sich von Käthe gegen Bezahlung die Verkehrsregeln beibringen. Solange er Geld hatte, war er nicht kleinlich. Wenn ihm ein unerwarteter Betrag auf den Schreibtisch flatterte, händigte er jeder seiner Töchter, ohne daß sie darum gebeten hätten, eine kleine Summe aus. Er zwinkerte ihnen dabei zu und riet ihnen, das Geld «für schlechte Zeiten» beiseite zu legen. Damit spielte er darauf an, daß er dieses Geld oder aber das Geld, was er ihnen, weil zufällig welches im Hause war, zum Geburtstag oder zu Chanukkah geschenkt hatte, manchmal gleich zurückhaben wollte. Wenn er an den Geburtstagen kein Geld hatte oder sich bei ihnen etwas lieh, stellte er feierlich Schuldscheine aus, die stets uneingelöst blieben. Auf der anderen Seite verlor er kein Wort darüber, wenn das Geld, das sie für ihn hatten beiseite legen sollen, ausgegeben war.

Kurz nach ihrem Umzug in die Küglerstraße fing er an, mit etwas zu handeln, für das er kleine, flache weißglänzende Schachteln brauchte, die rot beschriftet und mit der roten Silhouette eines Frauenkopfes versehen waren. Die Pappe für die Schachteln kam in flachen Stapeln an und mußte erst noch gefaltet werden. Erst später begriff Käthe, daß sie für den Postversand von Kondomen gedacht waren. Als das Geschäft pleite ging, wurden sie alle verbrannt. Aber das Briefpapier, das für seine anderen Unternehmungen – eine Baugesellschaft und eine Versicherungsagentur – gedruckt worden war, durfte Käthe behalten, als es nicht mehr gebraucht wurde. Sie schnitt die Briefköpfe mit der Schneidemaschine ihres Vaters ab und heftete die leeren Blätter zu Notizbüchern und Blöcken zusammen. Das machte ihr solchen Spaß, daß sie gar nicht genug Material herbeischaffen konnte. An einem Freitagnachmittag zerschnitt sie sich auch ein wenig von dem Briefpapier, das, wie sie sehr wohl wußte, noch benutzt wurde. Als man sie rief, weil sie sich zum Gang in die Synagoge fertigmachen sollte, ließ sie alles auf dem Tisch herumliegen.

Selma liebte es, die sonntäglichen Familienspaziergänge mit kleinen Spielchen zu würzen. So ließ sie ihre Töchter vorangehen und sagte dann so laut, daß sie es hören mußten, zu Paul: «Guck mal, was für niedliche Mädchen. Meinst du, man könnte sie mal ansprechen? Was hältst du davon, wenn wir sie bitten, mit uns nach Haus zu kommen?»

An jenem Freitagnachmittag gingen die drei wieder voran, als Selma plötzlich Käthe zu sich rief. Die anderen blieben auch stehen, aber Selma forderte sie auf weiterzugehen. Paul und sie wollten mit Käthe sprechen. Wenn man nähme, was einem nicht gehöre, so sei das Diebstahl, erklärten sie, und Briefpapier drucken zu lassen kostete Geld, das sie nur schwer aufbringen könnten. Wenn sie also das nächste Mal Papier brauche, solle sie gefälligst darum bitten.

Diese sanfte Zurechtweisung war schwerer zu ertragen als eine handfeste Bestrafung.

Solange Adolf Schönfeld Vorsitzender der jüdischen Gemeinde war, wurde jedes Jahr für die Kinder eine Chanukkah-Feier veranstaltet. Eine von Käthes allerersten Erinnerungen ist ihr Großvater, wie er mit einem Bündel bunter gasgefüllter Luftballons in den Saal kommt, Käthe zupft ihn am Ärmel, um ihn auf sich aufmerksam zu machen, er läßt los, und alle Ballons steigen bis unter die Decke. In ihrer Familie war es üblich, daß die Schwestern für dieses Fest neue Kleider bekamen. Sie waren immer etwas zu groß, damit sie auch noch für den folgenden Sommer reichten.

Es war ein typisches Zeichen der Zeit, daß jetzt die jungen Zionisten ein Fest für die Erwachsenen organisierten. 1934 brauchten sie für ihre Aufführung ein kleines Mädchen. Sie fragten Selma, ob Käthe mitmachen dürfte, aber Käthe hatte einen Horror davor, Theater zu spielen. So nahmen sie statt dessen Lise. Sie mußte ein Kind spielen, das sich für seine vom Schicksal der Armut geschlagenen Eltern aufopfert. Die Rolle paßte so gut zu ihr, daß Selma mit Glückwünschen zu den schauspielerischen Fähigkeiten ihrer Tochter überhäuft wurde.

Nach der Veranstaltung wurden einige junge Juden von einer Gruppe Nazis, die ihnen aufgelauert hatten, in eine Schlägerei verwickelt. Unter den glücklicherweise nicht schwer Verletzten war Friedemann. Von da an sagte Dr. Kronheim bei jedem Synagogengottesdienst, nachdem er die Gemeinde gesegnet hatte: «Gehen Sie schnell auseinander, auf dem Heimweg sollten Sie zu zweit oder zu dritt gehen, und vermeiden Sie, Aufsehen zu erregen.»

Im folgenden Jahr fand keine gemeinsame Chanukkah-Feier statt. Die aktivsten Führungskräfte der Bielefelder Zionisten-Gruppe waren emigriert. 1936 schickte die Organisation deshalb einen jungen Mann aus Köln.

Sein Spitzname Baby – er lispelte furchtbar – war ihm vorausgeeilt. Sonst wußte niemand in Bielefeld etwas über ihn. Aber unter den zionistischen Kindern herrschte große Aufregung wegen seines bevorstehenden Kommens, besonders unter den Mädchen, die schon so alt waren, daß sie sich für Jungen interessierten. Lise und Käthe waren noch in dem Entwicklungsstadium, in dem sie Jungen verachteten. (Kurze Zeit zuvor hatte das Mädchen, das ihre Gruppe leitete, Käthe beiseite genommen, um sie zu fragen, was denn mit Lise los sei, weil sie sich noch nicht für Jungen interessierte. Vielleicht tat sie es ja und war nur zu schüchtern und zu unsicher, oder aber sie hielt sich zurück, damit Käthe sie einholen konnte.)

Der junge Mann hatte schwarze Haare, die ihm steil zu Berge standen, und tiefliegende dunkelbraune Augen. Er war sehr jung für seine Aufgabe, aber sein Spitzname paßte doch nicht zu ihm. «Nennt mich einfach Bernt», sagte er. Sein Gesicht war streng, und er nahm sich selber sehr ernst. Es lag ihm so viel daran, Eindruck zu machen, daß er sogar zu einer Lüge griff. Käthe kam einige Monate später dahinter. Er behauptete, er selbst habe den Text zu einem hebräischen Lied geschrieben, das er ihnen beibrachte. In Wirklichkeit war der Text von der Dichterin Rachel, die in Deganya gelebt hat und früh gestorben ist.

Käthe blieb Friedemann zuliebe im Kinderchor der Synagoge, sie war neben Lise die einzige, auf deren Benehmen Friedemann sich verlassen konnte. Die Zeit, in der sie gerne sang, war vorbei. Sie weigerte sich, am Chanukkah-Chor teilzunehmen. Sie weigerte sich, in der Theatergruppe eine Rolle zu übernehmen. «Wenn du nirgends mitmachen willst, brauchst du auch nicht zu den Proben zu kommen», sagte Bernt. Sie hatte gehofft, seiner Aufmerksamkeit entgangen zu sein, denn er weckte in ihr Gefühle, mit denen sie nicht zurechtkam. Sie wollte durchaus etwas zu der Veranstaltung beitragen, und das nicht nur, um einen Grund zu haben, weiter an den Proben teilzunehmen. Inzwischen war sie zur überzeugten Zionistin und ein wenig auch zur Propagandistin geworden.

Als sie auf dem Nachhauseweg über das Programm nachdachte, wurde ihr klar, daß noch irgend etwas fehle, es war nicht eindeutig genug. Was bisher geplant war, konnte man höchstens als kindliche Unterhaltung von Leuten abtun, für die, wie bei ihrem Vater – und so wie er dachten viele –, ihr Judentum nie im Leben eine Rolle gespielt hätte, wären nicht die Nazis gekommen.

Zu Hause angekommen, ging sie ins Schlafzimmer, um allein zu sein. Das Licht war gedämpft, weil Anne den Vorhang nicht aufgezogen hatte. Sie stellte sich an ihren Nachtschrank und verfaßte ihr erstes Gedicht. Mit Bleistift schrieb sie die Worte auf einen Zettel, eins, dann noch eins oder eine ganze Zeile auf einmal, wenn sie sie überdacht und für gut befunden hatte. Die Worte waren in ihrem Kopf, sie brauchte nur zu warten, bis sie hervorkamen. Es war kaum anders, als wenn ihre Mutter ihre Einkaufsliste aufschrieb.

Das Gedicht begann mit den Worten «Wacht auf, Ihr Juden!» und forderte dazu auf, nicht andere darüber entscheiden zu lassen, was Jüdischsein bedeutete. Sie sollten lernen, es als einen Vorzug und nicht als Bürde zu empfinden, sie sollten sich für die *Emigration* in das Land Israel entscheiden, weil es das Land ihrer Wahl sein mußte und nicht weil sie in Deutschland unerwünscht waren.

Sie schrieb das Gedicht auf sauberem Papier in Schönschrift ab und nahm es mit zur nächsten Probe. Bernt war in jeder freien Minute umlagert. Sie wollte nicht mit den anderen um seine Aufmerksamkeit kämpfen, nein, auf keinen Fall, nicht um ihretwillen, sondern um des Gedichtes willen. Sie wollte, daß ihr Gedicht ernst genommen würde, und das würde es nicht, glaubte sie, wenn er erführe, daß es von der verachtenswerten Käthe kam. In jeder anderen Angelegenheit hätte sie Lise um Hilfe gebeten, aber Lise wußte nichts von dem Gedicht. Allein in die Ferien zu fahren war nur ein Beweis physischer Unabhängigkeit. Ein Gedicht zu verfassen, das war ihre erste wirklich autonome Tat.

Sie drückte sich so lange in Bernts Nähe herum, bis er sie fragte: «Gibt es noch irgend etwas, was du mir sagen willst?» Er behandelte sie ziemlich von oben herab, nicht gerade freundlich. Ihre Mutter hatte ihr, weil sie so oft log, häufiger gesagt, daß aus Lügen nichts Gutes entstehen könne. Wortlos überreichte sie ihm ihr Gedicht. Er las es und las es noch einmal, bevor er sie fragte, wo sie es herhabe. Er legte ihr eigentlich die Antwort in den Mund: «Ich habe es in einem Buch gefunden.»

«Was für ein Glück», sagte er. «Verstehst du, was es bedeuten soll? Wenn ja, würdest du es dann aufsagen? Das wäre dann ein fabelhafter Prolog.»

In dem Teil des Saales, der sonst durch eine Falttür abgetrennt und als Büro genutzt wurde, war eine Bühne mit einem Vorhang errichtet worden. Man hatte so viele Stühle aufgestellt, daß gerade noch ein Gang frei blieb, und alle waren besetzt. Als die Lichter ausgingen, wurde es still. Bernt stand in den Kulissen und winkte sie zu sich. «Nervös?» flüsterte er, sie wünschte, er hätte das nicht gefragt. Für die Gefühle, die sie bewegten, war das nicht das richtige Wort. Sie schüttelte den Kopf.

Er lächelte ihr zu, aber sie lächelte nicht zurück. Ihr Gesicht war ernst und auf den Moment konzentriert, in dem der Vorhang aufgehen sollte. Der junge Mann legte für einen kurzen Augenblick seine Hand auf ihren Kopf.

Und plötzlich begriff sie, was sie für ihn empfand. Das war es, wovon Anne immer gesagt hatte, sie sei zu jung, um es zu begreifen. Anne saß jetzt da draußen, irgendwo im Publikum, bei ihren Eltern. Lise und Käthe hätten zwischen den Eltern gesessen, aber Anne saß vermutlich neben ihnen, oder sogar ein paar Plätze entfernt, als ob sie nicht zu ihnen gehörte. Käthe dachte darüber nach, was für einen Eindruck sie gleich auf Anne machen würde, als Bernt vor den Vorhang trat, um das Publikum zu begrüßen und sie anzusagen. Die Entdeckung, die sie gerade gemacht hatte, daß sie in ihn verliebt war, mußte warten. Erst kam ihr Gedicht.

Es können nur wenige Leute im Saal gewesen sein, die sie nicht als Enkelin von Adolf Schönfeld erkannten, selbst wenn sie noch nie näher über sie nachgedacht hatten. Sie sah ihrer Mutter sehr ähnlich, außerdem war sie sicher dem einen oder anderen zusammen mit ihrem Vater begegnet, und Paul Loewenthal kannte jedermann. Auf der leeren Bühne muß sie sehr klein, sehr einsam ausgesehen haben, sehr blaß, weil sie Schminke abgelehnt hatte, und sehr ernst unter ihren dichten Augenbrauen.

Die Stimme, die keine Melodie halten konnte, konnte dafür Worte zum Klingen bringen. Der Saal faßte mehrere hundert Personen, und es gab kein Mikrophon. Aber von Käthes Worten konnte man jedes einzelne noch in der entferntesten Ecke genau verstehen. Es muß die Leute in Erstaunen versetzt haben, daß dieses zarte Kind so kraftvoll vortragen konnte.

Der Anblick, den sie bot, hat ihrem Gedicht zu seiner

großen Wirkung verholfen. Jedenfalls meinten das alle, als herauskam, daß Käthe es verfaßt hatte. Anne dagegen behauptete: «Sie wollen nur nicht zugeben, daß sie sich von den Worten eines Kindes so haben rühren lassen.»

In der Synagoge wurden jetzt auch Kulturabende veranstaltet. Im darauffolgenden Monat stand Musik für Klavier und Geige und eine Dichterlesung mit Hilde Marx aus Berlin auf dem Programm. Seit Juden nur noch vor jüdischem Publikum auftreten durften, waren die Vortragenden gelegentlich weltberühmte Künstler. Käthe wußte nicht, ob Hilde Marx berühmt war oder nicht, und sie konnte hinterher auch nicht sagen, ob die Gedichte ihr gefallen hatten. Sie hatte sie gar nicht richtig gehört, weil alle ihre Sinne von der Veranstaltung als solcher in Anspruch genommen waren.

Nach der Veranstaltung wurde Käthe von Leuten angesprochen, die sie zum Teil gar nicht kannte: «Eines Tages wirst du genauso dort stehen und deine Gedichte vortragen.»

Sie schrieb ihre Gedichte nicht, um berühmt zu werden. Wenn sie davon träumte, berühmt zu werden, dann nur, weil das für ihre Gedichte gut sein würde, ihre Gedichte sollten bekannt werden, nicht sie. Die Veranstaltung hatte ihr klargemacht, daß Poesie ebensoviel bedeuten konnte wie Musik – das Paradies, das für immer jenseits ihrer Reichweite lag. An jenem Abend jedenfalls, so empfand es Käthe, hatte Hilde Marx für wenige Augenblicke mit Mozart auf einer Stufe gestanden. Das versöhnte Käthe mit ihrem eigenen Talent. Allerdings hätte sie, wie von allem, auch davon gern mehr gehabt.

Sie sah sich als Dienerin ihrer Begabung. Rilke hat einmal gesagt, wer leben könne, ohne Gedichte zu schreiben, sei nicht zum Dichter berufen. Als Käthe dies etwa zwei Jahre später in seinen *Briefen an einen jungen Dichter* las, hatte sie schon selber entdeckt, daß der Wunsch, ein Gedicht zu verfassen, zum Dichten einfach nicht ausreichte.

Man mußte willens und bereit sein. Und wenn man Glück hatte, kam das Gedicht über einen wie das Wetter vom Horizont. Als erstes erkannte man, wovon es handeln sollte, und dann übermittelte es einem seine Form wie eine Melodie. Dann mußte man alle Gedanken konzentrieren – was immer man auch tat, man durfte an nichts anderes als an das Gedicht denken, an das Gedicht mußte man denken, aber ohne Worte. Diese Gabe, ohne Worte denken zu können, befähigte sie zum Dichten.

Sie formte die Gedichte in ihrem Kopf, meist wenn sie allein spazierenging. Die Worte flogen ihr zu wie Tauben in den Schlag. Sie schrieb nichts auf, ehe es nicht so gut war, wie es nur ging. Indem sie die Worte niederschrieb, verlieh sie ihnen Selbständigkeit, und erst dann konnte sie sie beurteilen. Wenn sie sie aber dann nicht gut fand, war es für Änderungen zu spät.

Sie verfaßte nicht viele Gedichte. Alle handelten, wie das erste, von der Lage der Juden. Bevor sie von zu Hause fortging, war das das einzige Thema, das Kräfte in ihr freisetzte, die nach Ausdruck verlangten.

Sie merkte bald, daß es keinen Sinn hatte, die Gedichte ihrer Mutter zu zeigen. Selma wollte Käthe ermutigen und machte ihr Verbesserungsvorschläge, und gerade das führte zu Streitigkeiten zwischen ihnen. Während ihre Mutter meinte, als Erwachsene wisse sie es besser, war Käthe überzeugt, daß sie selbst es besser wisse, weil sie das Gedicht schließlich verfaßt hatte. Ihrem Vater zeigte sie nichts, weil er in ihren Augen nicht genügend Sinn für Literatur hatte, und Anne zeigte sie nichts, weil sie damit die

Gedichte zu einem Mittel degradiert hätte, um von Anne Lob einzuheimsen. Nachdem Lise einmal gelobt hatte, was Käthe selbst späterhin unzulänglich fand, hatte es noch nicht einmal Sinn, sie Lise zu zeigen. Lise verhielt sich all ihrem Tun gegenüber viel zu unkritisch, und ihre Gedichte hatten Besseres verdient.

Statt dessen schickte Käthe sie an die *Jüdische Rundschau*. Der Herausgeber der Kinder-Beilage nahm sie meistens an. Sie schickte ihm einmal ein Gedicht zu Schawuot, dem Fest, das zeitlich mit dem christlichen Pfingstfest zusammenfällt. Es kam zu spät und wurde deshalb bis zum folgenden Jahr beiseite gelegt. Als es dann erschien, wurde ihr Alter ein Jahr jünger angegeben. Es ärgerte sie, daß sie allen ständig erklären mußte, woran das lag, bis Anne sagte: «Das war das größte Kompliment, das der Herausgeber dir machen konnte.»

Bald schon machte er ihr ein noch größeres Kompliment. Der Herausgeber schrieb ihr, wenn sie nicht noch so jung wäre, würde er ihre Gedichte im Hauptteil des Blattes bringen, ausgereift genug seien sie.

Das lag daran, daß sie stets mehr zum Ausdruck brachten, als ihr selbst bewußt war.

DREIZEHN

DIE Fahrt von Bielefeld nach Herrlingen dauerte sieben Stunden, hinzuzurechnen waren die Wartezeiten beim Umsteigen in Köln und Ulm. Käthe wäre es auch recht gewesen, wenn sie noch weiter hätte fahren müssen. Sie wollte heraus aus ihrem Leben und hinein in ein neues und war noch naiv genug, zu glauben, das könne sie erreichen, indem sie von zu Hause fortging.

Das Abschiednehmen von ihrer Familie fiel ihr immer leicht. Schwer war für sie nur das Getrenntsein. Wurzel ihrer ständigen Ungeduld war ihre Sorge, mit den Dingen nicht fertig werden zu können. Es ging ihr wie Till Eulenspiegel: Sie freute sich über schlechte Zeiten, weil es dann ja nur noch besser werden konnte, und ärgerte sich, wenn alles glattging, weil es dann nur wieder schlechter kommen konnte. Die meiste Zeit beschäftigte sie sich nicht mit dem Leben, sondern mit irgendeiner Geschichte, die in ihrem Kopf herumspukte.

Sie wußte, daß in dem Zug von Köln nach Ulm auch andere Kinder sein mußten, die auf den Weg ins gleiche Internat waren wie sie. Sie machte keinerlei Versuch, sie zu finden. Statt dessen stellte sie sich in ihrer Phantasie vor, daß irgend jemand sie in ihrem Abteil finden würde, ein etwas älterer Junge mit lockigem Haar und dunklen Augen. Den muß es in ihrer Vergangenheit gegeben haben, vielleicht war es Günther der Elsternzähmer, denn sie war nicht auf Schönheit aus, sondern auf eine gewisse Ähnlichkeit: Er hatte Ohren wie Topfhenkel und ein überaus breites Grinsen. Der Junge in Rüdesheim, Ludwig, war ihm sehr nahgekommen.

Vor ihren Augen zog die herrliche Rheinlandschaft vorüber, in wenigen Stunden sollte der bisher größte Umbruch in ihrem Leben stattfinden, sie aber kapselte sich von der Realität ab und spann sich in ihre Tagträume ein. «Weißt du, welches der Lorelei-Felsen ist?» würde sie den Jungen fragen. «Hast du Heine gelesen?», und wenn er alles gelesen hätte, was sie schon gelesen hatte, dann wäre er ihr Spiegelbild, und wenn er überhaupt nichts gelesen hätte, würde er sie ergänzen. Sie konnte sich nicht entscheiden, was sie besser finden sollte.

Auf dem Bahnhof in Ulm – inzwischen war es dunkel, es regnete und war windig – wurden die Neuankömmlinge von den Lehrern zusammengerufen. Man konnte die Internatsschüler sofort erkennen, denn selbst Kinder, die erst ein halbes Jahr in Herrlingen gewesen waren, legten viel Selbstsicherheit an den Tag, die die meisten anderen jüdischen Kinder in Deutschland längst nicht mehr besaßen.

Du wirst ihn erkennen, wenn du ihn siehst, sagte sich Käthe. Aber sie konnte ihn nicht entdecken.

Niemand sonst interessierte sie. Als sie da standen und auf die Kleinbahn warteten, kam sie überhaupt nicht auf den Gedanken, mit einem Mädchen Bekanntschaft zu schließen. Daß sie unbedingt einen Freund finden wollte, war etwas Neues. In Bielefeld hatte sie das nicht gekannt. Dort war keine der Beziehungen zu Jungen mehr als ein harmloser Flirt gewesen. Keiner von ihnen hatte sie je geküßt, sie hatte noch nicht einmal mit jemandem Händchen gehalten. Jetzt, da sie in eine Grube voller fremder Menschen geworfen würde, sehnte sie sich danach, sofort einen Verbündeten zu finden. Es war eine Art pubertäre Suche nach einem Ersatz für Lise.

Eine leichte Schwäche in ihren Fußgelenken war nicht so gravierend, daß sie orthopädische Schuhe tragen mußte, aber Selma hatte ihr immerhin Schuhe nach Maß anfertigen lassen, nachdem Paul ihr vierzig Mark zum Geburtstag geschenkt hatte. Käthe mußte immer genau hinsehen, wo sie hintrat, damit sie nicht mit dem Fuß umknickte, was zur Folge hatte, daß sie die Leute nicht ansah, selbst wenn sie stillstand. Deshalb war sie auch nicht gewohnt, jemandem nur flüchtig in die Augen zu sehen. Jetzt, wo sie darauf eingestellt war, eine bedeutungsvolle Beziehung zu einem fremden Menschen einzugehen, hatte sie, wie es Anne getan hätte, diese Angewohnheit zum Prinzip erhoben: Man sieht keinem Menschen in die Augen, ohne damit etwas ganz Bestimmtes zu bezwecken. Und so begrüßte sie auf der kurzen Fahrt von Ulm nach Herrlingen zwar die Kinder, die ihr die Hand reichten, sah ihnen aber nur kurz ins Gesicht und machte keinen Versuch, sich die zu den Gesichtern gehörenden Namen zu merken.

Am Bahnhof wartete eine Gruppe von Jungen, die ihnen mit dem Gepäck helfen sollten. Käthe hatte das Gefühl, der ganze Tag sei nur auf das entscheidende Treffen zugelaufen. In ihrer Ungeduld hatte sie zunächst angenommen, daß es beim Umsteigen in Köln passieren würde, dann auf der Fahrt am Rhein entlang. Schließlich hatte sie sich Hoffnung gemacht, ihm auf dem Bahnhof in Ulm zu begegnen. Jetzt, fürchtete sie, war die Zeit fast abgelaufen.

Und da stand er und sah völlig anders aus, als sie ihn sich vorgestellt hatte. Er war größer, fast schlaksig, und hielt sich nicht besonders gerade. Er war älter, als sie ihn sich vorgestellt hatte, und dunkelblondes Haar fiel ihm in die Stirn. Seine Augen lagen so tief, daß sie in der Bahnhofsbeleuchtung nicht erkennen konnte, welche Farbe sie hatten. «Hallo!» sagte er mit einem breiten Grinsen, als er bemerkte, daß sie ihn betrachtete. Aber so begrüßte er auch andere. Sie war nicht sicher, ob er derjenige war. Aber es war außer ihm niemand da, der es hätte sein können.

Er zog die Karre mit dem Gepäck. Andere Jungen halfen ihm, indem sie schoben. Sie versuchte nicht, in seine Nähe zu kommen. Im Augenblick genügte es, zu wissen, daß es ihn gab. Da sie über ihn nachdachte, mußte sie nicht überlegen, was sie wohl auf dem Gipfel des Berges erwartete, den sie unter den letzten Nachzüglern hinanstieg.

Das Internat bestand aus vier Häusern, die in einem waldähnlichen Park standen. Am ersten Haus, dem Martin-Buber-Haus, gingen sie vorbei. Dort wohnten Hugo und Judith Rosenthal und weitere Mitglieder des Lehrerkollegiums (der Rest hatte sich im Dorf Zimmer gemietet). Vor dem Haus daneben, dem Rambam-Haus, blieben sie stehen. Käthes Name wurde aufgerufen, sie sollte hier einziehen. Achtzehn Jungen und Mädchen, die nicht mehr zur Unterstufe, aber meist noch nicht in die Oberstufe gehörten, wohnten hier im ersten Stock in Zwei- oder Dreibettzimmern. Die Hausmutter zeigte Käthe und den anderen Kindern die Räume. Käthe kam in ein Dreibettzimmer, in dem aber außer ihr nur noch ein Mädchen wohnte, das ein Jahr älter war als sie und Marianne Holländer hieß.

«Es ist der schönste Raum im ganzen Haus», sagte Marianne. Das stimmte, denn es war ein Eckzimmer mit zwei Fenstern. Sie hatten es rein zufällig bekommen, aber Käthe sah jetzt in allem einen tieferen Sinn: Vermutlich hatte sie Privilegien, weil Hugo einmal ihre Mutter geliebt hatte, dachte sie. Im Zimmer standen ein einzelnes Bett und zwei übereinanderliegende Kojen. Da Marianne das Zimmer bis dahin allein bewohnt hatte, gehörte ihr das Bett. «Aber du kannst es haben, wenn du unbedingt willst», sagte Marianne. So veränderten einen die Aufenthalte in Herrlingen. Erst sehr viel später erzählte sie Käthe, daß sie sich zunächst davor gegrault hatte, das Zimmer mit jemandem teilen zu müssen, aber vom ersten Augenblick an habe sie Käthe gerne mit im Zimmer gehabt. Es hätte Käthe geholfen, sich einzugewöhnen, wenn sie das eher erfahren hätte.

Marianne hatte etwas Ähnlichkeit mit Anne. Sie war ebenso zurückhaltend wie sie. Es dauerte Monate, bis sie Käthe erzählte, daß auch sie im Internat einen Freiplatz hatte, und über ein Jahr, bis sie ihr eines Tages eröffnete, daß sie einmal einen jüngeren Bruder gehabt hatte, der mit sieben Jahren an Meningitis gestorben war. Zu Haus hatten sie ein Gemälde im Wohnzimmer hängen, das nach seinem Tod nach einer Fotografie angefertigt worden war. Marianne hatte eines Tages ihre Eltern davor stehen sehen und gehört, wie ihr Vater sagte: «Wenn schon einer von den beiden sterben mußte, dann hätte es lieber Marianne sein sollen.»

Den Krieg hat sie in England überlebt, aber sie hat sich bald nach Kriegsende das Leben genommen.

Käthe wählte die untere Koje. Sie hätte sich geweigert, in der oberen zu schlafen, weil sie Angst hatte hinunterzufallen. Als sie später für ein drittes Mädchen Platz brauchten, nahm Marianne das obere Bett. Ob sie bereit seien, sich mit Leonie das Zimmer zu teilen, hatte man sie vorher gefragt, sie sei jünger als sie und ihre Eltern seien geschieden. Bei dieser Gelegenheit wurde Käthe klar, daß auch Marianne vor ihrem Kommen befragt worden sein mußte. Hugo muß der Ansicht gewesen sein, Marianne könne die Rolle von Käthes Schwestern übernehmen, und so war es tatsächlich. Sie war für Käthe die drittwichtigste Person in Herrlingen.

Die wichtigste war für sie, wie für alle anderen auch, Hugo. Seine Persönlichkeit und seine Überzeugungen hatten das Landschulheim Herrlingen zu dem gemacht, was es war.

Käthe war ihm schon einmal begegnet, als er seine Schwestern in Bielefeld besuchte. Selma hatte sie vorgewarnt: «Er ist unwahrscheinlich häßlich.» An konventionellen Vorstellungen gemessen, war sein Gesicht tatsächlich häßlich, aber gerade das machte seinen Charme aus. Damals hatte er quer über den Tisch ihre Hand ergriffen und ihr gesagt, sie sehe genauso aus wie ihre Mutter im gleichen Alter. Das verwirrte Käthe, ihr zukünftiger Direktor sollte Selma geliebt haben, die doch gar nicht besonders gut in der Schule gewesen sein konnte. Sie hatten sich kennengelernt, weil er ihr als Student Nachhilfe gegeben hatte. Erst Jahrzehnte später, als sie sich in Haifa wiedertrafen, erklärte er Käthe, daß ihr Großvater einem armen jungen Mann mit diesen «Nachhilfestunden» einfach etwas Geld hatte zukommen lassen wollen.

Das Abendessen hatte schon begonnen, als sie an ihrem ersten Abend in Herrlingen zusammen mit den anderen im Hauptgebäude, dem Bialik-Haus, eintraf. Hugo stand vom Tisch auf, um die Spätankömmlinge zu begrüßen, und Käthe bildete sich ein, er sei allein ihretwegen aufgestanden. Jeweils zehn Personen saßen an den einzelnen Tischen im Speisesaal, darunter ein Lehrer oder ein älterer Schüler. Die Kinder waren in gemischte Gruppen aufgeteilt, wie in kleine Familien, und jede Gruppe hatte einen Tisch für sich.

Käthe folgte dem Beispiel der anderen, ging zu Hugo und gab ihm die Hand. Zu Beginn jeder Mahlzeit wurde ein Dankgebet gesprochen – es war, außer bei speziellen Anlässen, kurz –, danach herrschte Stille, bis Hugo verkündete: «Ihr dürft reden.» Da die Mahlzeit schon vor einer Weile begonnen hatte und man sich an jenem Abend besonders viel zu erzählen hatte, war es sehr laut. Das schüchterte Käthe noch mehr ein. Sie stand da, verunsichert und verwirrt, unter ihren großen Augen dunkle Ringe, weil sie so müde war. Ihre buschigen Augenbrauen waren eng zusammengezogen: ein Mädchen, das für seine Jahre zu alt war, dem das Talent zu leben fehlte und das sich selbst ernster nahm, als ihm guttat.

«Wo gehört sie denn hin?» fragte Hugo jemanden und meinte damit, zu welcher Gruppe. Die Worte trafen einen wunden Punkt in Käthe. Hugo sah, daß sie gekränkt war, und sorgte dafür, daß an seinem Tisch ein Platz für sie frei gemacht wurde, ihm genau gegenüber, damit er sie anschauen konnte, glaubte Käthe, weil sie wie ihre Mutter aussah. Sie bekam kaum einen Bissen hinunter, er betrachtete sie unablässig, mit offensichtlicher Zuneigung.

Als Erzieher muß er nach einer Weile erkannt haben, daß es nicht ratsam war, Käthe besondere Aufmerksamkeit zu schenken. Das steigerte nur ihre Erwartungen ins Unermeßliche. Ihre Mutter hatte immer behauptet: «Wenn man ihr den kleinen Finger gibt, nimmt sie gleich die ganze Hand.» Während der Zeit, die sie an seiner Schule verbrachte, hat sich Hugo, so schien es Käthe jedenfalls, außer bei zwei Anlässen, nicht weiter mit ihr befaßt.

Als sie ungefähr drei Wochen da war, bestellte er sie in die Bibliothek und erinnerte sie daran, daß sie als Schülerin der Untertertia zu den Älteren gezählt wurde. Man erwarte von ihr, daß sie ihre Hausaufgaben ohne Aufsicht in der Zeit zwischen der Mittagsruhe und der Gemeinschaftsstunde erledige, die mit der Pause am späten Nachmittag begann. Sie hatte diese Zeit mit Kurt Saxl verbracht.

Schon im Zug hatte sie gehört, wie die Leute sich über Gabriel Rosenthal unterhielten, Hugos ältesten Sohn, der gerade Herrlingen verlassen hatte, um nach Israel zu gehen. Hugo hatte noch zwei weitere Kinder, und auch andere Bewohner des Landschulheimes waren fortgegangen, aber alle sprachen sie nur von Gabriel. Er war ein brillanter Hansdampf, der nicht zu bändigen war. «Schade, daß du ihn nicht kennengelernt hast», sagten alle, wenn sie nicht die Worte fanden, um ihn zu beschreiben.

Er war in Annes Alter. Er und Käthe sollten einander nie begegnen, nur auf den Kinderseiten der *Jüdischen Rundschau* erschienen seine Zeichnungen und ab und zu mal eine seiner Erzählungen Seite an Seite mit Käthes Gedichten. Er wurde zum Marineoffizier ausgebildet und ertrank bei einem feindlichen Angriff vor der Küste von Sizilien, wie alle jungen Juden an Bord des Schiffes. Sie waren auf dem Weg in den Krieg gegen Deutschland gewesen.

Seinerzeit war er nach Ben Shemen gegangen, dem Kinderdorf, das in Käthes Tagträumen so eine große Rolle spielte. Als sie eine Fotografie von ihm sah, wurde ihr klar, daß er der Junge war, nach dem sie Ausschau gehalten hatte. Von da an liebte sie ihn so, wie sie Friedemann liebte: Was sie über die beiden wußte, baute sie zu privaten Legenden aus. In ihrem Leben spielte Gabriel keine Rolle, nur in ihrem Kopf.

Da sie eben nur Käthe war, gab sie sich in der Wirklichkeit mit Kurt Saxl zufrieden.

Ungefähr einen zehnminütigen Fußmarsch entfernt, mitten im Wald, lag das «Waldheim», in dem acht Jungen und Mädchen zwischen neun und siebzehn Jahren wohnten. Sie alle konnten aus irgendwelchen Gründen nicht zu Hause leben, und ihre Eltern hatten nicht das Geld, sie im Landschulheim unterzubringen, und Stipendien hatten sie nicht bekommen. Sie durften am Unterricht teilnehmen – Hugo war nicht aufs Geld aus. Kurt Saxl war mit knapp siebzehn der älteste von ihnen. Er hatte die Schule schon verlassen und bereitete sich auf seine Emigration vor. Damit er solange im Waldheim bleiben konnte, machte er sich als Handwerker und Mädchen für alles nützlich. In der Terminologie der Nazis war er Halbjude.

Seit er Käthe bei ihrer Ankunft am Bahnhof zum erstenmal gesehen hatte, kam er zur Schule herüber, sooft er konnte. Er rannte, wenn nötig, den ganzen Weg, um rechtzeitig zur großen Pause dazusein. Käthe stand am Treppenhausfenster, von wo sie den ganzen Schulhof überblikken konnte, und hielt nach ihm Ausschau. Es dauerte drei Tage, bis sie aufeinandertrafen. Er stürzte ins Haus und die Treppen hinauf, und sie sauste nach unten, bis sie sich Auge in Auge gegenüberstanden. «Langsam kam es mir schon so vor, als ob ich dich nur im Traum gesehen hätte», sagte er zu ihr. Dasselbe hatte sie auch gerade gedacht.

Nachdem sie sich von der Suche nacheinander erzählt hatten, fiel ihnen nichts mehr ein. Sie war heilfroh, als es zum Unterricht läutete. Noch immer lächelnd, rannte er mit großen Schritten zurück zu seiner Arbeit. Sie kehrte mit hochrotem Kopf in ihren Klassenraum zurück. Die anderen sahen sie von der Seite an, schwiegen aber taktvoll.

Wenn er mit der Arbeit fertig war, kam er zu ihrem Haus und pfiff unter ihrem Fenster, noch am gleichen Tag, am nächsten Tag, etwa drei Wochen lang fast jeden Tag.

Sonnabends trafen sie sich schon früher und hatten auch mehr Zeit füreinander. Wenn er nachmittags nicht kommen konnte, suchte er sie am Vormittag in der großen Pause, nicht etwa nur, um ihr das mitzuteilen, sondern weil er sie unbedingt sehen mußte, ebenso wie sie ihn. Manchmal kam er dann doch noch, nur um sie schnell einmal anzusehen. Immer, wenn sie ihn erblickte, kam es ihr vor, als gehe aus heiterem Himmel ein Donnerschlag auf sie nieder.

Als sie auf ihrem ersten gemeinsamen Spaziergang das Grundstück verlassen und eine Wegbiegung hinter sich gelassen hatten und niemand außer der freien Natur ihnen zuschaute, legte er seinen Arm um ihre Schultern. Sie hatte nur eine dünne Bluse an, so daß sie kaum einen Unterschied spürte, als seine Handfläche dann auf ihren nackten Arm glitt. Dann wieder legte er seine Hand um ihren Hals, unter ihre Haare, die sie damals schulterlang und offen trug. Mit seinem Daumen hielt er ihren Nacken fest und mit den Fingerspitzen berührte er ihr Ohrläppchen. Niemand, weder ihre Mutter noch Lise, hatte sie je so berührt. Keine Berührung hatte je zuvor eine solche Wirkung auf sie ausgeübt. Sie ging ihr durch die Haut in die Blutbahn, durchströmte sie bis in die Kniekehlen. Sie blieben stehen, sanft und vorsichtig drehte er ihr Gesicht zu sich und drückte seinen Mund auf ihren Mund. Sein Kopf verdeckte die Sonne. Keiner von ihnen war erfahren genug, die Lippen zu öffnen.

Sie hatte das Gefühl, er berühre ihr Herz.

Danach gingen sie eng umschlungen weiter, seine Taille fühlte sich schlank und muskulös an. Sie blieben wieder stehen, dann wieder, als gehorchten sie der gleichen unhörbaren Musik, während sie die Signale des anderen deuten lernten. Sie waren sehr ernst und sehr gehemmt.

Käthe erzählte ihm nicht, daß sie noch nie von einem Jungen geküßt worden war. Sie fürchtete, er würde sie dann nicht mehr so begehrenswert finden. Sie selber zweifelte seine Attraktivität keineswegs an, als er ihr beichtete, vor ihr noch kein Mädchen geküßt zu haben. Ein Instinkt, von dessen Existenz sie bis dahin nichts gewußt hatte, hatte ihr das ohnehin verraten. In allen Lebensbereichen wollte sie stets die erste sein, und deshalb freute es sie, daß sie seine erste Freundin war. Sie hatte gleich das Gefühl, etwas mehr wert zu sein.

Eine ganze Weile schien es ihr, als brauche sie niemanden anderes als ihn, als brauche sie ihre Eltern und ihre Schwestern nicht mehr. Alle anderen in der Schule wurden unwichtig, und als sie dann später gern auch mit anderen Kindern Freundschaften geschlossen hätte, war das Beziehungsgeflecht dieses Jahrganges bereits fest geknüpft.

Wenn es regnete, gingen sie zum Waldheim und saßen in einem Schuppen, den er sich als Bude zurechtgemacht hatte. An den Wänden hingen aus Zeitschriften herausgeschnittene Bilder von Argentinien, dem Land, in das er emigrieren wollte. Dort brauchte man Leute, die bereit waren, Bauern zu werden. Auch Käthes Vater hatte sich dazu bereit erklärt, war aber abgelehnt worden, weil er zu alt war. Der Gedanke, daß Kurt nach Argentinien gehen würde, bereitete ihr keinen Kummer. Sie war froh, daß er aus Deutschland herauskommen konnte. Sie war sich auch darüber im klaren, daß er nur für diese Zeit der Richtige für sie war.

Selbst jetzt war sie nicht hundertprozentig von ihm überzeugt. Die Kinder aus dem Haus Waldheim wurden von den Landschulheimkindern nicht ganz für voll genommen. Daß er unter so ärmlichen Bedingungen lebte, war für Käthe eine zusätzliche Attraktion, es stärkte ihr Selbstwertgefühl. Außer mit Marianne freundete sie sich in Herrlingen nur mit einem einzigen anderen Mädchen an. Sie war nicht nur eine Waldheimerin, sondern auch noch zwei Jahre jünger als sie. Diese Beziehung befriedigte die Seiten in ihr, die sie durch ihr Verhältnis zu Lise entwickelt hatte. Aber auch ihr Verhältnis zu Anne hatte sie geprägt. Sie strebte stets nach Menschen, die für sie unerreichbar waren: Friedemann, Gabriel und später zwei ihrer Lehrer. So wie sie gebaut war, hätte sie nur eine Beziehung zu jemandem befriedigt, der diese Beziehung eigentlich gar nicht wollte.

Selma war es trotz der Nazis gelungen, ihren Töchtern eine Kindheit zu schaffen, die sie als glücklich in Erinnerung behielten. Nur über Sex konnte sie mit ihnen nicht sprechen, und sie ließ Käthe nach Herrlingen gehen, ohne sie aufgeklärt zu haben (am Ende des folgenden Jahres verließ sie ihre Eltern für immer, ohne mit ihrer Mutter jemals über diese Dinge gesprochen zu haben). Möglicherweise konnte auch Anne nicht über Sex sprechen, jedenfalls tat sie es nicht. Und Lise betrachtete es als eine ihrer Aufgaben, Käthe von allem abzuschirmen.

Schon in Brackwede war Käthe Kindern begegnet, die «schmutzige Sachen sagten». Da ihr damals das gute Einvernehmen mit ihrer Mutter wichtiger war als die eigene Neugier auf diesem Gebiet, war sie solchen Gesprächen aus dem Wege gegangen oder hatte einfach nicht zugehört. Inzwischen war ihr die Zustimmung ihrer Mutter nicht mehr so wichtig, zumindest glaubte sie das. Da sie aber noch immer unter dem Einfluß ihres Großvaters stand, wollte sie, daß all ihr Tun die Billigung ihres Gottes erführe. Einst hatten die Rabbinen, um Mose Gebote zu bewahren, einen Zaun von weiteren Gesetzen um sie herum errichtet. Und jetzt erklärte sie, weil sie sich mit Gottes Regeln nicht genau auskannte und um auf Nummer Sicher zu gehen, ihren ganzen Körper vom Hals an abwärts für tabu, nur Berührungen, wie sie sie von Lise kannte, waren erlaubt.

So konnte sich die Freundschaft zwischen ihr und Kurt nicht weiterentwickeln. Sie hatten schon auf ihrem ersten Spaziergang die Grenze dessen erreicht, was sie für zulässig hielt. Für sie spielte das Geistige eine größere Rolle als das Physische. Körper waren fest umrissen, meinte sie, aber für das, was man denken und fühlen konnte, gab es keine Grenzen. Es genügte ihr, mit Kurt Hand in Hand oder eng umschlungen einherzugehen, denn ihre Unterhaltungen und die Waldumgebung waren ihr Ersatz für alles, was es sonst noch geben mochte. Wenn Kurt sie an seine Brust drückte, bekam sie keine Luft, weil ihre Nase zugepreßt wurde – er war so viel größer als sie. Darauf konzentrierte sie sich, um so jeden Gedanken an seinen erigierten Penis, der gegen ihren Bauch drückte, wegzuschieben. Sie fühlte ihn, ohne zu wissen, was es war.

Aber tief innen wußte sie mehr, als sie sich eingestehen oder verarbeiten konnte. Sie hatte schon öfters eine Mandelentzündung gehabt, und als sie Halsschmerzen bekam, übertrieb sie so sehr, daß sie in Quarantäne auf die Krankenstation geschickt wurde, die an das Martin-Buber-Haus angebaut war. Dort lag sie nun und war erleichtert, daß von außen keinerlei Anforderungen an sie gestellt wurden.

Aus der gescheiterten Freundschaft mit Ingrid hatte sie nichts gelernt, oder sie hatte das, was sie gelernt hatte, vergessen oder hielt es jetzt nicht für anwendbar. Jedenfalls schrieb sie lange, liebevolle Briefe an Kurt, nicht an den wirklichen Kurt, sondern an einen Kurt, wie sie sich ihn wünschte. Um ihm, bevor sie sich wieder trafen, Zeit zur Antwort zu lassen, um sein Verlangen nach ihrer Gesellschaft, wenn auch nur in geistiger Hinsicht, anzufachen, mußte sie noch etwas in der Krankenstation bleiben, deshalb rieb sie das Fieberthermometer gegen ihren Handteller.

Marianne hörte zufällig, wie die Hausmutter mit der Oberschwester telefonierte: Käthes Hausarzt habe keine Hinweise gegeben, daß Käthe zu extremen Fieberschwankungen neige. Man hatte sie nämlich nicht immer mit dem Thermometer allein gelassen. Nun setzte die Oberin dem Spiel ein Ende, indem sie beim Messen dabeiblieb.

Sie suchte Kurt in seiner Bude auf, und er nahm sie noch einmal mit auf einen Spaziergang. Das Grün der Bäume war dunkler geworden, und um sie her stand alles in voller Blüte. Aber er behielt die Hände in den Taschen seiner schwarzen Cordsamtshorts, die sich von den kurzen Hosen der Hitlerjungen nur dadurch unterschieden, daß auf den Hosenknöpfen keine Hakenkreuze waren; das hatte er ihr einmal gezeigt und sie damit furchtbar verwirrt. Er trug sein dunkelblondes Haar ziemlich lang. Es war dünn, und die Art und Weise, wie er es aus dem Gesicht nach oben schleuderte, paßte, wie sie fand, nicht mehr zu seinem Charakter. An dem Tag allerdings war er sehr verschlossen. Was immer sie sich einfallen ließ, es machte keinen Eindruck auf ihn. Sie paßten nicht zueinander, erklärte er ihr, sie sei zu gefühlsbetont, sie hätte ihre Freundschaft zu ernst genommen. Er fühle sich von ihr emotional überrollt. Sie müsse zusehen, daß sie einen Freund ihres Alters fände.

Er solle zugeben, daß er sie nicht mehr liebe und daß das sein und nicht ihr Fehler sei, verlangte sie. Aber das wollte er nicht. Schließlich teilte er ihr mit, daß er noch vor Ende des Monats abreisen werde.

In der Eingangshalle des Bialik-Hauses hing eine Tafel, an der die Heimbewohner ihre Fotografien ausstellten, damit auch andere Abzüge bestellen konnten. Irgend jemand hatte eine Aufnahme von Kurt Saxl gemacht, weil er demnächst fortgehen würde. Käthe traute sich nicht, ihren Namen auf die Bestelliste zu setzen, wo ihn alle sehen konnten. Sie war noch immer ein Kind: Sie hatte das Gefühl, so unbedeutend zu sein, daß sie sich selbst weismachen mußte, sie stehe im Zentrum des allgemeinen Interesses.

Sie hätte gern ein Bild von ihm gehabt, obwohl sie es nicht brauchte, um sich zu erinnern, wie er aussah.

VIERZEHN

Wenn Käthe in den Ferien nach Hause kam, nahm sie problemlos wieder ihren Platz innerhalb der Familie und innerhalb der Gemeinde ein – aber es war doch nicht so, als sei sie niemals fort gewesen. Jedesmal, wenn sie drei Monate weg gewesen war, stellte sie fest – als hätte sie von sich selbst Abstand gewonnen –, daß sie in der Zwischenzeit etwas erwachsener geworden war. Das lag nicht so sehr daran, daß einfach die Zeit verging, sondern war auf den Einfluß von Herrlingen zurückzuführen. Als sie ihr Chanukkah-Gedicht verfaßt hatte, war es ihr ganz gewiß ernst gewesen. Aber damals hatte sie nicht gewußt, daß sie sogar stolz darauf war, Jüdin zu sein. In der jüdischen Umgebung kam dieses Gefühl nun vollends heraus. Auf der einen Seite ging so einer ihrer größten Wünsche in Erfüllung, der Wunsch, irgendwo dazuzugehören; darüber hinaus erhielten die Lehren ihres Großvaters und der Zionistischen Jugend nun neue Nahrung.

Im Herbst 1937 war sie so leidenschaftlich an Israel interessiert, daß sie wegen dieses Landes sogar einen Langlauf gewann. Außer am Sabbat und bei starkem Regen begann ihr Tag mit einem Dauerlauf. Sie liebte das Gefühl der Morgenluft auf ihrer noch nachtwarmen Haut. Die Kinder trafen sich an einer bestimmten Stelle im Wald, und von dort liefen sie alle zusammen zurück zum Sportplatz vor dem Bialik-Haus, wo noch Gymnastik gemacht wurde.

Wenn die längste Route genommen wurde, blieb überhaupt keine Zeit für die Gymnastik übrig, deshalb geschah das selten. Eines Morgens verkündete der Lehrer, sie sollten die lange Strecke um die Wette laufen, er setze zwei Kalender mit Bildern aus dem Land Israel als Preis für den schnellsten Jungen und das schnellste Mädchen aus.

Käthe war keine gute Sportlerin. Weder sie noch sonst jemand ahnte, wie schnell sie laufen konnte. Das Umherstreifen in den Feldern und Wäldern um Brackwede, die täglichen Fußmärsche durch Bielefeld, als Lise und Käthe das Fahrgeld sparten, hatten ihre Wadenmuskeln gestärkt. Aber in erster Linie war ihr Sieg ihrer wilden Entschlossenheit zuzuschreiben.

Durch ihren Sieg wurde sie bei den Jungen ein wenig beliebter. Der Kapitän der Fußballmannschaft testete sie sogar für sein Team. Die Jungen verziehen ihr nie ganz, daß sie sich als ersten Freund einen Waldheimer ausgesucht hatte, und sie hat dann in Herrlingen weiter keine Freundschaften mit Jungen mehr geschlossen.

Während der Ferien in Bielefeld legte sie sich nun jedesmal einen Freund zu, behielt ihn aber nie lange, weniger, weil die jungen Männer häufig auswanderten, sondern weil sie stur war: Gleich in den ersten Tagen suchte sie nach jemandem, den sie mit ihren romantischen Vorstellungen behaften konnte, und das in größter Eile, weil sie ja nur wenige Wochen zur Verfügung hatte.

Der wichtigste unter ihnen war Hans-Peter Schürmann, der Bruder jener Gisela, die sie in Salzuflen getröstet hatte, als die das Bett neben ihrem Kinderbett belegte. Er war ganze neun Jahre älter als Käthe und arbeitete in der Kurzwarenabteilung im größten Warenhaus der Stadt, das damals noch in jüdischem Besitz war. Er war groß, dunkel und gutaussehend und hatte eine schöne, rauhe Stimme. Nach der Reichskristallnacht ist er nach Holland geflohen, von dort wurde er über das Lager Westerbork nach Auschwitz gebracht, wo er im Frühjahr 1944 starb oder ermordet wurde.

Das einzige, was zwischen ihnen passierte, war, daß er ihr über das Haar strich oder ihre Hand hielt und sie sich küßten. Ihre Gefühle für ihn waren so stark – oder sie redete sich selber ein, sie wären es –, daß sie immer mehr Zeit mit ihm zusammen verbringen wollte. Schließlich wartete sie jeden Abend nach der Arbeit vor dem Personalausgang auf ihn. Seine Arbeitskollegen sahen sie und neckten ihn. Käthe sah jünger aus, als sie war, und wirkte neben ihm sehr klein. Etwa eine Woche vor dem Ende ihrer Ferien weigerte er sich eines Tages, sich weiterhin mit ihr zu treffen. Dies war nicht das einzige Mal in ihrem Leben, daß sie vor lauter Gier nach mehr das verlor, was sie schon hatte.

Lise war ebenfalls in Hans-Peter verliebt. Käthe erfuhr das erst viele Jahre später, vielleicht war sie zur gleichen Zeit wie Käthe in ihn verliebt. Möglicherweise hat er Käthe aufgegeben, weil er Lise vorzog. Käthe wußte gar nicht, daß die Jungen angefangen hatten, sich für Lise zu interessieren. Sollte es dafür Beweise gegeben haben, so hatte Käthe sie nicht zur Kenntnis genommen, so sehr war sie davon überzeugt, sie sei auf allen Gebieten, außer dem der Musik, besser als Lise.

Für gewöhnlich hatten sie, was Jungen anbetraf, nicht den gleichen Geschmack. Meistens wußte Käthe, in wen Lise gerade verliebt war. Eine ganze Weile war es Horst Hauptmann. Wie Hans-Peter ist er nach Holland geflohen, von da wurde er nach Riga deportiert, wo er sehr bald umgekommen ist. Er war der Leiter der Bielefelder Zionisten, und jedes Mädchen innerhalb dieser Bewegung ist irgendwann einmal in ihn verliebt gewesen.

Ihre Familie bereitete Käthe, ehe sie das erste Mal aus Herrlingen nach Hause kam, darauf vor, daß Anne bei ihrer Rückkehr nicht mehr dasein werde, denn sie hatte in dem international berühmten Kurort Bad Nauheim Arbeit gefunden. Die Feststellung, daß das Leben in ihrer Familie weitergegangen war, während sie fort war, brachte Käthe ganz durcheinander. Wieso hatte Anne nicht bis zu Käthes Rückkehr gewartet? Jetzt begriff sie, wie recht sie hatte, sich selbst für unwichtig zu halten. Bis dahin hatte sie gar nicht gewollt, daß man sie ernst nahm, wenn sie solche Gedanken äußerte.

Annes Arbeitgeber hatten ein Andenkengeschäft. Sie hatte sich vorgestellt, sie würde hinter dem Ladentisch stehen. Das war in dem Moment alles, was sie sich vom Leben erhoffte: eine Gelegenheit, mit der Welt jenseits der deutschen Grenzen in Kontakt zu kommen. Sie war überzeugt, sie würde diese Chance dann schon zu nutzen wissen.

Man ließ sie die Hausarbeit machen. Anne erledigte sie, als wäre sie Lise. Während die Kursaison immer weiter fortschritt, legte sie sich für diese fremden Menschen mit weit größerem Eifer ins Zeug, als sie es je daheim getan hatte. Sie hatten ihr versprochen: «Wenn du dich hier bewährst, werden wir dich im Laden bedienen lassen.» Vielleicht waren es sehr einfache Leute, die nicht erkennen konnten, was sie an Anne hatten, aber sie waren auch Juden, und sie waren auch Eltern eines halbwüchsigen Sohnes. Sie hätten wahrhaftig etwas mehr über Anne und ihr eigenes Verhalten ihr gegenüber nachdenken können. Anne schrieb nach Haus und beklagte sich bitter.

Paul schrieb an ihren Arbeitgeber. Der schrieb zurück, sie müsse erst angelernt werden, außerdem ginge das Geschäft schlecht. Auf jeden Fall, so schrieb er, könne Anne seine Kunden gar nicht bedienen, wegen ihres Sprachfehlers. Man hätte ihn vorher von dieser Behinderung in Kenntnis setzen müssen, dann hätte er ihr den Posten gar nicht erst angeboten.

Was für ein Sprachfehler? fragten sich Paul, Selma, Lise und Käthe. In den ganzen sechzehn Jahren ihres Lebens hatte noch niemand etwas an Annes Sprechweise auszusetzen gehabt. Sie lispelte ein wenig, sehr wenig, das war alles. Was waren das nur für Leute! Da hatte man ihnen Anne überlassen – nicht irgendein Mädchen, das sowieso als Bedienung in ihrem Laden viel zu schade war, sondern Anne, und sie wagten es, an ihr herumzumäkeln, ja, ihr Fehler anzudichten, die sie nie gehabt hatte. Wie weit es mit den Loewenthals schon gekommen war, konnte man daran sehen, daß sie Anne nicht schrieben und sie auch nicht anriefen, um ihr zu sagen, sie solle nach Haus kommen.

Statt dessen ging Selma zu Dr. Kronheim – die höchste ihr wohlgesonnene Instanz, an die sie sich wenden konnte –, um sich schriftlich bestätigen zu lassen, daß Anne keinen Sprachfehler hätte beziehungsweise daß dieser Sprachfehler so geringfügig sei, daß er, der Rabbiner, ihn noch nie bemerkt habe. Sein Brief war zugleich eine persönliche Referenz.

Für die Juden, die damals in Deutschland lebten, mußte es schon als Triumph gelten, daß ein Mädchen wie Anne die Erlaubnis bekam, in einem Andenkenladen hinter dem Tresen zu stehen.

Zur gleichen Zeit, als Käthe nach Herrlingen ging, trat Lise eine Lehre bei der Damenschneiderin Frau Nathan an, zu deren Kundenkreis vor der Hitlerzeit auch Selma gehört hatte. Sie bekam immer noch Aufträge von Ariern und hatte auch zwei arische Assistentinnen. Die jungen Mädchen waren beide Anfang Zwanzig und erzählten in Lises Beisein in einer Weise von ihrem Leben und ihren Liebschaften, als hätte Lise keine Ohren. Aber sie waren ausgesprochen nett zu ihr.

Auch von Frau Nathan wurde sie gut behandelt. Aber auch ihr machte Lise es leicht, sie auszunutzen. Sie mußte den Kunden die fertigen Kleider ins Haus bringen. «Mach so schnell, wie du kannst», ermahnte sie Frau Nathan, sicher nur aus alter Gewohnheit. Lise nahm das wörtlich und legte Hin- und Rückweg im Laufschritt zurück. Die Trinkgelder, die sie bekam, lieferte sie ab, damit sie geteilt werden konnten. In ihren Augen war das nur fair, und sie ließ sich auch nicht davon abbringen, wenn jemand aus Mitleid ausdrücklich betont hatte: «Das ist nur für dich.»

Ihre Arbeitszeit ging von acht bis sechs. Selma stand immer vor Lise auf. Im Winter zündete sie den Ofen im Zimmer ihrer Töchter an (der einzige Dauerbrenner war der in der Küche). Aber Lise hatte nicht Zeit genug zu warten, bis es warm wurde. Sie hatte sich angewöhnt, sich unter der Decke anzuziehen, und dabei schlief sie immer wieder ein.

Die schönsten Kleider sahen bei Lise nach nichts aus, und deshalb nahm man an, es spiele sowieso keine Rolle, was sie anhätte. Ihr selbst war es auch egal. Wenn sie ihr seidiges schwarzes Haar kämmte, gab sie sich nicht einmal Mühe, den Scheitel gerade zu ziehen. Sie versuchte gar nicht erst, was Anne an ihrer Stelle bestimmt getan hätte, das Beste aus ihrem Typ zu machen. Sie war schon früh zu dem Schluß gekommen, das alles hätte doch keinen Zweck, denn egal, wieviel Mühe sie sich gäbe, so hübsch wie Anne und Käthe würde sie nie aussehen.

Sie besaß ein Kleid – vielleicht war es in dem Winter ihr einziges – aus Frotteestoff mit schmalen, waagerechten Streifen in sämtlichen Grün- und Braunschattierungen. Es wurde von oben bis unten mit Druckknöpfen zugemacht, und Lises klamme Finger brauchten so viel Zeit dazu, daß Käthe beim Zusehen ungeduldig wurde. Sie, die für die Ferien aus Herrlingen nach Hause gekommen war und noch das Leben eines Kindes führen konnte, schrie sie an: «Wach doch auf, Lise!» Sie spürte selbst, was Lise empfand: draußen die Kälte und drinnen die Erschöpfung, und sie wünschte sich von Herzen, Lise etwas von ihrer eigenen Energie abgeben zu können.

Lises Bett war ihr so vertraut wie ihr eigenes. Seit der Zeit, als sie zu ihr gekrochen war, weil sie Geschichten erzählen oder spielen wollte, wußte sie, wie es sich anfühlte. Als Lise noch klein war, hatte ihr irgendein Arzt, weil sie so oft Nasenbluten hatte, ein Roßhaarkissen verschrieben. Sie benutzte es noch immer, es war klein, hart und flach. Nicht immer war Käthe zu Lise ins Bett gekommen, weil sie sie nicht in ihrem eigenen Bett haben wollte. Früher hatte sie Lise manchmal sogar befohlen, zu ihr zu kommen und ihre Hand auf ihr Kreuz zu legen, weil es ihr weh tat – und Lise war in dieser unbequemen Stellung liegengeblieben, ohne sich zu rühren, bis ihre kleine Schwester eingeschlafen war.

Selma behauptete, sie habe das Klavierspielen aufgegeben, weil Paul sich aus Musik nichts machte und weil ihre Töchter, als sie noch klein waren, nicht stillsitzen und zuhören konnten, sondern auch auf den Tasten herumklimpern wollten. Es müssen sich aber oft Gelegenheiten ergeben haben, wo sie, wenn sie nur gewollt hätte, zu ihrem eigenen Vergnügen hätte spielen können. Warum gönnte sie sich das nicht?

Sie ermutigte noch nicht einmal Lise zum Spielen. Lise hätte lieber Geige gespielt. Als sie noch ganz klein war, hatte sie sich eine gewünscht und eine Spielzeuggeige bekommen. Wenn man ihr glauben darf – und wer sollte es besser wissen als sie selbst? –, wurden damit entscheidende Weichen für ihr ganzes Leben gestellt. Ein Talent wie das ihre hätte sich mit Brachialgewalt seinen Weg bahnen müssen, aber ihr fehlte der dazu nötige Egoismus.

Bis ungefähr zur Pubertät wollte Käthe alles haben, was Lise besaß. So hatte sie ebenfalls eine Mundharmonika und eine Blockflöte und lernte diese Instrumente auch zu spielen, wobei sie fehlendes Talent durch wilde Entschlossenheit ersetzte. (Schlittschuhe und Rollschuhe hatte sie auch, gab sich aber mit den entsprechenden Sportarten längst nicht soviel Mühe.) Als sie noch in die Sarepta-Schule gingen und das Straßenbahngeld sparten, kaufte sie sich, noch bevor sie sich eine Armbanduhr zulegte, das einfachste Hohner-Akkordeon. Sie leistete eine Anzahlung und entrichtete Woche für Woche die Raten, wofür sie Buttermilch und Lakritze opferte, bis das Akkordeon ihr gehörte.

Immerhin wurde sie mit dem Instrument so gut fertig, daß sie andere Kinder beim *Horrah*, einem Kreistanz, begleiten konnte – solange niemand zuhörte, der wirklich etwas vom Akkordeonspiel verstand. Lise akzeptierte, daß dieses ausschließlich Käthes Instrument sei, und berührte es nicht einmal mit dem kleinen Finger, auch nicht, um Käthe das Spielen beizubringen. Käthe konnte in diesem wie in anderen Fällen einfach nicht ertragen, daß Lise in der Lage war, sie zu belehren.

Lise kaufte sich eine Laute. Bei der Chanukkah-Feier in jenem Jahr saß sie ganz allein im Schneidersitz auf der Bühne und sang hebräische Lieder. Das Publikum war begeistert und bat um eine Zugabe nach der anderen. Als Käthe aus Herrlingen nach Hause kam, schwärmten die Leute noch immer von Lises Gesang.

Käthe wurde so neidisch, daß sie, wenn sie die Zeit hätte zurückdrehen können, Herrlingen aufgegeben hätte, nur um zu Chanukkah daheim sein und auch solch einen Eindruck auf ihre Heimatgemeinde machen zu können.

Als Lehrling im Schneiderhandwerk bekam Lise zwar nur ein Taschengeld, aber jetzt konnte sie Geigenstunden nehmen. Was ihr fehlte, war nur ein Instrument. Friedemann, inzwischen älter und mit größerem Verständnis für die Kinder, lieh ihr seine Geige, und es gelang ihr, einen Lehrer ausfindig zu machen, der noch bereit war, eine jüdische Schülerin anzunehmen. Sie ging einmal in der Woche abends für eine halbe Stunde zu ihm – mehr konnte sie sich nicht leisten. «Es ist ein Jammer, so ein Talent brachliegen zu lassen», sagte er zu ihr.

Es dauerte nicht lange, da protestierte die Mutter eines anderen Schülers, weil sie im Treppenhaus an Lise hatten vorbeigehen müssen. Und der Lehrer mußte schließlich an seinen Lebensunterhalt denken…

Käthes musikalische Liebe war und blieb das Klavier. Nach dem Gehör spielen konnte sie nicht, deshalb kaufte sie sich eine Klavierschule und brachte sich selbst das Notenlesen bei. Sie gab nicht auf, ehe sie nicht über die verschiedenen Tonarten einigermaßen Bescheid wußte und sich ein kleines Repertoire von leichten Stücken angeeignet hatte. Selbst daß ihre Mutter sagte: «Du hast so einen harten Anschlag», konnte sie nicht entmutigen.

Nachdem Käthe das Tabu gebrochen hatte, fing auch

Lise an zu spielen. Sie setzte sich einfach hin und improvisierte, und es klang, als käme die Musik aus dem Radio. Käthe war tief beeindruckt, wieviel Musik Lise in sich hatte. Aber zugeben mochte sie das nicht. Sie war nicht bereit, Lise das Feld zu überlassen. Als ihre Mutter anordnete, Käthe dürfe nicht spielen, solange sie im Haus sei, sie bekäme Kopfschmerzen, wenn sie das anhören müßte, und sie, um fair zu sein, auch Lise verbot, in ihrem Beisein zu spielen, bestand Käthe auf ihrem Anteil an der Zeit, in der ihre Mutter fort war. Daß Lise das Musizieren viel nötiger hatte, daß es für sie viel schlimmer war, darauf verzichten zu müssen, begriff Käthe erst Jahre später – und dann machte sie Lise Vorwürfe, weil sie es ihr damals nicht erklärt hatte.

Jahre später fragten sie sich, warum ihre Mutter sich nicht gedacht hatte: «Bei allem, was meine Töchter entbehren müssen, will ich ihnen wenigstens das Klavierspielen beibringen, zumindest der begabten Lise, und Käthe kann spielen, wann immer sie Lust hat!» Warum hatte ihre Mutter nicht so gedacht und entsprechend gehandelt?

Käthe bereute, daß sie für ihre *Bat-Mizwa* nicht den Vers aus dem 118. Psalm gewählt hatte: «Der Stein, den die Bauleute verworfen haben, ist zum Eckstein geworden.» Er brachte zum Ausdruck, was sie über sich selbst zu denken lernte: Diese Jüdin, die die Deutschen abgelehnt haben, würde eine Zierde ihres Volkes werden.

Sie bereute später überhaupt, sich einer *Bat-Mizwa* unterzogen zu haben, denn nach orthodoxen Vorstellungen war es ein verwerflicher Brauch. Dr. Kronheim hatte damals jedem der Mädchen ein Gebetbuch mit einer Widmung geschenkt. Käthes Buch hatte seinen festen Platz auf dem obersten Bord des Schrankes im Vestibül, in dem die

Gebetbücher der Gemeinde aufbewahrt wurden, und als die Synagoge ausgebrannt war, empfand sie eine gewisse Erleichterung bei dem Gedanken, daß dieser Beweis einer vergangenen Assimilation vernichtet sei.

Hugo Rosenthal pflegte seine eigene Form von Orthodoxie, die der ihres Großvaters ähnelte. Der wäre nicht nach Brackwede gezogen, das immerhin zwanzig Autominuten von der Synagoge entfernt lag, wenn er nicht in seiner Interpretation der Gebote liberal gewesen wäre. Aufgrund ihrer Neigung zum Alles-oder-nichts-Denken wurde Käthe orthodoxer als die beiden. Am Feiertag Tischa be Av, der an die Zerstörung des ersten und des zweiten Tempels erinnert, bekam sie Streit mit ihrer Hausmutter, weil sie darauf bestand, zum Zeichen der Trauer auf dem Fußboden zu schlafen.

Lise hatte ihrer Mutter zum jüdischen Neujahrsfest 1937 eine kleine Schachtel geschenkt, in die sie ein Stück Brot tat, «damit wir im kommenden Jahr immer Brot im Haus haben». Selma hatte die Schachtel an der Seite des Küchenschrankes befestigt, und sie hatten vergessen, sie zu Pessach zu entfernen – in der Festwoche darf in einem jüdischen Haushalt kein Brot sein –, für Käthe war das damals eine schlimme Gesetzesübertretung. Das einzige Gebot, das Selma noch befolgte, war der Gebrauch eines gesonderten Satzes von Kochtöpfen und Tafelgeschirr für die Pessach-Zeit.

Zu Beginn ihrer Ehe hatte Selma am Freitagabend noch die Sabbat-Kerzen angezündet. Die Mädchen konnten sich nicht daran erinnern, sie waren damals noch zu klein gewesen. «Ich bringe es nicht übers Herz», sagte sie zu Käthe. «Mach du es.» Käthe tat es. Nicht immer zündete sie selbst die Kerzen an, sie sah so gern zu, wenn Lise es tat. Aber sobald sie aus Herrlingen zurück war, fühlte sie sich für die Einhaltung dieses Brauches verantwortlich. Sie bat ihren Vater, vor der Mahlzeit am Sabbatabend den traditionellen Segen über das Brot zu sprechen, ging allerdings nicht so weit, auch noch auf dem dazugehörenden Wein zu bestehen. «Ich weiß den Text nicht mehr», sagte Paul. Sie lernte ihn auswendig, und er sprach ihn ihr nach. Erst viele Jahre später ging ihr auf, daß er doch als Junge solche Gebete gelernt haben mußte. Er täuschte gerne zum Scherz Unwissenheit vor.

Schon als alle drei Schwestern noch zu Hause wohnten, hatten sie angefangen, freitags als Abendmahlzeit Kuchen zu essen. Sie konnten sich Kuchen eigentlich nicht leisten, und Selma wollte ihren Töchtern dieses Vergnügen wahrscheinlich nicht gänzlich versagen. Es wird so auch billiger gewesen sein, als wenn sie Fleisch hätten kaufen müssen. Für jeden waren zwei Stücke vorgesehen. Das Auswählen und Kaufen beim Konditor an der Ecke Theesener Straße wurde Teil des Rituals.

Das Brot, das zur Ergänzung der Kuchenmahlzeit gegessen wurde, war weiß. Den Rest der Woche aßen sie Roggenbrot, das erst gekauft wurde, wenn es einen Tag alt war, weil es dann billiger war. Selma sparte, wo immer sie konnte. Sie scheute sich nicht, zu Fuß bis in die Stadt zu gehen, um Marmelade zu kaufen. Es gab dort ein Geschäft, wo die Marmelade aus einem Eimer in die mitgebrachten Gefäße abgefüllt wurde.

In einigen Geschäften erinnerte man sich auch noch daran, daß sie vor der Hitlerzeit eine gute Kundin gewesen war, dort wurde sie noch respektvoll mit «Frau Architekt» angeredet. In einem Feinkostgeschäft zum Beispiel schnitt ihr ein älterer Verkäufer Kostproben von verschiedenen Käsesorten ab und tat stillschweigend so, als sei Selma noch unentschlossen, welchen Käse sie nun kaufen solle.

Auch Käthe gab er einmal ein Stück Ananas, das eigentlich zur Dekoration gehörte, damit sie kosten konnte, wie so etwas schmeckt, nachdem sie gefragt hatte, was das sei.

Aber es gehörte Mut dazu, in solche Geschäfte zu gehen. Von einem Tag zum anderen konnte man plötzlich nicht mehr willkommen sein. An immer mehr Läden hingen Schilder, auf denen stand «Juden unerwünscht».

FÜNFZEHN

ANFANG 1938 erlitt Paul einen Herzanfall. Käthe war erst drei Wochen wieder in Herrlingen, als ihre Mutter ihr das in einem Brief mitteilte. Er läge im Krankenhaus und wäre auf dem Weg der Besserung.

Das sagt sie nur, dachte sie zuerst. Wenn es stimmte, daß es ihm besserginge, überlegte sie, warum hatte ihre Mutter es dann überhaupt erwähnt? Das hätten sie ihr auch alles erzählen können, wenn sie das nächste Mal wieder nach Haus käme. Sie mußte damit rechnen… und in ebendiesem Augenblick, während dort, wo sie war, alles seinen Gang ging, als sei nichts geschehen, war er vielleicht schon nicht mehr am Leben.

Seine Existenz war für sie immer etwas Selbstverständliches gewesen, ein fester Bestandteil ihres Lebens, über den sie nicht viel nachgedacht hatte. Er hatte keine große Rolle in ihrem Leben gespielt. Wenn man sie gefragt hätte, wie ihr Vater denn wäre – keinem Menschen war es je in den Sinn gekommen, sie danach zu fragen –, hätte sie natürlich sein Äußeres bis ins kleinste Detail schildern können, aber das Innere dieses Mannes war ihr unbekannt. Nur einige seiner hervorstechenden Charakterzüge kannte sie.

Nur wenige Wochen danach mußten ihre Eltern Lise und sie bei der Jugend-Alijah anmelden, die die Emigration von Jugendlichen nach Israel organisierte. Käthe wollte das, sie hatte es lautstark gefordert. Käthes Verlangen nach der Erfüllung dieses Traumes war so groß, daß es gleich für sie beide ausreichen mußte. Aber das viele Gerede über diese Möglichkeit, das nun schon volle zwei Jahre anhielt, hatte sie noch nicht auf den Gedanken gebracht, daß sie sich so selbst zur Waise machen würde. Gewiß, nach seinem Herzanfall gab es für Paul keine Chance mehr, seinen Töchtern je dorthin folgen zu können, wohin sie jetzt gingen. Trotzdem schien sich die Übersiedlung für sie nicht wesentlich von den Reisen nach Herrlingen zu unterscheiden, wenn Herrlingen auch nicht so weit weg war.

Es war schließlich ihr Leben, nicht das ihrer Eltern, deshalb brauchte sie ihre Eltern in ihren Überlegungen nicht zu berücksichtigen. Selbst nachdem sie entdeckt hatte, daß sie lieber tot sein wollte, als ohne ihren Vater leben zu müssen, obwohl er ihr doch weit weniger wichtig war als ihre Mutter, blieb sie bei dieser Einstellung.

Hugo Rosenthal half ihr an jenem Abend, von seiner Wohnung aus mit zu Hause zu telefonieren. Er stellte die Verbindung her, sprach kurz und reichte ihr den Hörer. Beim Klang der Stimme ihrer Mutter brach Käthe in Tränen aus.

Sie mußte so schrecklich weinen, daß sie nicht sprechen konnte. Es lag nicht an dem, was ihre Mutter sagte, und auch die Krankheit ihres Vaters war nicht der Grund. Was sie überwältigte, war der Klang der Stimme ihrer Mutter oder vielmehr eine Vertrautheit, die sie über eine Entfernung von sieben Stunden Bahnreise hinweg erreichte. Ihre Reaktion war so heftig, weil es sie so unverhofft traf. Sie hatte nicht gewußt, daß die Stimme ihrer Mutter ihr etwas bedeuten könne, und sie hatte nicht gewußt, daß ihre Mutter ihr noch immer soviel bedeutete.

Hugo nahm ihr den Hörer ab und sprach an ihrer Stelle weiter. Dann gab er ihr den Hörer wieder, aber sie reagierte nicht, und er hängte ein.

«Es scheint deinem Vater viel besser zu gehen», sagte er. Der Gesundheitszustand ihres Vaters war Käthe in diesem Moment egal. Ob man ihr erzählt hätte, er läge im Sterben, oder ob man ihr erzählt hätte, er sei schon wieder auf und könne umhergehen, nichts hätte an der Tatsache etwas geändert, daß sie von dem Verlangen überwältigt wurde, nach Hause zu kommen und von ihrer Mutter in den Arm genommen zu werden. Anne war bei ihr, und Lise war bei ihr. Es war, als ob Käthe nicht gewußt hatte, was sie tat, als sie sich selbst ins Exil nach Herrlingen begab, als ob sie eben erst begriffen hatte, daß das Fortsein von zu Hause bedeutete, daß sie nichts von sich daheim hinterlassen hatte. Es bedeutete, daß die übrigen vier auch ohne sie eine Familie waren. Sie stellte sich in Gedanken den Rest der Familie vor, und sie vermißte sich selbst in diesem Kreis viel heftiger, als die anderen sie je vermissen konnten, sie vermißte sich so sehr, daß es weh tat.

Ihre Mutter hatte gesagt: «Vater würde sich natürlich freuen, dich wiederzusehen. Aber wenn er dich plötzlich an seinem Bett stehen sieht, wird er vielleicht denken, er muß bald sterben.»

«Sie will nicht, daß ich nach Hause komme», sagte Käthe. Es war das Traurigste, was ihr je zugestoßen war. Es war ihre Entscheidung gewesen, von zu Hause fortzugehen, dann mußte man es auch ihr überlassen, wann sie wieder zurückkäme. Sie hatte angeboten zurückzukommen, und ihre Mutter hatte nein gesagt. Ihre Mutter wollte nicht, daß sie nach Hause kam.

Hugo sorgte dafür, daß sie sich hinsetzte, und nachdem er sich eine Weile über sie gebeugt hatte, machte er sich im

Zimmer zu schaffen, um sie nicht allein zu lassen und ihr Zeit zu geben. Nach ein paar Minuten hörte sie auf zu weinen und ging auf ihr Zimmer.

Marianne begriff, ebenso wie Anne, sehr schnell. Sie nahm ihre Bücher unter den Arm und ging hinaus, damit Käthe allein sein konnte. Käthe holte sich ihre Verbündeten, ihren Füllhalter und ein unbeschriebenes Blatt Papier, und schrieb einen Brief an ihre Mutter. «Wenn Du wirklich so bist, wie ich es immer geglaubt habe, wirst Du verstehen, was ich fühle», schrieb sie, und es wurde ihr klar, wenn ihre Mutter sie tatsächlich verstand, dann brauchte sie nichts mehr zu erklären. Aber sie war wie besessen von dem Zwang, sich selbst zu erklären, und deshalb schrieb sie weiter, wiederholte sich, widersprach sich, beschrieb, wie ihr zumute war, weil niemand sie liebte. Sie beschwor ihre Mutter, sie ja tüchtig zu lieben, weil sie dafür entschädigt werden wollte, eine lieblose Mutter zu haben.

Sie schrieb und schrieb und schrieb, die Tränen liefen ihr über die Wangen, sie weinte, bis auch ihre Nase lief. Sie konnte vor Tränen nicht atmen, sie konnte vor Tränen nicht gucken, und doch schrieb sie weiter, nicht schnell genug für das Tempo, in dem ihre Gedanken die verzweifelten, kindischen Worte herausschleudern wollten.

Kurz bevor das Licht ausgemacht werden mußte, kam Marianne zurück. Ein kurzer Blick genügte ihr. «Ich will nicht lange fragen», sagte sie, «aber auf einen Rat solltest du hören: Steck diesen Brief erst morgen in den Kasten.»

Käthe brachte ihn auch am nächsten Morgen nicht zum Briefkasten. Sie zerriß ihn.

Nach der Hälfte des Schulhalbjahres gab es ein paar freie Tage, an denen die meisten Hausregeln außer Kraft gesetzt waren. Man mußte allerdings immer noch um Erlaubnis bitten, wenn man das Grundstück verlassen wollte, damit die Aufsicht einen finden konnte, wenn irgend etwas Unvorhergesehenes passierte. Den älteren Schülern wurde diese Erlaubnis ohne weiteres erteilt. Käthe und Marianne hatten zu Fuß und auf geliehenen Rädern schon die ganze Gegend bis nach Ulm hin erkundet. Einen freien Tag hatte Käthe in den Feldern verbracht, den ganzen Morgen war sie spazierengegangen und hatte dabei ein Gedicht verfaßt, und nachmittags hatte sie eine Bleistiftzeichnung von einem Pflug gemacht.

An einem Ferientag im zweiten Sommerhalbjahr – ihrem letzten in Herrlingen, was sie aber damals noch nicht wußte – wollte sie auch spazierengehen. Marianne blieb zurück, weil sie lesen wollte, dafür schloß sich Leonie ihr an. Um sie abzuschütteln, ging Käthe weiter, als sie eigentlich vorhatte, durch das Dorf und den gegenüberliegenden Berg hinauf. Sie waren erhitzt und müde, als sie zu einer kleinen Lichtung kamen, und setzten sich dort ins Heidekraut.

Sie hatten nicht gemerkt, daß ihnen jemand gefolgt war. Als zwei Jungen auf der Bildfläche erschienen, dachten sie sich zunächst nichts dabei. Der Kleinere konnte nicht älter als zwölf Jahre sein, der Größere war wohl etwas älter als Käthe. Er warf sich auf sie. Sie begriff nicht sofort, was er wollte.

Er war stärker als sie. Sie konnte sich nicht befreien, sosehr sie es auch versuchte. Sie rief Leonie um Hilfe, die aufgesprungen war und nur zusah, genau wie der andere Junge, der aber, im Gegensatz zu Leonie, gewußt haben muß, um was es ging.

«Los, mach schon!» sagte der große Junge und fing an, sie zu küssen, er versuchte, ihren Mund zu treffen, während sie nur immerzu ihren Kopf hin und her warf. Während dieses Kampfes gelang es ihm, ihr unter den Rock zu greifen und ihren Schlüpfer herunterzuziehen. «Ich will es dir besorgen», sagte er. «Laß mich rein.»

Käthe sagte, «Ich bin Jüdin, wir tun so etwas nicht.»

Der Junge stützte sich auf seine Ellenbogen, um sie genauer ansehen zu können. «Das kann ja wohl nicht dein Ernst sein!» Aber er wußte, daß in jenem Land und in jener Zeit niemand, der nicht Jude war, behaupten würde, Jude zu sein. Langsam und zögerlich stand er auf. Käthe hatte gar nicht gesehen, daß seine kurzen Hosen und Unterhosen um seine Fußgelenke baumelten.

«Es hätte dir Spaß gemacht», zischte er sie an und spuckte ihr ins Gesicht.

Es war alles vorüber, noch bevor sie Zeit hatte, darüber nachzudenken, und ihr klar wurde, was sich gegen ihre Oberschenkel gedrückt hatte. Zu ihrer eigenen Überraschung fing sie nicht an zu weinen. Sie dachte darüber nach, warum sie gar nicht das Bedürfnis dazu verspürte. Sie war nicht hilflos gewesen und brauchte nicht getröstet zu werden, weil sie endlich einmal damit zufrieden war, die Käthe zu sein, die sie war. Auf dem ganzen Weg zurück zur Schule wischte sie sich unaufhörlich die Wange.

«Was wollte der denn?» fragte Leonie immer wieder und wieder. Käthes Antwort bestand darin, daß sie schneller ging. Sie hatte das Bedürfnis, mit jemandem über das, was geschehen war, zu sprechen, aber nicht selber erklären zu müssen, sondern es erklärt zu bekommen.

Als sie auf dem Schulgrundstück ankamen, hielt sie die erste Frau an, die ihnen begegnete. Es war zufällig eine Lehrerin, die sie nicht besonders mochte. Zu den Prinzipien des Landschulheimes gehörte es, daß Lehrer und Schüler sehr formlos miteinander umgingen, die Persönlichkeit zählte, nicht der Rang. Das machte das Leben für Leute wie Käthe, die glaubten, jeder Versuch, sich bei anderen beliebt zu machen, habe etwas Unaufrichtiges, nur schwieriger. Die Lehrerin wird sich gewundert haben, daß sie plötzlich von Käthe wie eine Freundin behandelt wurde, nur weil diese gerade eine Freundin brauchte. Sie unterbrach Käthe und sagte, sie sei in Eile.

«Bitte, hören Sie zu!» sagte Käthe. Nachdem sie einmal angefangen hatte, sich das Erlebte von der Seele zu reden, war sie außerstande, innezuhalten.

«Aber es ist doch gar nichts passiert.»

Käthe sah das nicht so. Daß jemand diese Erfahrung mit «nichts» bezeichnete, machte alles noch schlimmer, als es ihr zunächst vorgekommen war. Die Lehrerin bat Leonie weiterzugehen. Das weckte in Käthe die Hoffnung, daß sie ihr nun irgendwie helfen würde. Aber sie bemerkte nur, Käthe sei selber schuld, schließlich habe sie das Schulgrundstück ohne Genehmigung verlassen.

«Deine Hausmutter ist doch für dich zuständig, mit der kannst du ja reden», sagte sie und ging weiter.

Käthe erzählte der Hausmutter nichts. Sie mochte sie zwar gern, hatte aber kein besonders enges Verhältnis zu ihr. Selbst Marianne gegenüber sagte sie kein Wort, denn sie fürchtete, daß sie außer dem Erlebnis, fast vergewaltigt worden zu sein, zusätzlich noch die Entdeckung verkraften müßte, mit ihrem Gefühl allein dazustehen, daß das, was sie erlebt hatte, bei weitem mehr als «nichts» gewesen war.

Weil die Kinder in Herrlingen von so vielen verschiedenen Schulen kamen, wurden sie nur für die Grundfächer in Klassen aufgeteilt. Für die Fremdsprachen – Hebräisch, Englisch, Spanisch und Französisch – und Mathematik wurden sie je nach Kenntnisstand in Gruppen unterrichtet. Bei ihrer Ankunft war Käthe im Englischen noch Anfängerin. Auf der Luisenschule war sie vom Englischunterricht befreit worden, damit sie mit Französisch weitermachen konnte, das sie schon zwei Jahre gehabt hatte. In Herrlingen riet man ihr, Französisch zugunsten von Englisch aufzugeben, das man in dem damaligen Mandatsgebiet Palästina eher brauchte.

Die einzige Sprache, an der sie wirklich Interesse hatte, war Hebräisch. Am liebsten hätte sie ausschließlich Hebräischunterricht genommen. Man sollte ihr wenigstens erlauben, argumentierte sie Hugo Rosenthal gegenüber, alle anderen Sprachen, einschließlich Deutsch, aufzugeben. Ihre Mutter hatte inzwischen damit angefangen, sie zu fragen: «Wie kannst du nur Gedichte in einer Sprache verfassen, in der wir verflucht werden?» Also brauchte sie das Hebräische für ihre Gedichte. Die Erlaubnis, frei zu wählen, bekam sie aber nicht.

An der Schule gab es niemanden, für den Englisch die Muttersprache war, was ihre Bereitschaft, Englisch zu lernen, noch mehr minderte. Wenn keine Hoffnung bestünde, gleich die korrekte Aussprache zu erlernen, würde sie die Sprache ja nie perfekt beherrschen, und dann wollte sie sie lieber gar nicht können. Sie wollte zudem in ihrem Alter nicht mehr Anfängerin in einer Sprache sein, und die Lehrerin, die die Anfänger unterrichtete, mochte sie sowieso nicht. Am Ende ihres zweiten Halbjahres wurde in der Englischgruppe etwas über das Leben des Filmstars Shirley Temple gelesen (im Hebräischkurs lasen sie Gedichte von Bialik). Sie hörte einfach nicht zu und war sehr erstaunt, als ihr klar wurde, daß selbst das Schlußlicht der Gruppe irgendwann die primitivsten Regeln beherrschte.

Auch Lehrer verließen die Schule, um auszuwandern. Im letzten Schulhalbjahr wurde Käthe im Englischkurs von einem Neuankömmling namens Franz Hammerschlag unterrichtet. Er war groß und schlank, sah aber nicht besonders gut aus. Er war ein blutiger Anfänger und noch sehr unsicher, aber sie brauchte jemanden, den sie mit ihren romantischen Gedankengespinsten umhüllen konnte. Sie saß auf ihrem Platz und hing ihren Träumereien nach, während die anderen *Die Abenteuer des Tom Sawyer* lasen. Wenn sie aufgerufen wurde, wußte sie nicht, an welcher Stelle sie gerade waren, und wenn es ihr jemand zeigte, wußte sie nicht, wie man die Worte aussprach und was sie bedeuteten.

Ein ganzes Schulhalbjahr saß sie im Unterricht bei diesem jungen Mann und lernte überhaupt nichts. Bei der Zeugniskonferenz wunderten sich die anderen Lehrer, was für eine schlechte Zensur er Käthe geben wollte. Sie überredeten ihn, ihr noch einmal eine Chance einzuräumen.

Sie wußte selbst nicht, was für aufregende Dinge sie sich erhoffte, als er sie bat, noch einmal zu ihm zu kommen. Das Herz klopfte ihr bis zum Halse, ihre Wangen glühten, und sie verstand seine Erklärung nur zur Hälfte. Ob dies wohl – vielleicht, hoffentlich! – nur ein Vorwand war, sie allein bei sich zu haben? Da sie aber nicht wußte, was sie sonst machen sollte, setzte sie sich wie befohlen hin und ließ eine Nachprüfung über sich ergehen.

«Wie ist das nur möglich», sagte er nach etwa zehn Minuten zu ihr, «daß ich der einzige Lehrer bin, der dich für dumm hält?»

Hätte ihr Gehirn in seiner Gegenwart hinreichend funktioniert, um diese Frage zu beantworten, dann wäre sie überhaupt nie gestellt worden. Selbst durch Friedemann war es nicht derart gelähmt worden. Weder vorher noch hinterher hat je ein Mensch eine solche Wirkung auf sie ausgeübt. Höchstwahrscheinlich war er ein ganz normaler Mann, und es hatte mit dem Entwicklungsstadium zu tun, in dem sie sich gerade befand.

In ihrem letzten Sommer daheim verbrachte Käthe viel Zeit mit Walter, einem entfernten Vetter. Sie konnten beide später nicht genau rekonstruieren, wie sie nun genau verwandt waren. Aber er nannte ihre Eltern Onkel und Tante. Auch Walter ist nach England entkommen. Sie heiratete ihn, in erster Linie, weil er damals, als Anne auf der Isle of Man interniert und Lise schon nach Palästina gegangen war, das einzige war, was ihr von der Familie geblieben war. Die Ehe überdauerte nicht einmal den Krieg, aber sie war ihr eine Hilfe in einer Zeit, in der sie noch zu jung war, um ganz allein zu sein.

Seine Eltern, beide Schauspieler, waren geschieden, und er wurde von Käthes Onkel Robert und ihrer Tante Sophie großgezogen, einem kinderlosen Ehepaar, das Ende der dreißiger Jahre die Gemeinderäume verwaltete. Käthes Vater verschaffte ihm eine Lehrstelle als Maurer. Käthes Mutter führte ihn Anne als leuchtendes Beispiel vor Augen, weil er seinen ganzen Lohn Tante Sophie aushändigte. Da er aber fünf Jahre älter war als Käthe, kannten sie sich kaum, bis er seine Arbeit verlor, Käthe die Schule verließ und sie beide viel Zeit zur Verfügung hatten.

Er war Halbjude. Er war getauft worden und besaß einen Taufschein, außerdem war er nicht beschnitten. Es gab junge Männer in der gleichen Lage, die Nazi-Uniformen anzogen, und, was noch häufiger vorkam, solche, die es leugneten oder zumindest ignorierten, Juden zu sein. Walter beschloß, sich nicht zu den Ariern zu zählen, er wußte, daß das mit Forderungen verbunden sein würde, die er nicht akzeptieren konnte. Er war gegen den Zionismus, aus Gründen, die denen, die Anne noch bis vor kurzem angeführt hatte, sehr ähnlich waren. Er fand alle Religionen absurd. Das allein schon ergab viel Gesprächsstoff für ihn und Käthe. Er verliebte sich in sie, fand aber, daß er das nicht zeigen dürfe, weil sie zu jung für ihn sei.

Er war klein, gelenkig und muskulös, hatte dunkelblondes Haar und blaue Augen. Mädchen, die älter waren als Käthe, fanden ihn attraktiv. Am Abend des jüdischen Neujahrsfestes sorgte er in der Synagoge für einige Unruhe unter ihnen. Er war dort, weil Käthe ihn aufgefordert hatte zu kommen. Er trug einen Hut und wirkte daher keineswegs zu jung, wenn er bei den Männern stand. Es war einer der Gottesdienste, an denen schon vor Beginn der Verfolgung fast alle Gemeindemitglieder teilgenommen hatten. Die Männer und Jungen drängten sich unten, und die Frauen und Mädchen füllten alle drei Seiten der Empore. Der Erwachsenenchor sang, Lise und Käthe saßen bei ihrer Mutter.

«Wen guckt er denn an?» flüsterten die Mädchen, als sie sahen, daß Walter immer wieder nach oben schaute. Einmal griff er sogar nach seinem Hut, als ob er ihn zum Gruß abnehmen wollte, begnügte sich dann aber mit einem diskreten Winken. Käthe konnte sich das Lachen nicht verkneifen. Lise ermahnte sie: «Du darfst ihn nicht auch noch ermuntern! Merkst du denn nicht, daß er sich in dich verguckt hat?»

Käthe glaubte das nicht. Er benahm sich nicht in Ansätzen so, wie Kurt es getan hatte, nicht einmal wie Hans-

Peter. Das waren die einzigen Jungen, deren Liebe sie erwidert hatte. Er verhielt sich auch nicht wie einer der Jungen, die im Laufe der Jahre hinter ihr hergewesen waren und die sie hatte abblitzen lassen. Sie legte keinen Wert auf seine Liebe – damals jedenfalls nicht. Aber er war ihr auch nicht gleichgültig. Schon aufgrund seiner Herkunft haftete ihm etwas Geheimnisvolles an, und sie bewunderte seinen Mut. Er war als Küchenjunge auf einem schwedischen Schiff nach Australien gefahren und wollte dort an Land schwimmen, aber sie hatten in Gewässern angelegt, wo es Haie gab. Er hatte vor, es von Hamburg aus noch einmal zu versuchen.

Für Käthe standen die jüdischen Rituale für die schönste Zeit ihres Lebens, ihre frühe Kindheit. Die Gefühle, die sie damals in ihr wachriefen, hatten Spuren hinterlassen, die wie Operationsnarben unauslöschlich blieben, und sie unterwarf sich ihnen noch immer, als glaube sie an Gott, selbst als sie es nicht mehr tat.

Wenn sie sich für eine Feier hätte entscheiden müssen, dann wäre ihre Wahl auf einen Kiddusch in der Laubhütte gefallen, wahrscheinlich weil das Laubhüttenfest die letzte Gemeindefeier war, an der sie vor ihrer Trennung von daheim teilnahm.

Sollte es in Bielefeld Juden gegeben haben, die sich ihre eigene Laubhütte gebaut haben, dann hat Käthe sie zumindest nicht gekannt. Die Hütte, die für Käthe von so entscheidender Bedeutung war, wurde von den jungen Leuten, die Lust dazu hatten, gemeinsam errichtet, wobei die zionistischen Jugendgruppen sich als die eigentlich Verantwortlichen bezeichneten. Sie wurde an einer Mauer im Garten der Synagoge aufgestellt, dort, wo Käthe und Walter kurz zuvor für ihre Tante Sophie die Pflaumenbäume abgeerntet hatten, damit sie Pflaumenmus für das von ihr betreute Café kochen konnte. Die Laubhütte wurde Jahr für Jahr immer an der gleichen Stelle errichtet.

Drei Seiten bestanden aus Stoff, der an Pfosten befestigt wurde, die zu dem Zweck in die Erde gerammt wurden. Zweige, durch die man, wie vorgeschrieben, die Sterne sehen konnte, bildeten das Dach. Die Hütte wurde üppig mit allen möglichen Früchten, Blättern und Blumen dekoriert, und an der Seite, die in Richtung Jerusalem lag, wurde ein Schild befestigt, auf dem in hebräischen Buchstaben das Wort «Osten» stand. In ihren letzten drei Jahren zu Hause hat immer Käthe dieses Schild gemalt.

Dann gehörte ein Tisch dazu, auf dem nach dem Synagogengottesdienst Brot und Wein gesegnet wurden. Für diese Zeremonie gingen die Teilnehmer des Gottesdienstes hinaus zur Laubhütte. Im Herbst 1938 war Dr. Kronheim in den Vereinigten Staaten, um seine Emigration vorzubereiten. Deshalb war nur Friedemann da, für Käthe war er natürlich ein mehr als würdiger Ersatz. Friedemann erhob seine Stimme zum Gebet, und es schien, als verspräche diese behelfsmäßige Hütte Schutz genug vor der Welt jenseits des Gartens, sowohl sie nicht einmal gegen Wind und Regen Schutz bot und nur noch wenige Wochen vergingen, bis die Synagoge und mit ihr das Familienleben so vieler Menschen zerstört wurde, auch das von Käthe.

SECHZEHN

INZWISCHEN waren mehr Jugendliche bei der Jugend-Alijah eingetragen, als die Engländer nach Palästina hineinlassen wollten. Die zionistischen Organisationen betrieben Bauernhöfe, wo Gruppen von Auswanderungswilligen jeweils vier Wochen lang ausgebildet wurden. Morgens wurde gearbeitet, nachmittags wurden Hebräischkurse abgehalten und andere kulturelle Fakten vermittelt. Die Aufsicht hatten Jugendleiter, die am Ende eines jeden Kurses die Einwanderungszertifikate an diejenigen verteilten, die ihrer Meinung nach am besten für das Kibbuzleben geeignet waren. Den übrigen bot man ein längeres Training in anderen Ausbildungszentren an.

Anne war im gleichen Jahr schon auf solch einem Hof gewesen, denn als sie Zionistin wurde, war sie fast siebzehn, also nahe an der Obergrenze für die Jugend-Alijah. Ihre Chancen, ein Erwachsenenzertifikat zu bekommen, waren gering. Diese Zertifikate wurden vorwiegend an Jungen und Männer vergeben, denn man glaubte, nur sie seien in Deutschland gefährdet, und außerdem würde man sie in dem künftigen Land Israel eines Tages als Soldaten brauchen.

Selbst für die Plätze in den Auswahllagern gab es Wartelisten. So war es schon Mitte September, als Ilse und Käthe nach Rüdnitz kamen, einem kleinen Ort in der Nähe von Berlin.

Trotz des vielen Heimwehs, das Käthe erlitten hatte, glaubte sie fest daran, überall sei das Leben schöner als zu Haus. Oft schon hatte sie gedacht, Lise stünde zwischen ihr und der Sonne. Sie hielt nicht viel von sich selber, aber von Lise hielt sie noch weniger. Trotz aller gegenteiliger Beweise war sie der Überzeugung, sie, und nicht Lise, würde Rüdnitz glänzend bewältigen.

Auf dem Weg dorthin erklärte sie Lise: «Ich bin daran gewöhnt, von zu Hause fort zu sein. Ich werde mich schon um dich kümmern.» Sie verließ sich auf ihre Erfahrungen in Herrlingen, baute darauf, daß sie aus ihnen etwas gelernt hätte. Als ob sie nicht gewußt hätte, daß Rüdnitz natürlich eine völlig andere Erfahrung sein würde.

Weil sie eine so weite Strecke zu fahren hatten, waren sie unter den letzten Ankömmlingen. Die Berliner, ungefähr die Hälfte der fast vierzig Jugendlichen, kannten einander schon, und der Rest hatte genügend Zeit gehabt, sich miteinander bekannt zu machen. Käthe überfiel sofort das Gefühl, eine Außenseiterin zu sein, mit dieser Entscheidung, hierherzufahren, einen Fehler gemacht zu haben, sie bereute, überhaupt dort zu sein.

Ein kleines lebhaftes Mädchen, das, wie sich später herausstellte, keine offizielle Funktion hatte, kümmerte sich um die Neuankömmlinge. Sie zeigte ihnen, wo sie ihre Koffer abstellen konnten, unterwegs erklärte sie ihnen die Aufteilung des Hofes, ihren Stundenplan und stellte sie auch noch den vorbeikommenden Leuten vor. Käthe hätte Tage gebraucht, sich das alles einzuprägen, und so selbstsicher aufzutreten wäre ihr nie gelungen.

«Wir müssen uns gewaltig anstrengen», sagte das Mädchen, «damit wir zu denen gehören, die es schaffen.» Bis zu diesem Augenblick war Käthe gar nicht der Gedanke gekommen, sie könnte nicht zu den erfolgreichen Absolventen gehören. Mit einer Arroganz, deren sie sich bis dahin nicht bewußt gewesen war, stellte sie fest: So gut wie die da bin ich allemal.

Es gab zwei Schlafsäle für Jungen und zwei für Mädchen, und in allen standen Etagenbetten mit Strohmatratzen. Sämtliche unteren Betten waren schon belegt. «Schwestern dürfen nicht im gleichen Raum schlafen», sagte irgend jemand, als Lise und Käthe sich umsahen. Ihre Blicke trafen sich. Käthes Blick sagte, rette mich!

Falls Lise sich überhaupt darüber im klaren war, daß es darauf ankam, einen guten Eindruck zu machen, und daß das hier und jetzt wichtiger war als jemals zuvor, so brachte sie das jedenfalls nicht dazu, sich ausnahmsweise einmal nicht sofort schützend vor Käthe zu stellen. In dem anderen Schlafsaal war auch kein unteres Bett mehr frei. «Sie leidet an Schwindelanfällen», log Lise (in Wirklichkeit litt Käthe an Unsicherheit), «würde vielleicht, bitte, bitte, jemand ihr seinen Platz überlassen?» Käthe war nicht einmal überrascht, daß sich jemand bereit erklärte. Sie war Lise dankbar und zugleich böse: Käthe erwartete stets, daß man ihr Zugeständnisse machte, konnte es sich selbst aber nicht eingestehen.

Vielleicht ging es den anderen Mädchen ähnlicher, als sie ahnte. Auch sie wollten Lise als große Schwester für sich haben. «Och, wir möchten so gern, daß du hier bei uns bleibst», baten sie sie. Sie hatten Lise sofort ins Herz geschlossen. Für sie setzten sie sich über die Anordnungen der Kursleiter hinweg, von deren Meinung über sie doch ihre Zukunft abhing. Das Mädchen, das das Bett über Käthe hatte, räumte es, ohne überhaupt darum gebeten worden zu sein.

Nur zwei Personen lebten ständig auf dem Hof: Bernhard, der Verwalter, und Liesl, die Wirtschafterin. Sie gehörten beide der Zionistischen Zentrumspartei an und hatten deshalb mit diesem Kurs, der von einer etwas links orientierten zionistischen Partei beschickt wurde, nichts zu schaffen (es war die einzige zionistische Partei in Bielefeld, man mußte ihr beitreten, wenn man sich dem Zionismus anschließen wollte). Diese linksorientierte Partei stellte auch die beiden Jugendleiter.

Hans, der Ranghöhere, war Ende Zwanzig, sah aber älter aus. Er war gerade wegen mehrerer Magengeschwüre operiert worden und mußte sich noch erholen. Er war klein und schmächtig und hatte ein schmales, spitzes Gesicht und ein freundliches Lachen. Seine Augen glichen Lises Augen. Er wirkte ruhig und bescheiden, besonders im Vergleich zu Heinz, der jünger war, stämmig und ansehnlich, und auffälliges rotbraunes Haar und Augen in der gleichen eigenartigen Farbe hatte. Käthe war von Heinz begeistert.

Die Nazis hatten diese Kurse genehmigt. Damals beabsichtigten sie noch nicht, sich der Juden zu entledigen, indem sie sie umbrachten, sondern sie unterstützten die Auswanderungswelle nach Palästina und in andere Länder. Keiner der Teilnehmer durfte das Gelände verlassen. Sie durften nicht über deutsche Politik diskutieren oder Radio hören. Bernhard besaß allerdings ein Radio, das zumindest die Jugendleiter regelmäßig einschalteten. Die nächsten Nachbarn wohnten zum Glück nicht in Hörweite, so daß die jungen Leute ihre hebräischen zionistischen Lieder so laut singen konnten, wie sie wollten.

Zur Arbeit wurden sie in Gruppen eingeteilt, deren Zusammensetzung ständig wechselte, damit sich alle kennenlernten. Die Teilnehmer, die den Kurs bestanden, sollten auch mit Heinz zusammen emigrieren. Nach zwei Jahren

Arbeit in einem Kibbuz sollten sie dann ihren eigenen gründen. Irgendwann mußte jeder jede Arbeit einmal verrichtet haben. Nur Arbeiten wie das Heizen des Kessels oder Treckerfahren wurden den Jungen überlassen, und in der Küche arbeiteten immer nur Mädchen, meist unter Liesls Anleitung, bis Liesl krank wurde. Die Schüler wurden entsprechend ihren Vorkenntnissen in verschiedene Kurse für Hebräisch und jüdische Geschichte eingeteilt.

Am ersten Abend räumte man nach dem Abendessen die Tische beiseite und stellte die Stühle im Kreis auf. Bis auch die, die zum Abwaschen eingeteilt worden waren, mit ihrer Arbeit fertig waren und mitmachen konnten, wurde gesungen. Dann stellten sich die jungen Leute einer nach dem anderen selber vor. Vermutlich war Käthe nicht die einzige, die gar nicht zuhören konnte, weil sie krampfhaft darüber nachdachte, was sie sagen sollte, wenn sie an die Reihe kam. Sie wollte auffallen, aber noch wichtiger war ihr, daß die anderen sie akzeptierten. Die Erfahrung hatte sie gelehrt, daß das eine das andere ausschloß. Weil man ihr zeit ihres Lebens Anlaß gegeben hatte, nur Gutes über ihr Aussehen und ihre Geistesgaben zu denken, war sie sich nicht darüber im klaren, daß sie sich eigentlich selbst immer als Unterkind sah. Sie hätte jederzeit bestritten, unsicher zu sein. Sie wußte nur, daß sie oft nicht genau wußte, wie sie sich benehmen sollte.

Da sie die Wichtigkeit dieser Gelegenheit überschätzte, war sie außerstande, sie zu nutzen. Sie sagte so gut wie nichts, sah nur mit ihren großen ernsten Augen im Kreis der Anwesenden herum und erweckte, ohne sich dessen bewußt zu sein, den Eindruck, als wolle sie mit ihren Worten keine Perlen vor die Säue werfen.

Dank Herrlingen war sie in der besten Hebräischgruppe, die vom charmanten Heinz unterrichtet wurde. Als sie schon einige Tage dort waren, erwähnte er eines Morgens ein Lied und fragte: «Kennt es jemand von euch?» – «Ich kenne es», sagte Trude, ein Mädchen aus Schweinfurt, und fing an, es mit einer so wunderbaren Altstimme zu singen, daß alle übrigen den Atem anhielten. Käthe imponierte es sehr, daß sie sich mit ihrem Talent überhaupt nicht gebrüstet hatte, was Käthe sicher getan hätte, hätte sie solch eine Stimme gehabt. Sie beschloß auf der Stelle, nie wieder ein Wort darüber zu verlieren, daß sie dichten konnte, sondern wie Trude immer erst die Gelegenheit abzuwarten, bei der die anderen es dann selbst feststellen konnten.

Vermutlich hatten die beiden Jugendleiter die jungen Leute schon unter sich aufgeteilt, ehe sie sie überhaupt näher kannten. So war Käthe in die Gruppe von Heinz gekommen. Als er sie fragte, ob sie nicht mit ihm spazierengehen wollte, dachte sie nicht daran, was für eine wichtige Entscheidung er über ihr Leben zu fällen hatte, ihre Zukunft hing davon ab. Sie beschloß nur, diese Gelegenheit nicht ungenutzt vorübergehen zu lassen.

Sie gingen, zunächst schweigend, an einem warmen, ruhigen späten Septemberabend durch die Felder. Vor ihnen tauchten Pappeln auf, und Käthe dachte, wenn wir bei denen ankommen, dann will ich ihm sagen... Aber schon vorher bat Heinz sie, ihm zu erzählen, wie sie sich selbst sähe.

Das konnte sie nicht. Sie wußte es nicht, oder besser, ihre eigene Meinung über sie selbst schwankte, je nachdem, mit wem sie zusammen war und in welcher Stimmung sie war – und die wiederum hing davon ab, wann sie das letzte Mal ein Gedicht verfaßt hatte und ob sie mit ihm zufrieden gewesen war. Sie wollte nicht einfach stumm bleiben und auch nicht dumm wirken – sie hielt sich durchaus für intelligent, das wollte sie nicht nur behaupten, sondern unter Beweis stellen –, und so sagte sie: «Ich interessiere mich für Bücher. Ich lese sehr viel.»

Im Gemeinschaftsraum standen mehrere Regale voller Bücher. «Nenn mir doch einige davon, die du kennst», sagte Heinz. «Ich habe dich noch nie lesen sehen.»

Sie hatte sich die Bücher noch nicht einmal angesehen. Einer der Gründe, weshalb sie so gern las, war der, daß sie darüber die Welt vergessen konnte, und hier in Rüdnitz hatte sie ihr möglichstes getan, gesellig zu sein. Hätte sie ihm das ehrlich gesagt, wäre sie vermutlich in seinem Ansehen gestiegen, statt dessen schoß ihr durch den Kopf: «Er hat mich ständig beobachtet!» Das hatte er wirklich, nur aus einem anderen Grund, als sie annahm.

Er fragte sie nach einem bestimmten Buch.

Sie hatte darüber gehört, es war ein vielgelesenes Jugendbuch. Statt wahrheitsgemäß zu antworten, daß sie lieber Bücher las, die für Erwachsene geschrieben sind, verkündete sie: «Das ist eines der wenigen Bücher, die ich nicht gelesen habe.» Ehe sie den Satz überhaupt beendet hatte, wurde ihr klar, daß das eine absurde Behauptung war. Aber sie glaubte, es werde einen noch schlechteren Eindruck machen, wenn sie sie zurücknähme. Um ihm keine Zeit zum Nachdenken zu lassen, fing sie schnell an, über Lyrik zu sprechen, und fühlte sich dabei gleich wohler.

«Hast du Rilkes *Cornet* gelesen?» fragte sie ihn, und er antwortete, wobei er sie mit zusammengepreßten Lippen anlächelte: «Das ist eines der wenigen Bücher, die ich gelesen habe.» Daß man sich über sie lustig machte, konnte sie am allerwenigsten vertragen.

Sie sahen einander noch ein Weilchen an. Hinter ihnen ging die Sonne unter und warf rötliches Licht auf sein schönes Haar. Sie nahm für sich in Anspruch, nicht oberflächlich zu sein, aber sie beurteilte die Menschen nach ihrem Aussehen. Später ging ihr auf, daß sie sich wegen seiner Haar- und Augenfarbe in Heinz verliebt hatte.

Er fragte sie: «Hast du einen Freund, Käthe?», und als sie vor lauter Herzklopfen nicht gleich antwortete, formulierte er seine Frage neu: «Hast du schon einen Freund gehabt?»

Jetzt haßte sie sich selbst, weil sie nicht klüger gewesen war und sich für jemanden wie ihn aufgespart hatte. Jemanden wie ihn, meinte sie, gäbe es sonst nirgendwo auf der Welt. Nach allem, was ihr bisher widerfahren war, brauchte sie etwas mehr Ermutigung, ehe sie ihre Gefühle für ihn in Worte fassen konnte.

Er half ihr auf die Sprünge: «Erzähl mir etwas mehr über dich.»

Meinte er, über dieses Thema? fragte sie sich. Sie konnte die Situation nicht richtig einschätzen und warf sich vor, launisch und unbeständig zu sein. Denn kaum hörte sie auf, in einen Jungen verliebt zu sein, oder wurde von ihm getrennt, was im Grunde dasselbe war, dann fand sie auch schon einen anderen, in den sie sich verlieben konnte. Sie brauchte immerzu jemanden, in den sie verliebt sein konnte. Und für jeden neuen Freund empfand sie etwas mehr als für seinen Vorgänger, weswegen sie jedesmal glaubte, jetzt endlich den einen gefunden zu haben, dem sie ihr ganzes Leben lang entgegengeliebt hatte. In Wirklichkeit erprobte und entwickelte sie ihre Fähigkeit zu lieben. Aber die Wunden, die ihrem Selbstwertgefühl beigebracht wurden, wenn sie zurückgewiesen wurde, schmerzten deshalb nicht weniger.

Sie fand sich selbst nicht liebenswert. Sie hielt es für selbstverständlich, daß einige Jungen sich wegen ihres Aussehens – für das sie nichts konnte – körperlich von ihr angezogen fühlten. Sie verachtete sie deshalb als oberflächlich, obwohl auch sie körperliche Anziehung kannte. Sie fühlte sich, als sei ihr Körper nur eine äußere Hülle, ein Buchdeckel, und nicht Ausdruck ihres Inneren. Deswegen legte sie auf die Liebe, die er erweckte, keinen Wert. Das Selbst, um dessentwillen sie geliebt werden wollte, war nur mit Hilfe von Abstraktionen zu beschreiben, und die manifestierten sich ihrer Meinung nach in den Früchten ihres Geistes. Schon damals wollte sie für das geliebt werden, was sie schrieb.

Sie erwähnte es nicht, weil sie sich ja entschlossen hatte, mit ihrem Talent so umzugehen wie Trude. Sie entwickelte mit der Zeit geradezu eine Hemmung, fast als ob sie glaubte, die bloße Erwähnung ihrer Gedichte könnte ihr die Fähigkeit nehmen, sie zu schreiben.

Käthe, die sich selbst für so gänzlich anders als die anderen hielt, schloß doch immer von sich auf andere: Weil sie Lise nicht für sexuell anziehend hielt, kam ihr überhaupt nicht der Gedanke, daß sie es für jemand anderes doch sein könnte. Sie glaubte, Lise erzähle ihr noch immer alles – möglicherweise hatte das nie gestimmt –, und infolgedessen meinte sie, daß alles, was sie von Lise nicht wußte, auch nicht wahr sein konnte. Sie wußte, daß Lise sich in Hans verliebt hatte, ahnte aber nicht, daß die beiden ein Verhältnis zueinander hatten, das die Grundregel eines jeden Jugendleiters durchbrach: keine Liebesbeziehung mit Anvertrauten. Darüber hinaus war Hans verheiratet und Vater.

Als Liesl krank wurde, war Lise die einzige, die sie in der

Küche ersetzen konnte, was sie dann auch tat. Das bedeutete, daß Käthe, die eigentlich gerade als Küchenhilfe an der Reihe war, zurück zur Kartoffelernte gehen mußte. Und es bedeutete, daß Lise in den Kreis der Jugendleiter aufgenommen wurde und sich nur nach deren Zeitplan richten mußte. Wenn in den Schlafsälen das Licht ausgemacht worden war, blieb sie noch unten und trank im Büro eine letzte Tasse Kakao und war dabei viele Abende mit Hans allein. Sie hatten viele Gemeinsamkeiten, eine davon war die Liebe zur Musik. Hans spielte ihr auf einem Grammophon Wagner vor, und Lise und er waren sich einig, daß nur Wagners Musik wichtig sei, nicht seine Äußerungen über die Juden.

Erfahrung hatte die Jugendleiter gelehrt, die Abschlußfeier zu veranstalten, bevor sie den jungen Leuten ihre Beurteilung bekanntgaben. Am Anfang der letzten Woche bat Heinz diejenigen, die bereit waren, etwas zur Unterhaltung beizutragen – er hoffte, alle würden mitmachen –, ihn wissen zu lassen, was sie vorhätten, damit er das Programm zusammenstellen könnte. Käthe wollte gern eines ihrer Gedichte vortragen. Es hatte sich inzwischen herumgesprochen, daß sie Gedichte schrieb, irgend jemand hatte eines in der *Jüdischen Rundschau* entdeckt. Allerdings hatte sich dadurch das Verhalten der anderen ihr gegenüber nicht geändert.

«Du mußt das vorschlagen», befahl sie Lise.

Sie konnte nicht damit rechnen, daß er sie von sich aus ansprechen würde. Seit ihrem einzigen gemeinsamen Spaziergang hatte er jeden näheren Kontakt zu ihr gemieden – jedenfalls hatte Käthe diesen Eindruck. Lise kam mit der Mitteilung zurück, er müsse ihr Gedicht sehen, ehe er entscheiden könne, ob sie es nun aufsagen sollte oder nicht. Sie wählte eines aus der Sammlung, die sie im Kopf hatte, und schrieb es auf. In seinem Büro saß Trude. Heinz hatte sie als seine Sekretärin angeheuert, und sie tippte.

Und wie hatte er herausbekommen, daß Trude maschineschreiben konnte, ohne zugleich festzustellen, daß Käthe das auch konnte? Wieder einmal hatte sie nichts von dem gemerkt, was um sie her vorging.

Sie ließ Heinz nicht aus dem Auge, weil sie ein Zeichen erwartete, daß er ihr Gedicht gelesen und damit ihren wahren Wert erkannt hatte. Als das Programm am Schwarzen Brett angeschlagen wurde, waren fast alle Namen aufgeführt, nur ihrer nicht. Er konnte ihr Gedicht nicht gelesen haben, es mußte unter anderen Papieren verlorengegangen sein, vielleicht hatte er es absichtlich ignoriert, vielleicht hatte Trude nachgeholfen. Sie machte sich sofort auf die Suche nach Heinz.

Er saß mit ein paar anderen auf einer Mauer in der Sonne, und wie immer schnürte sein Anblick ihr die Kehle zu. Es hörte sich so an, als sei sie außer Atem vom Laufen, als sie ihre Frage stellte und dabei mitten in die Unterhaltung platzte, nicht weil sie sich selbst für wichtiger hielt – den Eindruck muß sie gemacht haben –, sondern weil ihre Gefühle in dem Augenblick so stark waren, daß sie ihre Selbstbeherrschung verlor.

Er erklärte ihr: «Dein Gedicht ist zu ernst, es paßt nicht in das übrige Programm.»

Trudes Lieder waren auch ernst, aber sie durfte mitmachen, ihr Auftritt war der Höhepunkt des Programms. Sie erzählte Witze und spielte den Clown, bis jedermann, bis auf Käthe, sich vor Lachen bog.

Sie war eifersüchtig auf Trude; sie hätte lieber Trudes Talent besessen als ihr eigenes, nicht nur weil Singen allgemein größere Anerkennung fand, sondern auch weil Käthe das, was sie selbst konnte, stets für weniger wichtig hielt als das, was sie nicht beherrschte.

An die Gruppe von fast vierzig jungen Leuten konnten nur zwanzig Einwanderungszertifikate vergeben werden.

«Ihr könnt euch also denken», sagte Hans, als sie am letzten Abend im Gemeinschaftsraum in einem großen Kreis beisammensaßen, «daß wir gezwungen waren, eine sehr strenge Auswahl zu treffen. Wir mußten einige Leute ausschließen, die, wenn mehr Zertifikate ausgegeben wären, sicher auch eines bekommen hätten.» Eigentlich sei niemand durchgefallen, fuhr er fort. Wer Deutschland nicht auf diesem recht schnellen Wege verlassen könne, bekäme einen Platz in einem Trainingszentrum zugewiesen.

Noch bevor er geendet hatte, hörte Käthe auf zuzuhören. Plötzlich war ihr klargeworden, daß – woran sie bis dahin nicht gedacht hatte – durchaus die Möglichkeit bestand, daß sie kein Zertifikat bekäme. Sie sah im Kreis umher und zählte die sicheren Kandidaten. Ihr Herz hämmerte, ihre Fingerspitzen waren eiskalt, sie zählte, als wäre es das Hexeneinmaleins. Die Namen wurden in alphabetischer Reihenfolge vorgelesen. Bei jedem, der ein Zertifikat bekam, zuckte sie zusammen, denn er minderte ihre eigenen Chancen. Jetzt wünschte sie sich, sie wäre nie so voreilig gewesen, sich dieser Prozedur zu unterziehen. Sie fand es unfair, die Jugendlichen ganze vier Wochen, ohne jede Anleitung, tun zu lassen, was sie wollten. Jetzt, wirklich erst jetzt, wurde ihr klar, daß die Tatsache, daß weder Heinz noch Hans sie je kritisiert hatten, nicht unbedingt bedeuten mußte, daß sie nichts an ihr auszusetzen hatten. Es fielen ihr Hunderte von Gelegenheiten ein, bei denen sie sich anders hätte verhalten können, ja, jetzt wußte sie es genau, nicht können, sondern müssen.

Es würden wohl kaum zwei Zertifikate innerhalb einer Familie vergeben, überlegte sie. Ihre Überzeugung, bessere Chancen zu haben als Lise, gründete sie auf die Feststellung, daß schließlich auch sie und nicht Lise in Herrlingen einen Platz bekommen hatte, und natürlich war es auch Wunschdenken. Sie meinte, Lise würde besser damit fertig werden, wenn man sie ablehnen würde. Lise – das hatte man ihr ständig zu verstehen gegeben – konnte sich mit allem abfinden.

Weil der Buchstabe K vor L kam, hörte sie gerade noch, daß sie ein Zertifikat bekam. Aber statt Erleichterung empfand sie für einen Augenblick äußerste Panik: Ihr Glück konnte nicht von Dauer sein – und was sollte ihr das alles nützen, wenn sie sich von Lise trennen mußte?

Hans hatte Lise nach ihrer Meinung über die Mädchen gefragt, bei denen er noch unentschlossen war. Als sie eines Abends spät noch im Büro saßen und das Gefühl hatten, als einzige noch wach zu sein, hatte er ihr gesagt: «Bei Käthe habe ich noch Zweifel.»

Die Liebe zu ihm hatte ihr ganzes Denken beherrscht. Aber jetzt, da ihre kleine Schwester sie brauchte, spielte das keine Rolle mehr. «Was für Zweifel?» fragte sie und war schon nicht mehr mit ihm befreundet.

Er sagte: «Sie arbeitet gut und zuverlässig. Aber sie kann keine Beziehungen zu anderen Menschen herstellen, sie ist die geborene Außenseiterin, in einem Kibbuz würde es mit ihr Probleme geben.»

Lise tat so, als nähme sie seine Worte nicht ernst. Sie wollte nicht von Käthe getrennt werden, aber das war nicht entscheidend: Sie wußte, wenn Käthe von der Jugend-Alijah abgewiesen würde, hätte das eine verheerende Wirkung auf sie, es würde sie für ihr ganzes Leben zeichnen. Sie zögerte, nur um die rechten Worte zu finden, und log – für ihren eigenen Vorteil hätte sie nie gelogen – «Ich weiß auch nicht, was mit ihr los war, so ist sie sonst nicht, sie hat einen völlig falschen Eindruck von sich vermittelt.»

Am Ende sagte Hans schließlich: «Du kennst sie besser als wir, wenn du meinst...»

Es mußten Jahrzehnte vergehen, bis Lise Käthe für reif genug hielt, diese Wahrheit zu erfahren.

Bevor sie nach Bielefeld zurückfuhren, verbrachten sie noch drei Tage in Berlin bei Pauls Schwester und ihrer Familie. Zum näheren Kennenlernen war die Zeit zu kurz, aber sie hatten noch einen anderen Grund, dort Station zu machen: Die Berliner Teilnehmer des Kurses in Rüdnitz wollten sich Ende der Woche in einem Privathaus treffen, und besonders Käthe konnte den Gedanken nicht ertragen, daß das Treffen womöglich ohne sie, die doch dazugehörte, stattfände.

Außerdem hatte sie etwas vor, was ihr sogar noch wichtiger war. Bevor sie nach Rüdnitz gefahren waren, in jenem Sommer, in dem sie soviel Zeit für sich allein hatte, weil Anne nicht daheim war und Lise den ganzen Tag arbeitete, hatte sie einen Roman geschrieben. Sie hatte in Annes Teil ihres gemeinsamen Zimmers an deren Tisch gesessen und fünf Wochen lang jeden Morgen als erstes drei Stunden geschrieben und meistens den Rest des Tages auch noch über den Text nachgedacht.

Ihre Einbildungskraft hatte sich an dem Titel eines Buches entzündet, das sie gar nicht gelesen hatte, *Der kleine Prophet*. Ihr kleiner Prophet war ein Bauernjunge im biblischen Jerusalem, dem man sein liebstes Bullenkalb fortgenommen hatte, weil es im Tempel geopfert werden sollte.

Er versammelte eine Bande von Kindern um sich, die sich auf den Weg machte, das Kälbchen zu retten. Sie hatte die Geschichte nicht bewußt als Parabel angelegt.

Das abgelehnte Manuskript wartete zu Hause auf sie. Selma hatte es in ihren Briefen nicht erwähnt, sie sollte sich so fern von daheim nicht zu sehr aufregen. Käthe nahm an, die Verleger seien nur noch nicht zu einer Entscheidung gelangt, und ihre Hoffnung wuchs von Tag zu Tag.

Ihre Berliner Verwandten mußten ihr helfen, die Adresse ausfindig zu machen. Sie rieten ihr, erst einmal beim Verlag anzurufen und einen Termin zu vereinbaren. Das wollte sie nicht, sie wollte diesen bisher wichtigsten Kontakt ihres Lebens nicht auf so unpersönliche Weise herstellen. Außerdem wußte sie nicht, nach wem sie fragen und was sie sagen sollte. Es konnte ja auch sein, daß man ihr dann sagte, sie brauchte nicht zu kommen, und sie wollte doch unbedingt erleben, wie es ist, einen Verleger zu besuchen. Es war Schocken, soweit sie wußte, das einzige jüdische Verlagshaus, das es in Deutschland noch gab.

Der Eingang war schäbig, das Innere dunkel, vielleicht auch nur im Vergleich zu dem prächtigen Gebäude, das sie sich vorgestellt hatte. Sie nannte an der Rezeption ihren Namen und sagte: «Da ich zufällig gerade in Berlin bin ...» Diese Wendung hatte sie sich den ganzen Morgen über immer wieder vorgesagt. Man bat sie, Platz zu nehmen und zu warten, aber sie blieb lieber stehen, aufrecht und startklar.

Die Wendeltreppe war schmal und steil, vielleicht kam es ihr aber auch nur so vor, weil der Verlag ihr wie ein verwunschenes Schloß vorkam, überall Bücher, Manuskripte, Menschen, deren Lebenssinn es war, Bücher zu machen, so wie es ihr Lebenszweck war, sie zu schreiben.

Eine junge Frau war heruntergekommen, um sie nach

oben zu führen. Käthe, die zu einer Generation gehörte, für die selbstverständlich alle wichtigen Positionen mit Männern besetzt sein mußten, hielt sie fälschlicherweise für eine Sekretärin. Es war eine der Lektorinnen des Verlages.

Es verwirrte die Dame, nach einem Manuskript gefragt zu werden, das schon zurückgeschickt worden war. Käthe nahm diese Verwirrung sehr persönlich, bezog sie auf sich, auf ihr Buch und dessen Inhalt. Die Lektorin erklärte ihr, weil es ein handgeschriebenes Manuskript gewesen sei, hätte sie gefürchtet, es sei das einzige Exemplar, und es deshalb per Einschreiben zurückgeschickt.

Daß ihr Roman als etwas besonders Wertvolles behandelt worden war, milderte Käthes Enttäuschung über die Ablehnung. Plötzlich hatte sie das Gefühl, schon lange gewußt zu haben, daß das Buch nicht veröffentlicht werden würde, ja daß man es eigentlich gar nicht veröffentlichen könnte. Sie glaubte, nie mehr von dem Manuskript erwartet zu haben, als daß es ihr ermöglichte, sich in diesem Büro mit dieser Frau freundlich und wie von gleich zu gleich zu unterhalten. Sie verriet ihr Geschöpf, suchte Zuflucht bei Fremden, schlug sich auf die Seite derer, die es abgelehnt hatten, nur um dem Gefühl zu entkommen, sie selbst sei abgelehnt worden. Sie mußte erklären, wieso sie nichts von der Rücksendung des Manuskriptes wußte, und das half ihr, über diesen Moment hinwegzukommen. Außerdem half ihr die harte Schule, die sie, seit Hitler an der Macht war, durchgemacht hatte, daß nämlich das, was sie sich am meisten wünschte, für sie immer außer Reichweite lag.

Sie hatte sogar mehr gewonnen, als sie zu dem Zeitpunkt wußte. Das eingeschriebene Paket enthielt einen Brief von Dr. Georg Gross, der damals einer der Leiter von Schocken war. Was für Zukunftspläne sie habe, fragte er. Wenn sie

Hilfe brauche, solle sie ihn das wissen lassen. Er könne ihr vielleicht zur Emigration verhelfen.

Das war einer von den Briefen, auf die ihr Vater jahrelang gewartet hatte. «Was hat er auch jemals getan, das irgend jemanden veranlaßt hätte, ihm zu helfen?» fragte ihre Mutter immer, wenn sich wieder einer seiner Auswanderungspläne zerschlug. Gut, sie hatte etwas getan, das jemanden veranlaßte, ihr helfen zu wollen. Zufällig war ihre Emigration nun schon in die Wege geleitet. Aber für den Rest ihres Lebens half ihr die Erinnerung an diesen Brief ein wenig, mit dem Schuldgefühl fertig zu werden, das sie empfand, weil sie überlebt hatte.

SIEBZEHN

SIE waren in Rüdnitz, als Chamberlain sich mit Hitler traf. Sie waren auch noch dort, als die Deutschen das Sudetenland annektierten. An jenem Morgen gingen die Mädchen schon ganz früh über eine Weide, der aufgehenden Sonne und dem rosa und orange aufleuchtenden Horizont entgegen. Sie hatten sich untergehakt und bildeten eine lange Reihe, Lise ging in der Mitte. Die Natur war wunderbar friedlich, sie spürten die frische Morgenluft auf der warmen Haut, weit und breit war nur der Gesang der Vögel zu hören. Sie warteten auf den Zeitpunkt, an dem sie ins Haus zurückgehen und die Nachrichten hören konnten, ausnahmsweise, denn sonst war es ja verboten. Sie waren jung, und Politik war für sie ein brandheißes Thema.

Selma hatte mehrmals geäußert, daß nur ein Krieg Hitler beseitigen könne. Jetzt sagte Lise: «Ein Krieg wäre schon längst ausgebrochen, ist er aber nicht, das spüre ich.» Lises mystische Ader war Käthe peinlich. Sie begriff nicht, daß die Leute, die immer bereit waren, sich über sie lustig zu machen, nicht auch einmal über diese Eigenart von Lise Witze machten.

Sie waren wieder daheim in Bielefeld, als die Deutschen Ende Oktober alle Juden, die irgendwann aus Polen gekommen waren und aus den verschiedensten Gründen ihre Nationalität nicht gewechselt hatten, verhafteten und auswiesen. Sie wurden in den Osten gebracht, eine Art Probe für die späteren Massendeportationen, aber in Polen wollte man sie auch nicht haben, und so wurden sie, unter entsetzlichen Bedingungen, im Niemandsland ausgesetzt.

Käthe schrieb an Heinz, beschränkte sich allerdings auf einen Brief pro Woche und teilte ihm nur Ideen und Gedanken und keine Gefühle mit. Sie bekam nur eine Postkarte von ihm, auf der unter anderem stand, Jo sei in Polen. Wenn es ihr möglich gewesen wäre, ihren natürlichen Neigungen zu folgen, und sie nicht grundsätzlich Männer geliebt hätte, die für sie unerreichbar waren, dann hätte sie Jo geliebt. Er hatte ihr schöne Augen gemacht, es aber schließlich aufgegeben, weil sie nicht reagierte. Vielleicht war es aber auch eine Angst vor dem Scheitern, die sie davon abhielt, innerhalb der Grenzen des für sie Möglichen zu lieben. Daß Heinz sie nicht als angemessene Partnerin ansehen würde und sie nie so lieben würde wie sie ihn, das war vorauszusehen. Aber wenn Jo sie weniger geliebt hätte als sie ihn – was hätte sie dann von sich selber denken müssen?

Er sah Gabriel Rosenthal ähnlich, vielmehr ihrer Vorstellung von Gabriel. Er hatte lockiges dunkles Haar und unwahrscheinlich schöne Augen und viel Humor, der ihren ernsten Charakter gut ergänzt hätte. Er konnte die Leute zum Lachen bringen, ohne daß jemand das Gefühl haben mußte, er würde ausgelacht. Vielleicht war sie aus Angst vor ihrer eigenen Sexualität nicht auf ihn eingegangen. Jo hätte sie, im Gegensatz zu Heinz, in den Arm genommen und geküßt. Ihn hätte man nicht aufhalten können, und sie hätte ihn auch nicht aufhalten wollen.

Und jetzt war er in Zbąszyn. Jetzt liebte sie ihn so sehr, daß es weh tut.

Die Theesener Straße war lang und gerade, man konnte den Briefträger von weitem kommen sehen. Lise hatte nach der Rückkehr aus Rüdnitz wieder angefangen, bei der

Schneiderin zu arbeiten, während Käthe wieder einmal Ferien hatte. Aber sie stand genauso früh auf, um die Post in Empfang nehmen zu können. Sie ging dem Briefträger auf der Straße entgegen. Er hatte nichts dagegen, daß sie ihn anhielt und bat, nachzusehen, ob etwas für die Loewenthals dabei war. Jeden Morgen ging sie ein Stückchen weiter, bis sie ihn schon an der Ecke der Hauptverkehrsstraße traf, wo die Straßenbahnen fuhren und ein Schaukasten mit dem *Stürmer* aufgestellt war, der jeden Deutschen gegen jeden Juden aufhetzen wollte.

Meistens war nichts für sie dabei, höchstens Rechnungen für ihren Vater. «Was kann denn ein kleines Mädchen wie du für einen wichtigen Brief erwarten?» fragte sie der Briefträger schließlich.

«Die Genehmigung der Briten, nach Palästina einzuwandern», antwortete sie.

Am Morgen des zehnten November, einem Donnerstag, ging sie mit ihrer Mutter die drei Treppen hoch auf den Dachboden. Neben einer großen freien Fläche zum Wäschetrocknen bei schlechtem Wetter gab es dort für jede Familie eine abgetrennte Rumpelkammer. Die Wohnungsinhaber hatten schon vor einiger Zeit Anweisung bekommen, diese Verschläge zu räumen, weil das Gerümpel die Feuergefahr erhöhe, sollte Deutschland wieder einmal vom Rest der Welt der Krieg erklärt werden, wie es hieß. Die Lumpensammler verlangten daraufhin besonders den jüdischen Mietern viel Geld ab, um das Gerümpel abzufahren. Selma gelang es jedoch, einen alten Mann mit einem Esel ausfindig zu machen, der bereit war, ihr diesen Gefallen unentgeltlich zu tun. Vor ihm kam ein anderer Mann und behauptete, sein Partner zu sein, und nahm den ganzen Kram mit. Als dann der alte Mann auftauchte, war es

Selma so peinlich, daß sie auf einen Trick hereingefallen und wortbrüchig geworden war, daß sie schnell einige Sachen für ihn hersuchte, die eigentlich gar nicht zum Gerümpel gehörten, und das, obwohl sie genauso arm war wie er, wenn nicht noch ärmer.

Zu den Dingen, die noch übriggeblieben waren, gehörte eine Truhe mit Kleidung, vorwiegend Selmas Garderobe aus der Zeit vor Hitler: feine Seidenkleider, Abendroben, Pelze – alles für ihre jetzige Lage viel zu elegant, Dinge, die sie, wie ihr Klavier, nicht aus der Hand gab und die ihr halfen, sich selber vorzumachen, sie habe Vertrauen in die Zukunft. Auch einige von Annes Kleidern, von denen man annahm, Lise brauche sie nicht und Käthe paßten sie noch nicht, waren in der Truhe, außerdem gespendete Kleidungsstücke, die noch geändert werden mußten.

Lise hatte zu dem Zeitpunkt schon anderthalb Jahre ihrer Lehre hinter sich, und ihre Mutter ging davon aus, daß sie sich ihre Sachen größtenteils selber nähen würde. Sie hätte das auch gekonnt, war aber nicht bereit, die wenige freie Zeit, die ihr blieb, auch noch mit Nähen zu verbringen. Sie begnügte sich deshalb mit dem Allernötigsten, zumal sie ja überzeugt war, daß es ohnehin keinen Unterschied machte, was sie anzöge. Und doch war sie besser dran als Käthe, die glaubte, nur solange sie hübsch aussähe, würden die Leute sie mögen, und ihr Aussehen sei das einzige, wofür man sie mögen würde. Käthe hatte sehr viel mehr Kleider als ihre Schwestern, weil sie sie für Herrlingen gebraucht hatte und weil Selma gerne für sie nähte. Sie wollten auf dem Boden nach Zeug suchen, das für sie umgeändert werden konnte.

Käthe freute sich immer, wenn sie etwas geschenkt bekam, ganz gleich, was es war, ein Stück Lakritze oder ein Zigarettenbild. Die eigentliche Freude war für sie, überhaupt beschenkt zu werden. Was von Anne kam, hatte in ihren Augen den größten Wert – offensichtlich ging es ihr weniger um den Besitz der Dinge als um emotionale Befriedigung. Alles, was sie von Anne erbte – auch Spielzeug und Bücher –, war in ihren Augen mehr wert als etwas Neues. Sie war an jenem Morgen glücklich über ihre Beute, einen ganzen Haufen Kleidung, so schwer, daß sie ihn kaum die Treppe hinuntertragen konnte.

Sie ging hinter ihrer Mutter her, die auf dem letzten Treppenabsatz plötzlich stehenblieb. Eine ältere Frau, die Käthe nicht kannte, stand vor ihrer Wohnungstür, sie war ganz in Schwarz und weinte. Selmas erster Gedanke war, Paul sei etwas zugestoßen, sie fiel fast in Ohnmacht.

«Nein, nein», sagte die Frau, «ihm ist nichts passiert, er hat mich hergeschickt.» Er wollte, daß sie in die Stadt kämen, zu Tante Hete. Hier, wo sie die einzigen Juden in der Nachbarschaft wären, sei es möglicherweise nicht mehr sicher. Die Synagoge war in der Nacht angesteckt worden.

Auf dem engen Flur, der in die Küche führte, kamen sie nur langsam vorwärts, die fremde Frau stützte Selma von der einen Seite, Käthe von der anderen, halbherzig, denn sie war zu jung, um sich schnell genug diesem Rollentausch anpassen zu können. Sie setzten Selma auf einen Stuhl, und die Fremde brachte ihr, als sei sie zu Hause, sofort ein Glas Wasser. «Daß ich es erleben durfte, diesen Tag zu sehen!» rief Selma aus. Auf hebräisch beschließen diese Worte das Gebet, mit dem man Gott für den empfangenen Segen dankt.

Mutter und Tochter waren beide zu schäbig angezogen, um so losgehen zu können. Käthe meinte, wenn sie sich umziehen könnten, würde das ein wenig von ihrer dramatischen Lage ablenken, aber sie tat, was man ihr sagte. Sie hatten die morgendlichen Hausarbeiten noch nicht alle erledigt, und die Wohnung war nicht in dem Zustand, daß man sie guten Gewissens verlassen konnte. Käthe fand, wenn man sie so hinterließe und sich stehenden Fußes auf den Weg machte, dann würde es nach Flucht aussehen.

Die Fremde wartete auf sie. Selma versuchte, sie vorauszuschicken, und machte sich absichtlich sehr langsam fertig, um sie loszuwerden. Sie schämte sich im selben Maße, mit der Frau zusammen gesehen zu werden, wie Käthe sich schämte, mit ihrer Mutter über die Straße zu gehen. Beide Frauen waren leicht als Jüdinnen zu erkennen, obwohl sie eigentlich keine offensichtlich jüdische Physiognomie hatten, denn sie sahen nicht nur wie Trauernde aus, sondern wie Opfer. Paul hatte empfohlen, nicht mit der Straßenbahn zu fahren. Die neuen Gesetze, die an dem Tag bekanntgegeben worden waren, verboten den Juden tatsächlich, öffentliche Verkehrsmittel zu benutzen, und befahlen ihnen, Ariern auf dem Bürgersteig Platz zu machen und in die Rinnsteine auszuweichen. Sie hatten die Küglerstraße, die weder sehr lang noch sehr belebt war, noch nicht ganz hinter sich, da zwang sie schon ein Mann, beiseite zu treten. Sie kannten das neue Gesetz noch gar nicht, handelten aber schon danach, als er Selma anspuckte und seine Spucke auf ihrem Mantelsaum landete.

Ganz am Ende der Straße, in der Tante Hete wohnte, lag der Kesselbrink, ein von Bäumen gesäumter offener Platz, von dem die Busse abfuhren (auch die, die die Juden ab Dezember 1941 von einem als Sammelplatz dienenden Saal aus zum Bahnhof transportierten, bis es in Bielefeld, außer ein paar jungen Zwangsarbeitern in einem kleinen Lager, keine Juden mehr gab). An der Ecke Kesselbrink und Turnerstraße lag die Feuerwehrstation. An der Turnerstraße, wenige Schritte entfernt, lag linker Hand die Synagoge, rechts ein alter Friedhof und eine Polizeiwache.

Als sie bei Tante Hete ankamen, konnten sie von dort aus noch keine Anzeichen eines Brandes entdecken.

Niemand reagierte auf ihr Klingeln, die Haustür blieb verschlossen. Die Frau, die sie hierhergebracht hatte, ging um das Haus herum zum Dienstboteneingang und kam zurück, um sie zu holen. «Schnell, schnell», mahnte sie und zog Käthe an der Hand hinter sich her. Von den Menschen im Haus, es mögen zwanzig oder mehr gewesen sein, schlugen Selma und Käthe nur Unmutsäußerungen entgegen, obwohl sie gleich bei der Haustür stehengeblieben waren. Käthe spürte, daß sie aus irgendeinem Grunde nicht willkommen waren. An jenem Tage war kein Jude dem anderen willkommen, und doch versammelten sie sich. Je mehr beisammen waren, desto größer war die Gefahr. Sie steckten einander an mit ihrer Angst. Gerüchte brüteten Gerüchte aus. Obwohl sie genauso wehrlos waren wie zuvor, hatten sie doch das Gefühl, die Gemeinsamkeit stärke sie.

Außer in der Küche gab es nur noch Stehplätze. Dorthin wurde Selma von einigen Frauen gebracht, denn sie war einer Ohnmacht nahe. Vielleicht bekam sie keine Luft, oder aber es lag an der allgemeinen Unterhaltung; zwar wurde geflüstert, aber es redeten viele auf einmal, und sie alle waren sehr aufgeregt. Vielleicht war ihr auch aus Enttäuschung darüber, daß Paul nicht da war, schlecht geworden. Vielleicht war das auch der Grund dafür, weshalb sie nicht willkommen waren. An jenem Tage wollte kein Jude mit einem anderen zusammensein, um den man sich möglicherweise noch mehr Sorgen machen mußte als um sich selbst.

Die Aufmerksamkeit – so schien es Käthe jedenfalls –

konzentrierte sich auf Tante Sophie und Walters Schwester Ruth. Sie waren aus ihrer Wohnung über den Gemeinderäumen erst gerettet worden, als die Säle unter ihnen schon in Flammen standen. Es ist unwahrscheinlich, daß die Bielefelder Nazis nicht gewußt haben, daß sie dort wohnten. Die Tatsache, daß man sie nicht gewarnt hat, bestätigt vielleicht, was man Paul später erzählte: daß die Brandstifter mit Lastwagen von außerhalb herbeigefahren worden seien, weil die Bielefelder Nazis sich geweigert hätten, die Synagoge anzuzünden.

Sie hatten aus dem Fenster springen müssen, und Ruth hatte sich dabei den Arm gebrochen. Onkel Robert war festgenommen worden. Walter war in Hamburg, und die beiden Frauen betonten immer wieder, was das für ein Glück sei. Noch wußte niemand in diesem Haus, daß die Synagogen in ganz Deutschland und Österreich brannten und die Männer überall verhaftet wurden. (Walter kam am Abend zurück, um nachzusehen, ob er seiner Familie irgendwie helfen konnte. Tante Sophie bestand aber darauf, daß er sofort nach Hamburg zurückführe, wo er als Arier durchgehen konnte, weil ihn dort niemand kannte.)

Auch andere Bielefelder Juden waren verhaftet worden, und Käthe fragte sich, was an ihm denn schon so wichtig sei. Als sei Walter nicht ihr Vetter, als kenne sie ihn nicht, als sei er kein menschliches Wesen: Plötzlich sah sie die Juden mit den Augen der Nazis; die Jahre der Indoktrination zeigten ihre Wirkung. Anfangs betraf ihre Gleichgültigkeit an jenem Tage nur die Männer, ihren Vater eingeschlossen. Das einzig Wichtige an ihm war, daß er Jude war, und jüdische Männer waren unwichtig.

In dem Augenblick hätte es ihr noch nicht einmal etwas ausgemacht, wenn man ihr erzählt hätte, daß auch Friedemann verhaftet worden sei. Er war in die brennende Synagoge gerannt, um die Torahrollen zu retten, und hatte sich gegen die Nazis gewehrt, die hinter ihm herliefen und ihn davon abhalten wollten. Mutig kämpfte er allein und ohne Waffe einen aussichtslosen Kampf gegen mehrere bewaffnete Männer, bis er unter ihren Schlägen bewußtlos zusammenbrach.

Die Leute in Tante Hetes Haus wechselten. Die einen gingen von irgendwelchen dringenden Gründen getrieben hinaus, dafür kamen wieder andere herein. Als Verwandte wurden Selma und Käthe bevorzugt behandelt – so kam es Käthe jedenfalls vor. Sie wurde in die Küche gerufen und bekam einen Teller mit Butterbroten und einem Stück Kuchen, außerdem die Anweisung, dafür zu sorgen, daß ihre Mutter etwas äße, ehe sie sich auf den Weg machten, «sonst fällt sie auf der Straße um». Und Käthe, die sich so oft gewünscht hatte, daß Lise verschwand, damit sie ihre Mutter für sich allein haben könnte, wünschte sich jetzt, Lise wäre da oder sie selber wäre auch nicht da. (Tante Hete hatte Frau Nathan angerufen, um ihr zu sagen, daß Lise bleiben sollte, wo sie sei.)

Irgend jemand, der gerade eingetroffen war, hatte eine Nachricht von ihrem Vater: Sie sollten sich mit ihm in der Wohnung von Hugo Rosenthals Schwestern treffen, die jenseits der Synagoge auf dem Weg zur Burg lag. «Geht nicht die Turnerstraße entlang», rieten die Frauen Käthe, als wäre sie und nicht ihre Mutter verantwortlich für sie beide. Sie erteilten ihr einander widersprechende Ratschläge, welchen Weg sie nehmen sollten, und waren überzeugt, sie sei noch zu jung für diese schwere Aufgabe. Sie hörte nicht zu, sie liebte Bielefeld und wußte dort besser Bescheid als sie alle zusammen, die Arier eingeschlossen. Sie war nicht bereit, einen Umweg zu machen, und hätte auch keinen gemacht, wenn ihre Mutter es gewollt hätte. In diesem Moment interessierte sie nichts, nicht einmal die Aussicht, ihren Vater wiederzufinden, so sehr, wie zu sehen, was mit der Synagoge geschehen war. Sie war unglaublich sensationslüstern.

Der Tag war kälter und grauer geworden – Käthe kam es zumindest so vor. Sie hakte ihre Mutter unter. Sie waren jetzt gleich groß, und Käthe ist auch später nicht weiter gewachsen. Sie überquerten den Kesselbrink. Selma und Paul sollten unter den ersten achtundachtzig Juden der Stadt sein, die von hier nach Osten deportiert wurden, und sie sollten nicht zu den sechs Überlebenden des Transportes gehören.

Sie gingen mit sicherem Schritt, wie Leute, die wissen, wohin sie gehen, aber nicht in Eile sind. Sie wollten nicht auffallen und rechneten damit, daß sie Paul erst in etwa einer Stunde wiedersehen würden. Aus Sorge um ihn war Selma viel zu früh aufgebrochen, und nun wählte sie auch noch den kürzesten Weg. Als sie an der Synagoge vorbeikamen, behielten sie ihren forschen Schritt bei. Man sah keine Schaulustigen, nur hier und da Passanten, die ebenfalls den Eindruck erwecken wollten, ein bestimmtes Ziel vor Augen zu haben und nur zufällig durch diese Straße zu kommen.

Die große mittlere Kuppel war zerstört, ebenso die kleineren Kuppeln der vier Ecktürme. Aber die steinernen Seitenwände, jetzt vom Ruß geschwärzt, waren noch bis zu etwa zwei Dritteln ihrer ursprünglichen Höhe erhalten. Scherben der farbigen Glasfenster waren auf das Pflaster geschleudert worden. Man sah keine Flammen mehr, Stöße von Rauchschwaden stiegen auf, als atmeten die Ruinen noch. Käthe hob im Vorbeigehen ein kleines Stück seegrünes Glas auf, steckte es in ihre Manteltasche und überlegte, welche der traditionellen kurzen Segensformeln, die alle mit einem Lobpreis Gottes beginnen, sie eigentlich sprechen müßte.

Hugo Rosenthal hatte drei Schwestern: Rosalie, Grete und Alma. Alma war einmal eine von Selmas besten Freundinnen gewesen. Im Frühjahr 1939 emigrierten sie nach Holland. Alma starb in Sobibor, und nur Grete, die sich versteckt gehalten hatte, hat den Krieg überlebt.

Grete wohnte zu der Zeit nicht in Bielefeld. Käthe war schon einmal bei Alma und Rosalie gewesen, als sie Hugo vorgestellt werden sollte. Selma hatte sie damals dorthin begleitet, war aber unten im Hof geblieben. Paul hatte diesen Treffpunkt gewählt, weil die Gestapo wahrscheinlich nicht in eine Wohnung kommen würde, in der nur Frauen lebten, erklärte Selma Käthe, als sie ankamen. Käthe hatte noch immer nicht begriffen, was dieser Tag bedeutete, und nach einer Erklärung verlangt.

Sie stiegen in einem schmuddeligen Treppenhaus drei Stockwerke nach oben, auf jedem Treppenabsatz kam man an einer Gemeinschaftstoilette vorbei. Die Wohnungstür war offen. Bei ihrem vorigen Besuch war Käthe ganz und gar mit sich und dem Zweck ihres Besuches beschäftigt gewesen: Eine Stipendiatin lernt ihren zukünftigen Direktor kennen. Auf die Umgebung hatte sie nicht geachtet, sie gehörte ohnehin nicht zu Hugo, sondern zu seinen Schwestern. Sie dachte nicht daran, daß sie inzwischen mehr als anderthalb Jahre älter geworden war, und meinte, es läge an diesem Tag, daß sie jetzt bemerkte, daß die edlen Möbel auf viel zu engem Raum zusammengepfercht standen, es herrschte eine Art vornehmen Elends. In der Küglerstraße roch es nicht so nach Armut wie hier. Sie war schon bei ebenso armen und bei noch ärmeren Leuten gewesen, aber ihre Besuche dort hatten niemals etwas mit ihrem Vater zu tun gehabt. Während sie hier, in der Rosenthalschen Wohnung, auf ihn wartete, dachte sie zum erstenmal objektiv über ihn nach.

Sie warteten und warteten, aber vergebens. Die drei Frauen saßen zusammen und schauten einander an. Käthe fühlte sich von ihrem Schweigen, von ihrer Unterhaltung und von ihren gemeinsamen Erinnerungen gleichermaßen ausgeschlossen. Man hatte sie an einen kleinen runden Tisch am Fenster gesetzt, damit sie Licht zum Lesen hätte, und ihr einen in Leder gebundenen Band aus Goethes gesammelten Werken hingelegt. Zu jeder anderen Zeit hätte sie die stillschweigende Anerkennung gefreut, aber jetzt wollte sie sie nicht, denn sie fühlte sich nicht in der Lage, die damit verbundene Verantwortung auf sich zu nehmen. Sie hatte das Gefühl, die einzige zu sein, die zu Besuch hier war, sie fühlte sich ihrer Mutter entfremdet.

Das Teetrinken – der Tee wurde in Bone China serviert – half nicht, die Zeit zu verkürzen, sondern ließ sie nur noch länger erscheinen. Selma hätte eigentlich daran gewöhnt sein müssen, daß Paul nicht zur vereinbarten Zeit kam. Er war von Natur aus unpünktlich, blieb immer lieber in Gesellschaft anderer Männer (und anderer Frauen?), als nach Hause zu gehen. Selma sagte sehr oft, wenn sie ihn zum Mittagessen erwarteten und er sich verspätete: «Er ist so rücksichtslos.» Käthe glaubte, sie bangte um das Essen, das nun warm gehalten werden mußte. Selma ließ sie in dem Glauben, sie wollte Käthe nicht damit belasten, daß sie in ständiger Angst um ihn lebte. Seit den ersten Tagen ihrer Liebe pflegte er sein Kommen anzukündigen, indem er die ersten Takte von «Kommt ein Vogel geflogen» pfiff. Bei diesem Signal drehte Selma sich zum Herd um und fing an aufzutun, damit Käthe nicht die Tränen der Erleichterung sah. Käthe dachte, sie stelle sich ziemlich an wegen ihrer Kocherei, die selbst in den Zeiten, wo sie sich auserlesene Zutaten leisten konnte, nicht so berückend war.

Zwei Uhr hatte er gesagt. Fast wäre es Alma gelungen, Selma davon zu überzeugen, daß er drei Uhr gesagt habe. Als auch die nächste Stunde verstrichen war, bat sie Käthe in die Küche. «Irgend etwas müssen wir mißverstanden haben», erklärte sie ihr. «Geh noch einmal zurück zu Tante Hete.» Sie solle schnell hinausschlüpfen, ohne es ihrer Mutter zu sagen, die würde nur versuchen, sie zurückzuhalten. Und Käthe, die glaubte, sich von ihrer Mutter unabhängig gemacht zu haben, stellte fest, daß sie sich nun keineswegs erwachsen fühlte, sondern noch immer für alles, was sie tat, die Zustimmung ihrer Mutter brauchte.

Alma hatte ihre Geldbörse geholt. Vielleicht waren ihre Finger so ungeschickt, weil sie über die Verantwortung nachdachte, die sie auf sich nahm. Die Mühe, die es ihr machte, die passenden Münzen zu finden, ließ den Eindruck entstehen, sie trenne sich ungern von dem Geld. «Nimm die Straßenbahn», sagte sie. «Hauptsache, du bist schnell zurück, sonst hält das das Herz deiner Mutter nicht aus.» Käthe dachte, sie meinte das wörtlich, und glaubte ihr.

Es gab keine direkte Straßenbahnverbindung zu Tante Hete. Käthe beschloß, zu Fuß würde es schneller gehen. Sie rannte zurück und dann die ganze Turnerstraße entlang. Kurz bevor sie die Synagoge erreichte, überquerte sie eine Seitenstraße, auf der sie in einiger Entfernung einen Lastwagen sah, auf dem ein paar Männer standen, andere kletterten gerade hinauf, uniformierte Nazis standen daneben. Sie hielt an, um genauer hinzusehen, wagte aber nicht, näher heranzugehen, nicht aus Angst um sich selber – das Töten jüdischer Kinder (und Frauen) hatte noch nicht begonnen –, sondern weil sie fürchtete, ihren Vater dort zu finden und mit seiner und ihrer eigenen Hilflosigkeit konfrontiert zu werden.

Verunsichert rannte sie weiter.

Sie war lange nicht mehr so schnell gerannt, nicht einmal an dem Morgen in Herrlingen, als sie den Kalender mit Bildern vom Land Israel gewonnen hatte. Vielleicht machte ihre Angst das Laufen zu einer solchen Qual, die Angst, den Vater nicht finden zu können, ihn nicht finden zu können, ehe das Herz der Mutter das Warten nicht mehr aushalten konnte, die Angst, sie müßte noch Schlimmeres entdecken als die brennende Synagoge, den Lastwagen mit den Männern. Ihre Kehle schmerzte, ihre Lungen ächzten, sie hatte Seitenstiche. Und doch rannte sie genausoschnell weiter.

Warum hatte Alma ihr nicht geraten, zum nächsten Telefon zu laufen? Käthe hätte sich nicht überzeugen lassen, daß es tatsächlich ihr Vater sei, mit dem sie sprach, und selbst wenn sie seine Stimme gehört hätte, so hätte das ihre Mutter noch lange nicht überzeugt. Und wenn er nicht bei Tante Hete war, per Telefon hätte sie nicht herausbekommen, wo er nun war. Anzurufen wäre keine Zeitersparnis, sondern Zeitverschwendung gewesen.

Sie bemühte sich, vorsichtig an der Seitentür von Tante Hetes Haus anzuklopfen, um keine unnötige Aufregung zu verursachen. «Wer ist da?» rief jemand, und es dauerte eine Weile, bis sie wieder zu Atem gekommen war und ihren Namen nennen konnte. Die Tür wurde von einer Frau geöffnet, die sie nicht kannte, die aber Käthe kannte. Sie erklärte ihr als glaubte sie, Käthe sei nur zufällig hereingeschneit: «Dein Vater ist hier.»

Sie konnte ihn schon sehen, denn zwischen den anderen Juden wirkte er wie König Saul, sein Kopf und seine Schultern überragten die anderen Männer. Es war, als hätte sie ihn seit ewigen Zeiten nicht gesehen, als wären sie durch riesige Entfernungen voneinander getrennt gewesen – vielleicht weil er, als er an diesem Morgen das Haus verlassen hatte, noch ein selbstverständlicher Teil ihres Lebens gewesen war, und jetzt war er das nicht mehr.

Sie hatte, als sie um das Haus herum ging, gebetet: «Bitte, Gott, laß ihn hier sein.» Jetzt glaubte sie, sie habe seine Nähe durch die Wände hindurch gespürt. Sie hatte noch nicht angefangen, in Frage zu stellen, daß Gott existierte und daß er so war, wie ihre Vorfahren ihn sich immer vorgestellt hatten. Aber der Glaube saß ihr nicht in Fleisch und Blut. Sie sagte Gott nicht Dank, wie es ein wirklich gläubiger Mensch getan hätte. Emotional war sie noch so sehr Kind, daß ihr, sobald sie bekommen hatte, was sie wollte, alles andere gleichgültig wurde. Ihre Lippen formten die Worte «Papa! Papa!», aber ihre Stimme versagte ihr noch immer den Dienst. Sie bahnte sich einen Weg durch die dichtgedrängt stehende Menge. Wahrscheinlich war er nicht das Zentrum dieser Menge, aber für sie war dort, wo er war, das Zentrum der Welt.

Sie ergriff seinen Arm, als wolle sie von ihm Besitz ergreifen. Sie suchte seine Hand. Sie hätte sie auch im Dunkeln erkannt: Die Hand war groß, stark, und der Handrücken war stark behaart. Die Fingerspitzen und Nägel der Linken waren gelb, und selbst die Rechte roch nach Tabak. (Wenn Selma die Wohnzimmergardinen wusch, rief sie ihre Töchter herbei und zeigte ihnen die gelbbraune Waschlauge und sagte: «Das ist die Farbe der Lungen eures Vaters.»)

Der Erfolg ihrer Mission machte sie selbstsicher, sie unterbrach die Leute, die gerade redeten, und fragte, «Warum warst du denn vorher nicht hier? Warum bist du nicht zu uns gekommen, wie du es versprochen hattest? Wo warst du?» Wenn die Umstehenden bei diesen Fragen über sie gelächelt haben sollten, so hat sie das jedenfalls nicht gemerkt. Sie hätte hinterher nicht sagen können, wer sonst noch dort war, obwohl sie einige der Männer sicher kannte. Sie hatte nur Augen für ihren Vater. Es war für sie, als ob er existierte, weil sie ihn anschaute, so wie die Farben erscheinen, wenn Licht auf sie fällt.

Er wollte nicht, daß sie erfuhr, in welcher Gefahr er schwebte, in welcher Gefahr alle jüdischen Männer an jenem Tage schwebten. Sie sollte ihn lieber für verantwortungs- und rücksichtslos halten – was sie auch tat. Nachdem sie ihn so ausgefragt hatte, schämte sie sich, weil sie ihn, wie sie annahm, vor allen Leuten blamiert hatte. «Geh zurück zu deiner Mutter», sagte er und hatte dabei ein noch weniger schlechtes Gewissen als die anderen, die sie heute allein auf die Straße hinausschickten. Noch immer glaubte er an das Deutschland, für das er an der Westfront gelitten hatte und für das er zu sterben bereit gewesen war. «Sag ihr, wir treffen uns um sechs Uhr bei Mühlfelders.»

Käthe wußte nicht, wer das war und wo sie wohnten. Ihre Mutter wisse Bescheid, erklärte er ihr, und sie fühlte sich behandelt wie ein Kind, für das die Erwachsenen Riesen sind.

Ihr Verlangen, ihren Vater wiederzusehen, war gestillt, ihre Gefühle ihm gegenüber aber blieben unbefriedigt. Sie machte sich wieder auf den Weg, dieses Mal besessen von der Angst um ihre Mutter. Was nützte es, ihn gefunden zu haben, solange ihre Mutter nichts davon wußte? Plötzlich schien ihr sein Überleben bei weitem nicht so wichtig wie das ihrer Mutter – aber wahrscheinlich dachte sie das nur, weil sie ihn ja jetzt in Sicherheit wußte. Sie kam sich vor wie ein Jongleur, der zwei Gegenstände an zwei verschiedenen Seiten der Bühne in der Luft halten und deshalb schnell genug von einem Ende zum anderen sausen muß, um eine Katastrophe zu verhindern. Als ob sie das Schicksal selbst wäre.

Als sie versuchte, wieder loszurennen, ließ sie ihr Körper im Stich. An der Haltestelle Kesselbrink stand eine Straßenbahn, sie stieg ein und dachte, wenigstens muß ich mir nicht vorwerfen, es nicht versucht zu haben. Der Wagen war fast leer, und sie setzte sich dicht neben die Tür, um sofort aussteigen zu können, falls sie jemand dazu aufforderte. In ihrer Verfassung hätte sie nicht gezögert, in voller Fahrt von einer Straßenbahn zu springen. Das Leben eines Juden zählte eh nicht viel.

Die Straßenbahn blieb stehen und wartete. Sie wagte nicht, den Schaffner zu fragen, wann sie losfahren würde. Sie dachte daran, wieder auszusteigen, tat es aber nicht. Andere Leute stiegen ein. Wo sie saß, mußte jeder an ihr vorbeigehen. Man hatte ihr so oft gesagt, sie sehe nicht jüdisch aus, daß sie es glaubte. Eigentlich hätte sie es als kleinen Triumph empfinden müssen, demonstrieren zu können, daß nicht jeder Jude sofort als solcher erkennbar war. Den Ariern um sie her konnte sie es nicht klarmachen, und was spielte die Meinung eines Juden über die Juden auch schon für eine Rolle? Im Augenblick war ohnehin nichts so wichtig wie der Wunsch, daß die Straßenbahn bald losführe.

Endlich setzte sie sich in Bewegung, machte aber, was Käthe vorher gewußt hatte, einen großen Umweg: Sie fuhr eine Ulmenallee entlang, die aus dem Stadtzentrum hinter dem Rathaus und dem Theater – wunderschönen alten Gebäuden – vorbei zum Fuß des Burgberges führte. Sie sah aus dem Fenster und betrachtete, was sie bald verlassen würde. Sie konnte Bielefeld nicht hassen, obwohl es ein Teil von Deutschland war. Sie konnte das Jerusalem ihrer Phantasie nicht schöner finden als das hier. Hier gehörte sie hin, es widerstrebte ihr, das zugeben zu müssen, aber es ließ sich nicht leugnen. Dieses war die Stadt, die sie großgezogen hatte.

Auf dem Weg zu den Mühlfelders mußten sie noch einmal an den Trümmern der Synagoge vorbei. Sie waren zu dritt, unterwegs hatten sie Lise bei Frau Nathan abgeholt. Lise ging in der Mitte, damit ihre jüdische Nase nicht auffiel.

Auch bei Mühlfelders hatten sich viele Leute versammelt. Obwohl es draußen noch hell war, hatte man die Vorhänge zugezogen, um das Geräusch des Radios zu dämpfen, das ohnehin schon gedämpft wurde, weil sich so viele Menschen um den Tisch scharten, auf dem es stand. Sie hörten einen ausländischen Sender, der auf deutsch sendete. Käthe konnte nicht nah genug herankommen, erst als wieder englisch gesprochen wurde, verloren einige das Interesse und ließen sie durch. Sie konnte kein Wort verstehen. Nur wenige der Anwesenden konnten Englisch (damals wurde an deutschen Oberschulen vorwiegend Französisch unterrichtet). Irgend jemand spielte mit dem Skalenknopf, bis er auf einen anderen deutschsprachigen Sender stieß, der berichtete, was an dem Tag in Berlin geschehen war. Es wurde auch berichtet, was an jenem Tag sonst in Deutschland und Österreich geschehen war. Es waren schlimmere Dinge als in Bielefeld, schlimmere Dinge als das, was die Juden im Nazi-Deutschland für möglich gehalten hatten, schlimmere Dinge als das, was die hier lauschenden Bielefelder Juden zu glauben bereit waren.

Als die Nachrichten vorüber waren und der Sprecher verkündete, dies sei Radio Moskau, begannen die Leute wieder miteinander zu reden. Einige drehten sich plötzlich zur Tür um, weil jemand hereingekommen war. Selma war vom Tisch fortgegangen und stand zwischen Käthe und dem Neuankömmling. Der Mann sagte: «Alle Männer und Jungen zwischen sechzehn und sechzig –» und Selma fiel ohnmächtig auf den Fußboden – «werden, wenn sie nicht auswandern, in Konzentrationslager geschickt», endete der Satz.

Man legte Selma auf eine Couch. Außer Lise kümmerten sich noch so viele andere Leute um sie, daß Käthe sich abseits hielt. Mit einer Mutter, die in einem Moment umsorgt werden mußte, als niemand wußte, wo der Vater ihrer Töchter steckte, als nur Gott oder die Nazis wußten, was ihm inzwischen zugestoßen war, wollte sie nicht verwandt sein.

Selma ihrerseits wollte nicht, daß Käthe erführe, in welcher Gefahr er immer noch schwebte, obwohl der Tag fast vorüber war. Sie wollte nicht, daß ihr klar würde, welche Gefahren auf sie alle warteten, daß der heutige Tag für die Juden schlimmer gewesen war als der gestrige, nicht nur was das Ausmaß, sondern auch was die Art der Verfolgung anbetraf, und daß, falls der morgige Tag nur um ebenso vieles schlimmer werden würde, dann die, die schnell sterben könnten, die Glücklichsten wären.

Sie hatte immer schon gesagt: «Wenn es Krieg gibt, werde ich den Kopf in den Gasherd stecken», und Käthe hatte sie immer für schwach gehalten. Selma und Paul überstanden zwei Jahre des Krieges, bevor sie sich den gelben Stern anheften mußten. Sie trugen ihn fünfzehn Wochen bis zu ihrer Deportation. Paul überlebte die Zwangsarbeit im Rigaer Getto über ein Jahr lang, und Selma überlebte die Zwangsarbeit, seinen Tod und das Getto sogar bis zum Herbst 1944, in dem sie, wenn sie das Schicksal der Mehrheit der Juden dort geteilt hat, in einem lettischen Wald erschossen oder in Auschwitz vergast wurde.

ACHTZEHN

Es war für die Juden in Deutschland der schlimmste Tag seit dem Mittelalter.

Schon wenige Tage später boten die Nachbarländer England, Frankreich, Holland und Dänemark befristete Visa für Kinder an, die bereits ein anderes Emigrationsland in Aussicht hatten, um ihnen die Möglichkeit zu geben, Deutschland sofort zu verlassen. Diese Rettungsaktion sollte ihnen Entbehrungen und Nöte ersparen. Zu der Zeit ahnte noch niemand, daß das Leben jüdischer Kinder (und Frauen) gefährdet war.

Selma, die sich im Frühjahr einverstanden erklärt hatte, daß Lise und Käthe nach Israel gingen, wollte jetzt plötzlich nicht mehr, daß sie zu weit weg gingen. «Nicht übers Meer», sagte sie. Als sie von Alma Rosenthal hörte, sie und ihre Schwestern hätten es geschafft, die Erlaubnis zur Emigration nach Holland zu bekommen, entschloß sich Selma, ihre beiden jüngeren Töchter auch für dieses Land anzumelden (Anne war schon zu alt für die Kindertransporte).

Annes Sachen kamen vor ihr selbst zu Hause an. Eines Tages, als Selma, Lise und Käthe aus der Stadt kamen, lagen sie, in einen verdreckten weißen Bettbezug gewickelt, auf der Türschwelle, feine Seidenunterwäsche und Gummistiefel, an denen noch Dreck klebte, alles durcheinandergeworfen. Ihr erster Gedanke war, Gott sei Dank, daß wir vor dieser Überraschung schon etwas von ihr gehört haben. Auf einer Postkarte hatte Anne mitgeteilt, daß sie noch ein paar Tage in Berlin bleiben würde. Sie überlegten hin und her, was auf dem Ausbildungshof in Halbe passiert sein konnte, daß sie – ausgerechnet Anne! – so mit ihren Sachen umgegangen war.

Käthe fragte sie, wann sie wiederkommen würde, aber Anne sagte nur: «Das erzähle ich dir, wenn du einundzwanzig bist.» Als Käthe dieses Alter erreicht hatte, war Anne schon ein Jahr lang tot.

Lise hat sie erzählt, daß die Nazis gekommen wären und verlangt hätten, daß alle jungen Leute sich auf dem Hof versammelten. Sie hätten sie im Kreis herumlaufen lassen und auf sie geschossen, einer sei dabei tödlich getroffen, andere verletzt worden. Dann hätten die Nazis ihnen eine Stunde Zeit gegeben, den Ausbildungshof zu verlassen.

Annes Gruppe bereitete sich auf die Emigration nach England vor. «Ich möchte euch doch wenigstens alle drei im gleichen Land haben!» flehte Selma. Siebzehn Jahre hatten sie gelehrt, daß jeder Versuch, Anne umstimmen zu wollen, zwecklos war.

Ein Mann namens Hans Meyer nahm in Bielefeld die Registrierung der Kinder vor, die auf einen solchen Transport sollten. Zu Beginn des Jahres, kurz nach Pauls Herzanfall, hatte Hans Meyer seine Stelle als Buchhalter der jüdischen Gemeinde übernommen. Er durfte sie auch behalten, nachdem Paul wieder gesund war. Man wußte, daß Paul noch andere Einkommensquellen hatte, und Hans Meyer mußte auch eine Familie ernähren und war in einem Konzentrationslager gewesen. Selma behauptete, Hans Meyer wüßte, daß er ihnen einen Gefallen schuldig sei; außerdem wollte er Lise und Käthe gern aus dem Weg haben, damit sich seine Chancen, Pauls Job behalten zu können, verbesserten.

Selma ging nach Annes Rückkehr noch einmal zu ihm und bat ihn, die Namen ihrer Töchter von der Liste der Kinder, die nach Holland fahren sollten, auf die Liste für den Transport nach England zu übertragen. Sie kam in allerletzter Minute, er wollte die Listen gerade nach Berlin schaffen, wo sie von den zentralen jüdischen Organisationen abgezeichnet werden mußten.

Und wer waren die beiden Kinder, die, vermutlich ohne es zu wissen, die Plätze mit ihnen tauschen mußten? Hatten sie dasselbe Schicksal wie Horst und Hans-Peter?

Paul erholte sich noch von seinem Herzanfall, als Käthe zu den Osterferien aus Herrlingen nach Hause gekommen war. Sie waren zusammen spazierengegangen. Es hieß, das täte ihm gut, und Käthe sollte aufpassen, daß er nicht zu schnell und nicht zu weit ging – und nicht etwa bei seinem angestammten Tabakhändler Station machte. Noch trafen sie mitten in der Stadt unentwegt Leute, die grüßend den Hut hoben. An jeder zweiten Straßenecke, so kam es Käthe jedenfalls vor, blieb jemand für ein Schwätzchen stehen. Natürlich wußten alle, die ihn kannten, daß er Jude war. Wer es noch nicht erfahren hatte, als er mit ihm im Schützengraben lag, erfuhr es, als er sehen mußte, was mit ihm und seiner Familie unter den Nazis geschah. Es gab immerhin einige, die ihm daraufhin halfen.

Am zehnten November wurden laut Polizeibericht mehr als vierhundert Juden im Bezirk Bielefeld verhaftet. Paul kann darunter gewesen sein. Irgend jemand hat Käthe – lange nach dem Tod ihres Vaters – erzählt, er habe einmal einen Tag im Gefängnis verbracht. Die meisten der Inhaftierten wurden nach Buchenwald gebracht. Einer von ihnen wurde Anfang Dezember in einem versiegelten Sarg zurückgeschickt. Da Dr. Kronheim noch im Ausland und

Friedemann im Konzentrationslager war, mußte sich Paul mit einigen anderen Männern um die Beerdigung kümmern. Sie debattierten, ob man den Sarg öffnen sollte, um festzustellen, warum er versiegelt war und ob er wirklich die sterblichen Überreste von Richard Baer enthielt und nicht irgendwelche anderen Dinge, die man als Gewicht hineingelegt hatte. Laut Totenschein war er an Lungenentzündung gestorben.

Auch hierüber sagte man Käthe nicht die volle Wahrheit, weil sie noch zu jung war.

Der Vater einer der Mitarbeiterinnen von Frau Nathan war Lokomotivführer. Er fuhr Züge mit Juden zu den Konzentrationslagern, und als Lise nach dem zehnten November wieder zur Arbeit kam, erzählte man ihr einiges von dem, was er berichtet hatte.

Nicht einmal Lise und Anne durften in den kleinen schwarzen Blechkasten gucken, in dem ihr Vater seine Kriegserinnerungsstücke aufbewahrte. Sie mußten mit Käthe am anderen Ende des langen Wohnzimmertisches sitzen bleiben, wenn er ihn aufmachte, um seine Orden und Ehrenzeichen, einschließlich des Eisernen Kreuzes, herauszunehmen. Er trug sie bei besonderen Gelegenheiten zu Gehrock und Zylinder, zum Beispiel an den hohen Feiertagen, wenn er auserwählt war, gemeinsam mit Dr. Kronheim und Friedemann zum Torahschrein emporzusteigen, um die Thorahrolle entgegenzunehmen, die nur bei besonders wichtigen Gelegenheiten hervorgeholt wurde. Selma behauptete, diese Ehre werde ihm in Erinnerung an ihren Vater zuteil. Käthe glaubte lieber, er sei auserwählt worden, weil er von allen Männern am besten aussah.

Er sprach nicht über seine Erlebnisse in den Schützengräben, aber im Schlaf kehrten sie wieder. Noch zwanzig Jahre nachdem der Krieg vorüber war – in den letzten Jahren seines Lebens, vermutlich auch im Rigaer Getto –, litt er an Alpträumen, aus denen er nach Hilfe schreiend erwachte.

Solange Käthe zurückdenken konnte, mußten sie besondere Rücksicht auf ihren Vater nehmen und ihm vieles nachsehen, weil er im Krieg soviel Schreckliches durchgemacht hatte. Völlig unvermittelt brauste er manchmal mitten in einer Mahlzeit auf, wenn er zum Beispiel durch eine gedankenlose Bemerkung einer seiner Töchter gereizt wurde, fluchte und schlug mit der Faust auf den Tisch, daß das Geschirr nur so schepperte.

Sogar Leute, die Käthe gar nicht kannte, bedachten ihn mit besonderer Aufmerksamkeit. Vielleicht war er auch unter denen, die ursprünglich zur Abrundung der Quote von vierhundert Juden aus dem Distrikt Bielefeld verhaftet werden sollten, und jemand hat ein gutes Wort für ihn eingelegt. Seine Verdienste im Ersten Weltkrieg hätten ihn und Selma allerdings eigentlich auch davor bewahren müssen, gleich mit dem ersten Transport in den Osten deportiert zu werden. Sie hätten dann bis zum Mai 1943 in Bielefeld bleiben können und wären nach Theresienstadt geschickt worden, wo es nicht ganz so schrecklich war und wo man mit einigem Glück überleben konnte.

Auf der Liste, die die Gestapo der jüdischen Gemeinde vorlegte, waren sie nicht verzeichnet. Ein Ehepaar, das auf der Liste stand, versuchte, sich mit Gas das Leben zu nehmen. Sie wurden aber rechtzeitig gefunden und konnten wiederbelebt werden. Sie kamen mit einem späteren Transport nach Auschwitz, von wo sie nicht zurückgekehrt sind. Sie waren nicht transportfähig, und die jüdische Gemeinde mußte für sie Ersatz stellen. Irgend jemand, der im Gemeindebüro arbeitete, muß gesagt haben: «Wie wäre es denn mit Paul und Selma Loewenthal? Ihre Töchter sind schon weg, und sie sind doch zu zweit.» Viele Jahre später hat Käthe die Gestapo-Liste gesehen: Die maschinengeschriebenen Namen von Julius und Jennie Hesse waren mit Bleistift durchgestrichen, und die Namen ihrer Eltern waren mit Bleistift in das schmale Stückchen zwischen der letzten maschinengeschriebenen Zeile und der Unterschrift des Gestapobeamten eingefügt worden.

Obwohl sie wußten, daß sie nach England gehen würden, dachten Lise und Käthe nicht im entferntesten daran, daß sie auch in diesem Lande leben müßten. Sie hatten nicht die Absicht, von ihren Eltern getrennt zu werden, ihre Muttersprache zu verlieren und ihre Heimatstadt zu verlassen, um sich in einem Land niederzulassen, wo man früher oder später auch zu ihnen sagen würde, Juden raus. Jahrelang hatten sie sich darauf vorbereitet, nach Israel zu gehen, und dafür packten sie jetzt. Sie durften nur so viel mitnehmen, wie sie tragen konnten.

Ende November und Anfang Dezember gingen sie durch Bielefeld – immer im Rinnstein, vorbei an den Geschäften mit «Für Juden verboten»-Schildern –, um Strohhüte und Shorts zu kaufen. Die Jugend-Alijah hatte ihnen eine Liste gegeben, was sie mitnehmen sollten. Alsberg am Jahnplatz war arisiert worden, aber die nichtjüdischen Mitarbeiter waren noch dieselben, und einige von ihnen erinnerten sich noch an die «Frau Architekt», die früher mehr Geld ausgeben konnte, als sie im ganzen Jahr verdienten. Selma hat die, die etwas für sie taten, immer rücksichtsvoll behandelt, und sie haben es ihr mit Ergebenheit vergolten. Die baumwollnen Sommerkleider wurden vom Lager geholt, damit Lise und Käthe sie anprobieren und jede zwei davon bekommen konnte. Selma wollte ihre Töchter nicht wie Bettler in die Welt hinausschicken, obwohl sie es in Wirklichkeit waren. Paul hatte sich das erforderliche Geld geliehen. Aber es reichte nicht, ihnen vernünftige Koffer zu kaufen. Bereits in Dortmund, wo sie umsteigen mußten, riß der Griff von Käthes Koffer auf einer Seite ab.

Schon seit Jahren verkauften sie ab und zu etwas von ihrem alten Spielzeug, um sich dafür wenige, ihrem Alter angemessene Dinge zu kaufen. Nun verkauften sie die meisten ihrer Bücher. Käthe kaufte sich dafür ein Taschenmesser, einen Ledergürtel und zwei Filme für ihre Kamera – sie durften nur fünfzig Pfennig aus Deutschland ausführen. In England würden sie wieder von Wohlfahrtsinstitutionen abhängig sein.

Von der Regierung verbotene Bücher, Gorkis *Mutter* zum Beispiel, damals eines von Käthes Lieblingswerken, rissen sie auseinander und verbrannten sie im Küchenherd. Käthe besaß einen kleinen dünnen Band, in dem Jacob Steinhardts Holzschnitte, Getto-Szenen, abgedruckt waren. Ohne daß Selma es merkte, packte sie das Buch zwischen ihre Kleider. An der Grenze hatte sie deswegen einen Augenblick lang schreckliche Angst, als ein deutscher Zöllner ihren Koffer durchsuchte. Hätte er das Buch gefunden, wäre es beschlagnahmt worden, mehr wäre nicht passiert. Die Deutschen schoben so viele Juden wie möglich in andere Länder ab, und andere Länder wollten sie im Grunde auch nicht haben. Laut Einreisevisum durften Lise und Käthe zwei Jahre in England bleiben, längstens bis sie siebzehn wurden. Als Lise zwei Monate vor Kriegsausbruch dieses Alter erreichte, mußte sie weiterziehen.

Von einigen Dingen glaubte Käthe sich nicht trennen zu können, und doch gelang es ihr. Sie bat ihre Mutter, diese Dinge bis zu ihrer Rückkehr für sie aufzuheben. Sie war allerdings viel zu sehr mit der Gegenwart beschäftigt, um darüber nachzudenken, wann das wohl sein würde. Bis vor kurzem hatte Käthe sich selbst noch Spielsachen gekauft, hauptsächlich Stofftiere, und Lise hatte noch im Jahr zuvor all ihr erspartes Geld für eine Puppe ausgegeben, die fast genauso aussah wie ein Baby, eine der ersten dieser Art. Ihre Mutter war gar nicht damit einverstanden, daß sie ihr Geld für solche Dinge verschwendeten, konnte sie aber nicht davon abhalten, und ihre Mißbilligung minderte nur Lises und Käthes Freude an dem, was sie sich gekauft hatten.

In Käthes Augen hatte aber nichts von all ihren eigenen Besitztümern auch nur annähernd den Wert der kleinsten Kleinigkeit, die Anne gehörte. In den Tagen nach der «Reichskristallnacht» – Anne war noch in Berlin – füllte Käthe jeden Morgen, wenn Selma, Lise und sie die Wohnung verließen, ihre Taschen mit kleinen Holztieren aus Annes Sammlung, die sie sonst nicht anrühren durfte. Sie nahm sich immer die Familien: ein Nest mit Rotkehlchen, eine Katze mit Jungen. Sie betrachtete sie als Glücksbringer, denn sie fürchtete, in ihrer Abwesenheit könnte etwas mit ihrer Wohnung passieren und sie würden sie niemals wieder betreten können. Dabei sind nicht einmal die Fenster zur Straße eingeschlagen worden. Der einzige Mensch, der sich unbefugten Zugang zur Wohnung verschafft hat, war Herr Haupt, dem der Eckladen gehörte und dem sie viel Geld schuldeten. Er stellte einen Karton voller Lebensmittel auf ihren Balkon.

Nach dem zehnten November war Käthe davon überzeugt, ihr Vater habe genügend Freunde, um gegen physische Gewalt geschützt zu sein. Wenn jüdische Frauen an jenem Tage in Orten wie Bielefeld etwas zustieß, dann waren es Unfälle, oder sie hatten selbst Hand an sich gelegt. Die einzigen Jüdinnen, die zu jener Zeit in Konzentrationslager kamen, waren die politisch Aktiven, die Kommunistinnen. Niemand machte Käthe klar, daß das Ärgste noch lange nicht vorüber war, und ihre Eltern sagten ihr nicht, daß sie auf das Schlimmste gefaßt waren. Sie sagten ihr nicht, es fällt uns so schwer, dich gehen zu lassen, weil es durchaus möglich ist, daß wir einander nie wiedersehen. Im Gegenteil, um dem Kind die Trennung leichter zu machen, hatten sie sich verschworen, so zu tun, als habe dieser Abschied keine Bedeutung, als sei er nichts anderes als jeder andere der vielen Abschiede, seit sie mit elf Jahren zum erstenmal von zu Hause fortgegangen war, als führe sie diesmal nur ein bißchen weiter weg. Jetzt würde die Reise übers Meer gehen, das wäre doch wohl aufregend. Selbstverständlich fand Käthe das auch.

Wenn es Momente gab – und es gab sie –, in denen ihre Mutter sich verhielt, als glaube sie, dieses werde ihr letzter Abschied sein, dann sah Käthe darin nur einen Ausdruck der übertriebenen Gefühle ihrer Mutter, die für ihre Mutter typischen Reaktionen auf die Welt, in der sie lebten. Die heranwachsende Käthe lehnte sich gegen die Mutter auf und vergötterte ihren Vater. In diese Phase ihrer Pubertät fiel die Trennung, und ihre Gefühle gegenüber ihren Eltern blieben so, als hätte man sie im Augenblick des Abschieds eingefroren.

Eines Morgens Anfang Dezember sagte ihre Mutter zu Lise und Käthe: «Kommt noch einmal mit mir zum Grab von Großvater und Großmutter.» Es gab in Bielefeld mehrere Friedhöfe, die wie Parks angelegt waren. An der Endstation der Linie 1, jenseits von Brackwede, lag zum Beispiel der Senne-Friedhof, der für gesittetere sonntägliche Familienausflüge ebenso beliebt war wie der kleine Zoo mit einheimischen Tieren für Familien, deren Kinder weniger streng erzogen wurden.

Selma ging oft zu dem kleinen Friedhof in der Turnerstraße, gegenüber der Synagoge, wenn sie in der Stadt war und ein wenig ihre Beine ausstrecken wollte. Er lag nur wenige Schritte vom Jahnplatz entfernt. Selbst nach der «Reichskristallnacht» zählten christliche Friedhöfe zu den öffentlichen Anlagen, in denen Juden ohne Furcht vor Belästigung sitzen konnten – zumindest in Bielefeld. Es gab dort eine Grabstelle mit vier kleinen steinernen Engeln auf vier kleinen Gräbern von Geschwistern, die jung gestorben waren, vermutlich während einer Epidemie. Jedesmal, wenn Selma diesen Friedhof aufsuchte, richtete sie es so ein, daß sie an diesen Gräbern vorbeikam, und verweilte dort so lange, bis sie sich ein paar Tränen aus den Augen wischen mußte.

Sentimentale alte Kuh, dachte Käthe dann. Bei jenem letzten Besuch an den Gräbern der Großeltern sagte Selma, nachdem sie so lange davorgestanden hatten, wie es die Konvention erforderte: «Kommt, ich muß euch etwas zeigen.» Sie führte sie etwa zehn Schritte weiter an das Ende des Weges, der in einen zweiten Weg mündete. Über diesen Weg gelangten sie zu einer Reihe von Kindergräbern, die an den kleinen Grabsteinen sofort als solche zu erkennen waren. Der Stein, vor dem sie anhielt, war dachförmig, er sah fast aus wie ein in die Erde eingelassenes kleines Haus. Mit ihrer ganzen Fülle, die das Korsett zusammenhielt, beugte sie sich vor und schob mit ihren sanften, warmen, weißen zarten Fingern die Efeublätter von der Inschrift «Knabe Loewenthal». Hier lag ihr Erstgeborenes, ein Junge, der nicht einmal lange genug gelebt hatte, um einen Namen zu bekommen.

In den ganzen Jahren der Kindheit von Lise und Käthe hatte sie ihn nicht erwähnt. Sie hatte ihnen über die ersten Jahre ihrer Ehe Lügen erzählt: Die Probleme mit Anne hätten angefangen, als sie mit Paul in zwei Zimmern in der Roonstraße wohnte. Es sei ihnen gekündigt worden, sobald man sehen konnte, daß sie ein Kind erwartete. Jedesmal, wenn sie von der Suche nach einer abgeschlossenen Wohnung nach Haus kam – schließlich zogen sie dann in die Rolandstraße –, habe die Wirtin ihr aufgelauert, und das habe Anne schon in ihrem Schoß den Widerwillen gegen den Moment des Nachhausekommens eingeflößt. Dabei hatte sie immer so getan, als sei Anne ihre Erstgeborene, sie auch so genannt. Warum?

Und was für Lügen hatte sie ihnen noch aufgetischt, die sie, wenn sie die Zeit dazu gehabt hätte, eines Tages hätte zugeben müssen?

Und warum erzählte sie ihnen das jetzt? Was konnte es ihnen jetzt, wo sie nach Israel, oder zumindest nach England, gingen, schon ausmachen, daß sie mit etwas mehr Glück oder mit etwas weniger Pech oder mit einem wohlwollenderen Gott einen älteren Bruder gehabt hätten? Warum um alles in der Welt lag ihr so viel daran, daß sie das noch erfuhren, ehe sie fortgingen? Über das Baby gab es wenig zu erzählen – wollte sie ihnen eigentlich etwas über sich selber sagen?

War es möglicherweise wenn nicht ihr größtes, so doch ihr einziges Geheimnis, und war die Tatsache, daß sie es ihnen anvertraute, ihr Abschiedsgeschenk?

Nachdem ihre Namen am Donnerstag auf die Liste für England gesetzt worden waren – vier Wochen nach der «Reichskristallnacht» –, bekamen sie Bescheid, daß sie am darauffolgenden Mittwoch fahren würden. Käthe war glücklich, daß die Wartezeit verkürzt worden war. «Mittwoch, tralala», sang sie vor sich hin. Der Mittwoch war immer ihr Glückstag gewesen.

An ihrem letzten Freitagabend in Deutschland ging sie zum Gottesdienst, der im Erdgeschoß des Gemeindehauses abgehalten wurde, das keine Fenster mehr hatte, aber sonst heil geblieben war. Der Raum war voller Männer in dunklen Wintermänteln. Es waren keine Frauen und keine anderen Kinder da. Nur die orthodoxesten waren gekommen, Männer, deren Gesichter sie noch nie gesehen oder bemerkt hatte. Sie beteten nicht als Gemeinde, sondern jeder für sich, und gingen dabei umher. Sie kommunizierten miteinander, indem sie ihre Stimmen im Gebet erhoben, während sie bedeutungsvolle Blicke tauschten. Sie sahen sich vor, ihr nicht zu nahe zu kommen, aus Furcht, sie versehentlich zu berühren, als ob sie pestkrank wäre oder einen unsichtbaren Ring um sich trüge. Sie hatte die Absicht, Gott zu danken, aber ihre Gedanken schweiften immer wieder ab, sie sagte sich, ich hätte nicht kommen sollen, und rätselte, warum sie sich unter Juden so sehr als Außenseiter und so allein fühlen konnte.

An ihrem letzten Tag in Deutschland standen Lise und Käthe auf, bevor es Morgen wurde. Anne hatte erlaubt, daß der Vorhang die ganze Nacht offenblieb, und hatte sie gerufen, während sie noch in ihren improvisierten Schlafanzügen herumliefen. Sie sollten ihr zum Abschied einen Kuß geben, und sie wollte dann weiterschlafen. Sie gingen davon aus, daß sie sich schon bald in England wiedersehen würden. England hatten sie sich auf einer Weltkarte angesehen und es sehr klein gefunden, so klein, daß Anne, wenn sie erst da wäre, weiterhin fast mit Lise und Käthe zusammen sein würde, eine weitere ihrer vielen Erwartungen, die von der Wirklichkeit enttäuscht werden würden.

Es war das letzte Mal, daß sie ihre morgendlichen Gewohnheiten zu Hause praktizierten. Käthe dachte gar nicht darüber nach, weil sie sich mit seligem Herzen, als sei sie im Besitz irgendwelcher Versprechen für ihre Zukunft, nur immer wieder sagte, morgen sind wir in England. Ungeduld war einer ihrer ganz wesentlichen Charakterzüge.

Vielleicht war sie außerstande, sich über den Augenblick Gedanken zu machen, weil sie alle ihre Energien darauf verwenden mußte, ihn zu bewältigen, so schwierig fand sie das Leben. Als sie aus Rüdnitz zurückkamen, hatte sie erwartet, daß ihre Mutter sie am Bahnhof abholte, war dies doch für absehbare Zeit das letzte Mal, daß sie nach Bielefeld zurückkehrte. Mit dieser Überlegung konnte sie fertig werden, obwohl sie die Stadt ihrem Wesen entsprechend so sehr liebte, wie sie einen Ort nur lieben konnte, nämlich mit größter Leidenschaft, auch wenn die Stadt, wie Ingrid Modersohn, versäumt hatte, ihre Liebe zu erwidern. Wäre ihr in jener letzten gemeinsamen Stunde mit ihren Eltern der Gedanke gekommen, jetzt verlasse ich zum letztenmal mein Elternhaus, dann hätte sie es möglicherweise gar nicht tun können, hätte geweint, geschrien, sich am Türpfosten festgehalten, wäre zurück in die Wohnung gerannt und hätte jeden abgewehrt, der versucht hätte, sie zum Gehen zu bewegen, und auf nichts gehört, was auch immer gesagt worden wäre und wer auch immer auf sie eingeredet hätte. Sie hatte ihr Elternhaus nicht geliebt, nicht gewußt, daß sie es liebte, solange sie es noch hatte: Sie war sich nicht darüber im klaren, daß es ihre einzige Heimat war und daß jedes Zuhause, das die Zukunft ihr bieten würde, nur Ersatz, nur zweite Wahl sein würde.

Als sie das Haus verließen, war es noch so dunkel, daß über ihrem Stadtteil im Außenbezirk sogar noch die kleineren Sterne zu sehen waren. Aus der Innenstadt leuchtete rötlich-orangefarbenes Licht in den Himmel. Es war windstill und frostklar. Schon bevor sie den *Stürmer*-Schaukasten an der Ecke zur Hauptstraße erreicht hatten, wurde es dann langsam Tag.

Ihre Schritte hallten laut. Sie waren die einzigen Menschen, die um diese Zeit die Straße entlanggingen, nur hier und da wurde hinter den Vorhängen Licht angezündet. Weil ihre Schritte so laut waren, wagten sie nicht zu sprechen. Außerdem gab es nichts mehr zu sagen. Das, was noch zu sagen war, konnte nicht gesagt werden, blieb besser unausgesprochen, hätte das, was sie fühlten, nicht ausdrücken können, wäre zuviel gewesen, um es in Worte zu fassen, zu schmerzlich, als daß man es hätte anhören können. Aus alter Gewohnheit und aus Trotz gingen sie auf dem Bürgersteig, nicht etwa, weil sonst niemand unterwegs war; auch auf der Hauptstraße benutzten sie weiter den Bürgersteig.

An den Straßenbahnhaltestellen warteten Gruppen von Arbeitern auf die erste Bahn. Sie sahen sich die Familie an, die auf sie zukam und hinter ihnen vorbeiging, vielleicht nur, weil es sonst nichts zu gucken gab. Aus lauter Ungeduld über den zögerlich langsamen Schritt ihrer Eltern ging Käthe vor, Lise hielt sich an ihrer Seite. Sie trugen jede ihren eigenen Koffer, denn inzwischen waren sie tüchtiger als ihre Eltern – ihre Abreise war ja wohl der beste Beweis.

An der Straßenbahnhaltestelle beim Gaswerk, wo es bergauf ging, trat ein Mann aus der Gruppe der Wartenden hervor und verstellte ihnen den Weg. Er sagte: «Darf ich, bitte, eure Koffer für euch tragen?»

Sie wußten nicht, was sie von seinem Angebot halten sollten. Es versetzte sie in Angst und Schrecken, als hätte er ihnen gedroht. Ihre größte Sorge war, sie könnten ihren Vater in Schwierigkeiten bringen, und um das zu vermeiden, hätten sie alles getan, sogar ihre Abreise aufs Spiel gesetzt. Sie waren nicht alt genug, um in Unterscheidungen zu denken, die die Nazis abgeschafft hatten: Für die Nazis gab es keine guten Juden, für diese jüdischen Kinder gab es zu diesem Zeitpunkt keine guten Deutschen.

Sie blieben stehen, der Mann versperrte den Mädchen immer noch den Weg. Sie versuchten, vom Bürgersteig hinunterzugehen, und er folgte ihnen, bis ihre Eltern sie eingeholt hatten. Zu denen sagte er dann laut und so, daß alle an der Bushaltestelle ihn hören konnten: «Nicht alle Deutschen sind mit dem einverstanden, was in unserem Namen euch Juden angetan wird.»

Dann ging er zur Seite. Aber er rief ihnen noch nach: «Ich möchte, daß Ihre Töchter sich hieran erinnern!»

Vielleicht war auf dem Bahnhof gar nicht so viel Betrieb, wie es Käthe vorkam, weil sie nicht erwartet hatte, daß noch andere Menschen dort sein würden, nicht nur wegen der frühen Stunde, sondern auch weil das, was sie und Lise vorhatten, in ihren Augen so entscheidend wichtig war, daß sie erwartet hatte, der Bahnhof müßte aussehen, als existiere er nur um ihrer Abreise willen. Er war voller Menschen, die nichts mit ihr zu tun hatten.

Auch andere Kinder und andere Eltern waren da, nicht viele, aber einige. Man erkannte sie daran, daß die Familien eng beieinanderstanden, aus den Gesichtern der Eltern konnte man den Kummer ablesen, aus denen der Kinder die Aufregung, die durch Unsicherheit gedämpft wurde. Einige waren von außerhalb gekommen, vermutlich schon am Abend zuvor, um diesen Zug zu erreichen, in dem schon andere Kinder sitzen sollten. Es sollten drei Abteile für sie reserviert sein, und in Dortmund sollte ihr Zug Anschluß an den Berliner D-Zug haben, in dem ganze Wagen für die insgesamt dreihundert Kinder reserviert waren, die zu diesem zweiten Transport gehörten.

Beim ersten Transport, zwölf Tage zuvor, hatten sich in

Bielefeld Szenen abgespielt, über die an diesem Morgen mit gedämpften Stimmen geredet wurde. Dieses Mal waren Braunhemden, Polizei und Bahnhofspersonal aufgeboten, die für Ordnung sorgen sollten.

Die Trennung von ihrer Mutter kam früher als erwartet, dieses Mal durften die Eltern nicht mit auf den Bahnsteig. Es ging alles viel rascher, als Käthe sich das vorgestellt hatte. Der Zug kam wie immer einige Minuten vor der geplanten Abfahrtszeit und wurde einige Minuten vor dem Einlaufen angekündigt. Die Ankündigung – die doch ihr galt! – ertönte, während sie noch auf der falschen Seite der Sperre war. Ihre Mutter hielt sie an der Hand, hielt sie weiter fest, hielt sie zurück.

Sie hatte ihren Koffer auf die Erde gestellt, damit sie die Hände frei hatte, um ihre Mutter zu umarmen – weil das von ihr erwartet wurde, nicht weil ihr danach zumute war. Hätte sie in diesem Augenblick überhaupt etwas gefühlt, sie hätte auf keinen Fall ihre Mutter verlassen können. Wenn sie auch nicht wußte, daß sie sich für immer von ihr verabschiedete (dieser Gedanke kam ihr gar nicht), so ging sie doch zum erstenmal von ihrem Elternhaus fort, ohne zu wissen, wann sie zurückkommen würde.

Um das jüdische Abschiedsritual zu verkürzen oder nur um sich zu betätigen, nahm irgend jemand ihren Koffer, trug ihn auf die andere Seite der Sperre, wo ihn irgend jemand ergriff und auf den Boden stellte.

Ihre ganze Habe! In ihrem späteren Leben war sie nicht materialistisch, möglicherweise war sie es als Kind. Man hatte sie glauben gemacht, sie sei es, weil sie so gerne aß und weil sie immer das, was ihre Schwestern, besonders Anne, besaßen, auch haben wollte. Sie bewertete in diesem Moment ihren schäbigen Koffer mit dem Zeug, das sie bald aufgetragen haben würde, und anderen keinesfalls unersetzbaren Dingen über die Maßen hoch, wahrscheinlich, weil er ihr Zuhause darstellte. Sie verließ ihre Mutter und rannte ihm nach.

Und als sie sich umsah, stand Lise noch bei ihrer Mutter, ihr fiel es schwerer als Käthe, sich von ihr zu trennen, und sie machte Käthe deutlich, daß sie es versäumt hatte, ihrerseits hinreichend Trennungsschmerz zu zeigen. Die Sperre, andere Kinder, die hindurch wollten, und die Ordner, dies alles machte es unmöglich, zu ihrer Mutter zurückzugehen, um sich von ihr so zu verabschieden, wie sie es hätte tun sollen.

Ihr Vater schaffte es zu jener Zeit noch immer, genau wie Anne, den Ereignissen eine solche Wendung zu geben, daß es nicht so aussah, als gehöre er zu den Opfern. Er hatte die Erlaubnis bekommen, vorauszugehen und den Kindern beim Einsteigen zu helfen. Das bedeutete, daß er für Lise und Käthe ein wenig länger sichtbar blieb, sich aber nicht um sie kümmern konnte. Er war der einzige jüdische Vater auf dem Bahnsteig, und alle abreisenden Kinder wetteiferten um seine Aufmerksamkeit. Das sah Paul ähnlich, überhaupt nicht wahrzunehmen, wie sehr seine Töchter ihn gerade in diesem Augenblick brauchten.

Unmittelbar nachdem der Zug den Bahnhof verlassen hatte, kam rechts der jüdische Friedhof. Dann folgte links das Symbol Bielefelds, die Burg Sparrenberg, aber vorher noch auf der gleichen Seite die Puddingpulverfabrik von Oetker. Ihr Geruch, ein Geruch, der zu ihrer Kindheit gehörte, umgab sie, bis alle die vertrauten Meilensteine – Brackwede, der Wald, die Heide – hinter ihnen lagen.

Mein Dank gilt dem Stadtarchiv und der Landesgeschichtlichen Bibliothek in Bielefeld.

K. G.

Volker Elis Pilgrim / Doris Liffman /
Herbert Liffman (Hg.)

Fremde Freiheit

Jüdische Emigration nach Australien
Briefe 1938–1940
256 Seiten. Gebunden

Die Machtübernahme der Nationalsozialisten in Deutschland vertrieb viele europäische Juden aus ihrer Heimat. Demütigende Erfahrungen und unmittelbare Bedrohung der Existenz lösten im Jahre 1939 die letzte Auswanderungswelle aus. In diesem Buch berichten Menschen, denen die Flucht in die fremde Freiheit noch rechtzeitig gelungen ist. Zu Wort kommen junge Frauen und Männer, die in den Jahren 1938 und 1939 aus Deutschland emigrierten, um in Australien ein neues Leben aufzubauen. Sie schildern ihren Kampf um die Gründung einer neuen Existenz, aber auch ihr Bangen um die zurückgebliebenen Nächsten und den Versuch, Freunden und Verwandten zur Flucht zu verhelfen.

Die Briefe zeugen von Tapferkeit und Lebenskraft, aber auch von Melancholie. Sie fügen sich zu einem Mosaik, das ein ergreifendes geschichtliches Dokument ist und Zeugnis ablegt vom grausamen Würgegriff der Zeit.

Das englische Original trägt den Titel «A Lesser Child»
Redaktion Tamara Trautner
Schutzumschlag- und Einbandgestaltung
Angela Dobrick unter Verwendung
eines Kinderfotos der Autorin

Satz aus Baskerville auf Linotron 500
Gesamtherstellung Clausen & Bosse, Leck